2015年教育部项目"宋代寺院碑文书写研究"
(项目批准号:15YJAZH116)经费资助结项成果

赵德坤
陈传芝 ◎ 著

宋代寺院碑文
书写研究

中国社会科学出版社

图书在版编目（CIP）数据

宋代寺院碑文书写研究/赵德坤，陈传芝著. —北京：
中国社会科学出版社，2018.12
　ISBN 978-7-5203-2719-0

　Ⅰ.①宋⋯　Ⅱ.①赵⋯ ②陈⋯　Ⅲ.①佛教—寺院—
碑文—研究—中国—宋代　Ⅳ.①K877.424

中国版本图书馆 CIP 数据核字（2018）第 140681 号

出 版 人	赵剑英
责任编辑	郭晓鸿
特约编辑	许红亮
责任校对	朱妍洁
责任印制	戴　宽

出　　版	中国社会科学出版社
社　　址	北京鼓楼西大街甲 158 号
邮　　编	100720
网　　址	http://www.csspw.cn
发 行 部	010-84083685
门 市 部	010-84029450
经　　销	新华书店及其他书店
印　　刷	北京明恒达印务有限公司
装　　订	廊坊市广阳区广增装订厂
版　　次	2018 年 12 月第 1 版
印　　次	2018 年 12 月第 1 次印刷
开　　本	710×1000　1/16
印　　张	23.75
插　　页	2
字　　数	317 千字
定　　价	99.00 元

凡购买中国社会科学出版社图书，如有质量问题请与本社营销中心联系调换
电话：010-84083683
版权所有　侵权必究

序

宜宾学院赵德坤教授的《宋代寺院碑文书写研究》一书将出版，日前发来文稿，嘱我作序。对于宋代寺院的文学书写，我向来有些兴趣，但苦于教学科研及各种杂事缠身，无暇顾及。今获德坤的书稿，正好借此机会拜读学习，因此欣然应允作序，阅读之余，顺便谈些自己的感想。

"经来白马寺，僧到赤乌年。"随着东汉佛教传入中国，以洛阳白马寺为肇始，佛寺在中华土地上开始出现，逐渐增多。据《释氏要览》记载，佛寺之别称，曰伽蓝、招提、兰若、精舍，僧坊、梵刹、鹿苑、道场、草堂、莲社，如此等等，不一而足。北朝杨衒之作《洛阳伽蓝记》，仅洛阳一地，便有佛寺70余座。而南朝萧梁时期，兴建寺院更是蔚然成风。据传，梁武帝造寺，令萧子云飞白大书"萧"字（李肇《国史补》），以至于后人将佛寺称为"萧寺"。杜牧诗所谓"南朝四百八十寺"，虽非精确统计，却也足见其盛况。唐宋以来，寺院遍布天下各州县，多已成为地方名胜。

佛教的寺院，既是一个宗教修行的场所，传经说法的地方，同时是一个公共社会的活动空间。唐宋诗歌中，以寺院为主题或背景的比比皆是，如王维的"古木无人径，深山何处钟"，孟浩然的"东林精舍近，日暮坐闻钟"，李白的"宴坐寂不动，大千入毫发"，杜甫的"天阙象纬逼，云卧衣裳冷"，常建的"曲径通幽处，禅房花木深"，綦毋潜的"塔影挂清汉，钟声和白云"，白居易的"人间四月芳菲尽，山寺桃花始盛开"，王安石的"不畏浮云遮望眼，只缘身在最高层"，苏轼的"不识庐山真面目，只缘身在此山中"，皆作于寺院的环境，名篇警句脍炙人口，不胜枚举。以至于方回《瀛奎律髓》选唐宋律诗，专列"释梵类"，选录唐宋文士僧人的寺院书写甚夥。

鉴于寺院这一特殊空间的重要性，已有一些学者对此做出深入研究，如四川大学段玉明教授的《寺庙与中国文化》等一系列著作，论述了中国寺庙的建筑、经济、政治、文学等文化的功能与传承。另有一些寺庙文化的论著，各图书馆及网页上也随处可见。尽管如此，德坤以"宋代寺院碑文的书写"为选题，仍令人耳目一新。这是因为在有宋一代，寺院碑文不仅数量庞大，内容繁多，是一极为重要而又被人忽视的特殊文类，而且涉及政治、历史、经济、宗教、文学、艺术和民间信仰等诸多领域，因而此选题具有相当的开拓性和学术价值。

就我的阅读感受而言，本书至少有三个值得肯定的地方：一是梳理了宋前寺院碑文的历史演进情况，指出其书写趋势为从官方到民间，从庄严到世俗的转进，这一论述为宋代寺院碑文研究奠定了基础。二是对碑文文类做出了较为准确的定义（当然仍有可商之处），为文献材料的收集制定了标准，因此其统计数据大体可信。三是辨析了碑文作者的身份，在文人、僧人之外，特别是发现了一些平民作者。德坤指出："这一庞大作者群的出现，改变了寺院碑文作者的传统格局，它意味着佛教文化的普及程度超过往代，已然渗透到广袤民间的各个角落。"这一发现颇有意义，恢复了宋代寺院碑文书写多姿多彩的原生态。碑文作者身份的确立，是本书的一大关键。其后第三章"僧侣佛学期待"，第四章"文人佛学诉求"，第五章"民间佛教信仰"皆由不同身份的作者书写推衍开去，其论述形成较为严密的逻辑链条。

我个人最感兴趣的是第二章寺院碑文的史学价值。德坤认为，宋代寺院碑文中包含对过往历史的追忆，对当代历史的采撷，足以补史书之阙。而关于碑文中佛教制度的叙述，以之与宋代史书相对照，更可见出真实的历史细节和情境。也许碑文最重要的史料价值在于与僧传僧史的对比，相对于后者而言，碑文无疑是第一手资料，僧传僧史多借其删减裁定。例如，王曙《觉城禅院记》中的元信，是郢州芭蕉惠情禅师的法嗣，属沩仰宗，而《景德传灯录》作郢州芭蕉山慧清禅师，与惠情实为同一人，涉音近而误。又如，余靖《韶州白云山延寿禅院传法记》中的实性志庠，其实就是《景德传灯录》中的韶州白云祥和尚实性大师，《五灯会元》作韶州白云子祥实性大师，"子祥"也当为"志庠"之音误。凡此等等，传灯录、僧传的文字多可据寺院碑文考订，而宗派的世系也可据碑文而补充。此外，碑文展现的宋代佛教各宗派如禅宗、天台宗、华严宗、律宗、净土宗的情况，也很有史料价值。对此，德坤皆有很好的说明。

当然，本书精彩的地方还有寺院游历与山水游记之关系的探讨，儒学视野的儒释之辨，特别是从宗教以及民间信仰角度对碑文撰述功能的多方解读，一一胪列，多有胜义，我就不再饶舌。值得强调的是，本书论述全面，文献丰富，结构严密，有历史眼光和当代意识，显示了完整性的特征。

然而，我读完书稿亦未尽惬意，文稿有些章节按照罗列文献、逐一解说的方式进行，略同甲乙账式的讲义。这种写法固然为当前学位论文及课题成果所常见，但窃以为有"项目八股"之嫌，容易限制作者分析的深入和思绪的飞扬，其可读性亦易受影响。期待德坤更高要求自己，在今后的写作中更注重细节的考证和文辞的表达，使文风更加活泼。

十年前，年过四十的德坤偕其夫人一道考入川大，攻读博士学位，其子也于同年上大学，全家三口比翼齐飞，一时传为佳话。三年多前，我主编《宋代佛教文学研究丛书》，将德坤的博士学位论文《指月与话禅：雪窦重显研究》纳入出版。其后，德坤毫不懈怠，勇猛精进，另辟新的研究领域。作为过去的指导教师,我为他的进步感到高兴和骄傲。宋代寺院碑文书写的研究,本书只是一个良好的开端,希望德坤保持对知识和真理的渴望,做一个潜行于学海中永不满足的求道者。

戊戌仲春华阳梦蝶居士

周裕锴

书于江安花园锅盖庵

目　　录

绪　论 ··· 1

第一章　宋代寺院碑文概述 ··· 6
第一节　寺院碑文的历史演进 ··· 6
第二节　宋代寺院碑文的文类 ·· 19
第三节　宋代寺院碑文的作者 ·· 32

第二章　宋代寺院碑文的文献价值 ································ 47
第一节　宋代寺院碑文的史学意义 ·································· 48
第二节　对僧史僧传的补充与垂示 ·································· 64
第三节　对人间佛学话语的承载与传播 ···························· 79

第三章　碑文凝聚的僧侣佛学期待 ································ 92
第一节　对佛教精神的阐扬与坚守 ·································· 93
第二节　对佛陀境界的追求与修为 ································· 104
第三节　对高僧大德的缅怀与礼赞 ································· 114

第四节　普度众生的慈悲情怀 ·· 125
　　第五节　苦心经营的淑世思想 ·· 131

第四章　碑文敞开的文人佛学诉求 ·· 140
　　第一节　山水之旅的寺院发现 ·· 140
　　第二节　诉诸碑文的佛学省思 ·· 154
　　第三节　儒学视野的儒释之辨 ·· 166
　　第四节　撰文勒石的教化之念 ·· 179

第五章　碑文蕴含的民间佛教信仰 ·· 188
　　第一节　抄经立幢荐福先人 ·· 189
　　第二节　造塔塑像庇佑至亲 ·· 195
　　第三节　崇奉观音有求必应 ·· 205
　　第四节　尊信弥陀栖神净土 ·· 217

第六章　宋代寺院碑文的价值观构建及意义 ·· 227
　　第一节　碑文之于寺院的佛教价值 ·· 227
　　第二节　碑文之于文人的自省意识 ·· 246
　　第三节　碑文之于民间道德信念的引领与塑造 ·································· 253
　　第四节　碑文之于构建和谐社会的意义与启示 ·································· 261

附录　基于《全宋文》的宋代寺院碑文统计表 ·· 267

参考文献 ·· 366

后　记 ··· 370

绪　　论

一　本课题研究的理论和实际应用价值

本课题的价值和意义，具体表现在如下四端。

第一，本课题第一次将宋代寺院碑文作为一个整体，予以佛学观照。现存宋代各类寺院碑文，约 1500 篇，内容丰富，且都与佛学相关。而其佛学书写之内容，既不同于佛藏之经律论，也迥异于其他碑铭文。它以独特的形式表达作者的佛学认识。

第二，本课题第一次通过宋代寺院碑文，全面深入地探究其蕴含的佛学观念的多维性：民间立场、僧侣角度、文人视域。分析此三个向度之间既各自独立又彼此呼应的复杂关系，从而呈现宋代佛教文化以寺院为焦点，以碑文为载体，构建的政治教化与宗教信仰互融的价值体系。

第三，本课题从文类与作者的角度，探研宋代寺院碑文之佛学书写的内在机制。宋代寺院碑文具有一个复杂的作者群，大致分为文人、僧侣和平民三类。前者又可分为文学家、政治家、儒学学者和一般文人官吏，而其中相当一部分，则为歆慕佛学的文人居士；僧人作者包括禅僧、经僧和律僧等；平民作者数量虽然少些，但也是一个不可忽视的作者群，因为它为我们提供了佛教的民间维度。三者之间的佛学立场和佛学修为不同，在碑文写作中的表达各异，而彼此之间却又存在错综复杂的交叉关系。总体观之，能立体呈现宋代佛学价值体系之脉络和肌理。

第四，通过寺院碑文的佛学分析，探求宋代多维度佛教信仰，何以通过寺院碑文获得契合点，即寻求个人心灵之自由和社会大群之和谐的统一，从而彰显寺院碑文在政治教化方面的积极意义。为当下构建信仰自由与和谐社会的时代价值观提供借鉴。

二　目前国内外研究的现状和趋势

碑文作为中国传统文体，一直为学人所关注；而寺院碑文作为碑文的一个重要组成部分，自然也不会被忽略。目前对于寺院碑文的研究，主要体现在如下三个方面。

第一，对个别寺院单篇碑文进行考释、校勘和探究。这是寺院碑文研究最突出的一个层面。例如，钟民岩著《历史的见证——明代奴儿干永宁寺碑文考释》（《历史研究》1974年第1期），悲明著《显通寺碑文》（《五台山研究》1997年第2期），［日］小岛岱山著《菩提达摩石碑碑文并参考资料》（《世界宗教研究》2001年第1期），纪华传著《菩提达摩碑文考释》（《世界宗教研究》2002年第4期），蔡美彪著《元浚州天宁寺帝师法旨碑译释》（《中华文史论丛》2006年第3期），陈高华著《杭州慧因寺的元代白话碑》（《浙江社会科学》2007年第1期），邢东风著《大同善化寺与朱弁碑》（《世界宗教研究》2009年第1期）等。这些论文都是以某一具体的寺院碑文作为研究对象，且不限于佛学分析。

第二，对某一地域寺院碑文进行收集、整理与编纂。这是致力于文献整理与文化遗产保护的有力途径，成果颇丰。例如，龙显昭主编《巴蜀佛教碑文集成》（巴蜀书社2004年版），郑炳林著《敦煌碑铭赞辑释》（甘肃教育出版社1992年版），潘明权主编《上海佛教碑刻文献集》（上海古籍出版社2004年版），郑振满、［美］丁荷生编纂《福建宗教碑铭汇编·泉州府分册》

（福建人民出版社2003年版），李智冠著《历代高僧碑文校勘译注·高丽篇》（1—4）（伽山佛教文化研究院1994—1997年版），李智冠著《韩国佛教金石文校勘译注》（伽山佛教文化研究院1993—1994年版），李仲伟、林子雄、崔志民编著《广州寺庵碑铭集》（广东人民出版社2008年版），台湾文献史料丛刊第9辑173《台湾南部碑文集成（上）》（台湾大通书局1987年版）等。突出区域整体性和文献整理。

第三，对某一时段的佛教文献予以选择和编纂，其中包括了寺院碑文。如石峻编《中国佛教思想资料选编·第2卷·第4册》（中华书局1983年版），《佛教历代高僧名著精选·附略传记》1—4（光明慈悲喜舍救济会编），杜洁祥《中国佛寺史志汇刊·第1辑·第22册·117·龙井见闻录·附：宋僧元净外传》（明文书局1980年版）等。

另外，值得注意的是，碑文与寺院碑文已经开始成为学位论文的选题，如王鹏江著《唐碑研究》（首都师范大学2006年美术学博士学位论文），赵海雅著《唐代寺碑研究》（浙江大学2011年中国古典文献学硕士学位论文）等。

本课题范围之内的科研趋势，是基于已有的文献整理，向特定科研课题延伸。

三 研究目标

本课题通过对宋代寺院碑文的深入系统研究，认为宋代多维度的佛教信仰，在丰富多彩的寺院碑文书写中，得以确立和呈现。对于佛教的现实价值，虽然官方、民间和寺院的认识不同，但彼此之间并不存在对立和冲突，相反，他们彼此互相补充与呼应。最终通过文人、僧侣和平民的碑文书写，建构了宋代佛学文化的基本思想面向：人生福祉、心灵自由与社会和谐。

通过对现存全部宋代寺院碑文的深入研究，从作者及其表达的佛学思想的角度，探讨宋代源于不同文化背景、文化身份和文化诉求的写作者，在寺院碑文的书写中表达的对佛教的认识、理解以及态度、立场，厘析出其异中之同与同中之异，从而考察佛教思想经由怎样的思想整合过程，参与了宋代文化精神的构建，为建设和谐民主的当代社会，提供现实借镜。

四 研究内容

宋代寺院碑文，作为宋代佛教文化的重要载体，沟通宗教与俗世，联结官方与民间，融合精英与大众，书写多维度的佛学思想与人生理念。而彼此又互相补充与呼应，构建了立体的时代价值观。具体内容分为六章展开。第一章对宋代寺院碑文做概要性叙述：梳理寺院碑文的演进历史，厘清宋代寺院碑文的文类，考察宋代寺院碑文的作者。第二章着眼于宋代寺院碑文文献价值的论究：阐述宋代寺院碑文的史学意义，揭示寺院碑文对僧史僧传的补充与垂示，探究寺院碑文对人间佛学话语的承载与传播。第三章分析碑文凝聚的僧侣佛学期待：对佛教精神的阐扬与坚守，对佛陀境界的追求与修为，对高僧大德的缅怀与礼赞，普度众生的慈悲情怀，苦心经营的淑世思想。第四章抉发碑文敞开的文人佛学诉求：山水之旅的寺院发现，诉诸碑文的佛学省思，儒学视野的儒释之辨，撰文勒石的教化之念。第五章考察碑文蕴含的民间佛教信仰，从四个方面着手：抄经立幢荐福先人，造塔塑像庇佑至亲，崇奉观音有求必应，尊信弥陀栖神净土。第六章带有总结的性质，以揭示宋代寺院碑文的价值观构建及意义：碑文之于寺院的佛教价值，碑文之于文人的自省意识，碑文之于民间道德信仰的引领与塑造，碑文之于构建和谐社会的意义与启示。

本课题拟突破的重点在于，准确解读宋代寺院碑文中蕴含的佛学思想、作者诉求和时代精神，通过分析、比较，寻求其共同之处和不同之处，在此基础上予以合理的阐释。拟突破难点在于，网罗全部一手文献，分门别类，既能全面深入把握其表达的思想倾向，又能抓住主要脉络，凸显具有时代性、阶层性和区域性的主导倾向。避免以偏概全、以点代面，力戒观念先于文献，努力做到求真务实，用文献说话。

五 研究思路和研究方法

研究思路：第一步，准确界定研究对象和研究范围，即凡为宋代作者撰写的与佛教寺院相关的碑、铭、记文，均属本课题之研究内容；第二步，借助文献资料对宋代寺院碑文进行竭泽而渔式的收集；第三步，对这些碑文按照体裁分类编排，并从时段、作者、文类等角度做数据统计分析；第四步，在上述工作的基础上，根据前列章节展开探究与撰述。

研究方法：综合运用多种方法。以佛学解释学和佛教哲学方法，探究宋代寺院碑文的佛教思想；从文献学角度，揭示宋代寺院碑文的史料价值；以阐释学方法对宋代寺院碑文的佛学意义进行深度分析；以史学方法，对与宋代寺院碑文相关的宋代政教关系史，予以钩沉与稽考；通过必要的田野考察，对一些寺院的碑文存在方式和保存现状，进行实地调研，以增强本课题的实践性与科学性。

第一章　宋代寺院碑文概述

寺院碑文是佛学东渐的结果，承载着丰富的文化信息。自汉末至宋代，具有明晰的演进历程，且呈现出阶段性特征。无疑，宋代是中国寺院碑文书写的繁盛时期，这主要体现在作者群体之庞大，文章数量之繁伙，作品体裁之多样。而这一切，是经历了魏晋以迄于隋唐五代渐进式积累与演进，必然出现的结果。它从一个特殊的维度，见证并书写了佛教中国化的历史进程，具有独特的佛学意义和历史价值。

第一节　寺院碑文的历史演进

佛教东渐，始于东汉明帝时期。《洛阳伽蓝记》卷四"白马寺"条云："汉明帝所立也。佛教入中国之始……帝梦金神，长丈六，项背日月光明。胡神号曰'佛'，遣使向西域求之，乃得经像焉。时以白马负经而来，因以为名。"[1]

---

[1] （北朝）杨衒之：《洛阳伽蓝记》，周祖谟校释，中华书局1963年版，第134页。

第一章 宋代寺院碑文概述

可见，中国寺院的最早出现，与佛教登陆中国同步。至于寺院碑文，当然是随着寺院的出现，应机缘而生。据笔者所做的文献考察，最早的寺院碑文，为诞生在两晋之交阙名所著《中丘城寺碑》："大和上佛图澄愿者，天竺大国罽宾小王之元子。本姓湿。所以言湿者，思润理国，泽被无外，是以号之为湿。"① 中国寺院碑文经历了漫长的发展演进历程，基本趋势是：数量由少到多，作者由官方到民间，文类体式由简单趋于复杂，内容由庄严向世俗转进。本节即循此思路，对寺院碑文的历史进路予以梳理和论析。

一 数量由少到多

虽然寺院早已随着佛教的到来而出现，但之后的相当长的时间内，寺院碑文却一直寥落不显。从现存文献来看，汉代几乎可以说尚未出现真正意义上的寺院碑文；即使到了三国两晋时期，依然极为少见。除了上文已提及的《中丘城寺碑》，笔者只是看到了东晋沙门释慧远之《佛影铭》一篇。其文云："佛影今在西那伽诃罗国南山古仙石室中。度流沙从径道。去此一万五千八百五十里。感世之应。详于前记。"② 此外，迄今未发现其他作品。

到了南朝时期，情形似乎开始发生变化，而这一变化也经历了渐进性过程。刘宋时期，仅有两篇：谢灵运《佛影铭》：(《广弘明集》卷一五，《大正藏》卷五二，第199页）和阙明《果实寺中碑铭》(《全上古三代秦汉三国六朝文》之《全宋文》卷六四，第2790页）。尤其令人玩味的是，最应写出较多寺院之文的谢灵运，竟然只留下一篇文字（当然还有两篇不能算作碑文的、关于两位法师的诔文）。这种寥落沉寂局面，直到梁代才发生真正的转变。从当朝皇帝到政要文人，为我们留下了数量可观的寺院碑文。具体说来，情况如下：梁武帝一篇：《菩提达磨大师碑》，梁简文帝16篇：《释迦文佛像铭》

---

① （清）严可均辑：《全上古三代秦汉三国六朝文》之《全晋文》卷一四七，中华书局1958年版，第2312页。
② （晋）慧远：《佛影铭》，《广弘明集》卷一五，《大正藏》卷五二，第197页下。

《梁安寺释迦文佛像铭》《弥陀佛像铭》《式佛像铭》《迦叶佛像铭》《维卫佛像铭》《同泰寺故功德正智寂师墓志铭》《宋姬寺慧念法师墓志铭》《甘露鼓山寺敬脱法师墓志铭》《湘宫寺智蒨法师墓志铭》《净居寺法昂墓志铭》《大爱敬寺刹下铭》《善觉寺碑铭》《神山寺碑》《湘宫寺碑铭》《慈觉寺碑》。梁元帝12篇：《内典碑铭集林序》《梁安寺下铭》《荆州长沙寺阿育王像碑》《善觉寺碑》《钟山飞流寺碑》《旷野寺碑》《郢州晋安寺碑》《扬州梁安寺碑》《摄山栖霞寺碑》《归来寺碑》《庄严寺僧旻法师碑》《光宅寺大僧正法师碑》。邵陵王萧纶一篇：《扬州僧正智寂法师墓志铭》。沈约八篇：《湘州枳园寺刹下石记》《内典序》《光宅寺刹下铭并序》《弥陀佛铭》《释迦文佛像铭》《栖禅精舍铭》《法王寺碑》《比丘尼僧敬法师碑铭》。王僧孺二篇：《栖玄寺云法师碑铭》《中寺碑》。陆倕两篇：《志法师墓志铭》《天光寺碑》。王中一篇：《头陀寺碑文》。刘勰一篇：《剡县石城寺弥勒石像碑铭》。刘孝绰一篇：《栖隐寺碑》。刘孝仪一篇：《雍州金像寺无量寿佛像碑》。张绾一篇：《龙楼寺碑》。王筠两篇：《问善寺碑》《国师草堂寺智者约法师碑》。任孝恭两篇：《多宝寺碑铭》《建陵寺刹下铭》。宗士标一篇：《孝敬寺刹下铭并序》。①

陈朝的总量有所下降，陈后主一篇：《扬都兴皇寺释法朗墓铭》。徐陵五篇：《四无畏寺刹下铭》《报德寺刹下铭》《东阳双林寺傅大士碑》《孝义寺碑》《长干寺众食碑》。虞荔一篇：《梁同泰寺刹下铭》。② 北朝时期总体上看，作者不多，数量亦有限。北魏温子升四篇：《寒陵山寺碑》《印山寺碑》《大觉寺碑》《定国寺碑》。北齐邢劭三篇：《献武皇帝寺铭》《景明寺碑》《并州寺碑》。阙名七篇：《中岳嵩阳寺碑》《在孙寺造像铭》《董洪达造像铭》《比丘僧道略等造神碑尊像铭》《邑义主一百人造灵塔铭》《吴洛族等造像铭》

---

① 以上见于（清）严可均辑《全上古三代秦汉三国六朝文》之《全梁文》卷六至卷六七，中华书局1958年版，第2985—3354页。
② 以上见于（清）严可均辑《全上古三代秦汉三国六朝文》之《全陈文》卷四至卷一二，中华书书1958年版，第3423—3467页。

《冯翊王修平等寺碑》《临淮王造像碑》。北齐祖珽一篇：《并州定国寺碑》。王褒一篇：《京师突厥寺碑》。庾信二篇：《秦州天水郡麦积崖佛龛铭并序》《陕州弘农郡五张寺经藏碑》。① 而隋朝虽短祚，却留下了为数并不少的寺院碑文。江总六篇：《怀安寺刹下铭》《明庆寺尚禅师碑》《建初寺琼法师碑》《摄山栖霞寺碑》《大庄严寺碑》《天台国清寺智者禅师碑文》。张功礼一篇：《龙藏寺碑》。皇甫毗一篇：《玉泉寺碑》。郑辨志一篇：《宣州稽亭山妙显寺碑铭》。严德盛一篇：《吴郡横山顶舍利灵塔铭》。阙名十篇：《比丘惠远等造像铭》《杨遵义造像铭》《王忻造像铭》《坚昭礼造像铭》《杜乾绪等造像铭》《王女足等造像铭》《青州舍利塔下铭》《邓州舍利塔下铭》《江夏县缘果道场七层砖塔下舍利铭》《建安公等造尼寺碑》。真观一篇：《安国寺碑》。②

寺院碑文到了唐代，则蔚为大观，出现了一大批各种文类的作品。笔者根据《全唐文》《唐文拾遗》《唐文续拾》《全唐文补编》，并参照《大正藏》以及《卍续藏经》相关文献，统计出唐代寺院碑文1075篇。由于数量巨大，不便在此一一胪列，加之其文类与先唐诸代基本相近，故亦无排出之必要。时间推进到宋代，寺院碑文进一步发展壮大。笔者已经通过《全宋文》，并参照《大正藏》以及《卍续藏经》，按照时间次第，统计出近1400篇。由上述可知，自佛教入东土，至宋代，寺院碑文的数量呈现总体性递增态势，而在宋代臻于峰值。

二 作者由官方到民间

通过前面的缕述，我们能够较为清晰地发现，寺院碑文的作者也存在着一个基本演进特征，即首先是官方人士，包括皇帝、官吏、文人，其次向民

---

① 以上见于（清）严可均辑《全上古三代秦汉三国六朝文》之《全后魏文》卷五一至《全后周文》卷一二，中华书局1958年版，第3767—3942页。

② 以上见于（清）严可均辑《全上古三代秦汉三国六朝文》之《全隋文》卷一一至卷三四，中华书局1958年版，第4073—3467页。

间过渡，逐渐出现不见经传的无名作者。现分述如下：

魏晋时期，作为寺院碑文的发轫，由于作品数量极少，特征尚未明显。到了南朝时期，则端倪乍现。从数量分布来看，这一时期佛教最为兴盛的阶段，当在萧梁一朝。从此时寺院碑文的作者看，几位相继而出的皇帝，成了担纲者，梁武帝、梁简文帝和梁元帝，共有作品29篇，占有梁一代作品总数一半有余。其余作者诸如邵陵王萧纶、沈约、王僧孺、陆倕、刘勰、刘孝绰、刘孝仪、王筠等，要么是皇族藩王，要么是当朝政要，要么是执掌文柄，总之，皆为当世名人。嗣后的陈朝，虽然作者不多，但这一特征依然在延续。

而到了北朝时期，寺院碑文的作者开始发生变化。首先，北朝著名文人，仍然是寺院碑文的主要作者，如温子升、邢劭、王褒、庾信等，均是北朝文坛的代表人物。其次，出现了一批并不显眼的作者，他们以"阙名"的姿态，隐没在历史的烟尘里。当然，"阙名"的原因是多方面的。但是，有一点是肯定的，这些作者知名度不高，影响力不大，故其执笔之作，不太受到当世人的重视，则无疑是主要因素。这一特点在隋代表现得更为突出。短短二十几年的隋朝，就留下了10篇阙名作品，占到此期作品总数的一半。

到了唐代，由于作品数量多，作者的分布状况就表现得很鲜明。总的特征是：从官方到民间，作者分布在社会的各个阶层。有皇室贵胄，如唐高宗、高宗武皇后、章怀太子李贤；有政治家，如岑文本、张说、苏颋、严挺之、杜鸿渐、权德舆、李吉甫、裴度、蔡京、韩熙载等；有学者，如李百药、颜师古、李邕、王缙、符载等；有书法家，如欧阳询、颜真卿等；有文学家，如：王勃、杨炯、张说、李华、李白、王维、綦毋潜、独孤及、梁肃、顾况、柳宗元、刘禹锡、元稹、白居易等；有僧人，如景净、真言、清昼、至贤、师用、道振、玲幽、清越、延昭、知宗、文贞、澄玉、云真、齐己、虚受、道清、守澄等。①

---

① 以上数据以《禅宗全书》《全唐文》《全唐文补编》《唐文拾遗》《唐文续拾》等文献为依据所作的考察。

还有为数不少的一般性文人，虽有姓名，却知名度较低。除此之外，尤其值得注意的是，唐代寺院碑文，存在 150 多篇是阙名的，占到总数的近 1/4。

宋代作为寺院碑文发展的一个高峰，作品数量之多与作者情况之复杂，均远超前代。其三个时代性特征很鲜明。首一，作者覆盖面空前辽阔，涉及社会的所有阶层。其二，创作主体为文人士大夫阶层，并且出现了一批致力于寺院碑文写作而传世作品较多者，如徐铉（11 篇）、余靖（29 篇）、李觏（11 篇）、苏轼（26 篇）、苏辙（10 篇）、张商英（14 篇）、黄庭坚（28 篇）、元照（16 篇）、惠洪（46 篇）、程俱（10 篇）、孙觌（12 篇）、曹勋（15 篇）、陆游（27 篇）、宝昙（16 篇）、楼钥（16 篇）、居简（66 篇）、林希逸（13 篇）、道璨（12 篇）、牟巘（11 篇）、刘辰翁（13 篇）。其三，僧人作者的数量大大超过唐前任何一个时代。

三 文类体式之演变

南朝初期及其以前，属于寺院碑文的肇始阶段，不惟作品数量少，形制亦且短小简陋，以散体文出之。如前面已提及之阙名所著《中丘城寺碑》。又如，东晋沙门释慧远《佛影铭》："佛影今在西那伽诃罗国南山古仙石室中。度流沙，从径道，去此一万五千八百五十里。感世之应，详于前记"（《广弘明集》卷一五，《大正藏》卷五二，第 197 页下）。再如，阙名《果实寺中碑铭》："宋元初元年①，天竺沙门僧律尝行此处，闻钟磬声，天花满山，因建伽蓝。其后，有梵僧求那跋摩，来居此寺，曰：'此山将来必逢菩萨。'圣主大宏宝塔，遂同铭之。"此文亦然。不过已渐变化，内容叙述趋于翔实。

寺院碑文体式之变化，亦自南朝刘宋始。其突出的表现，首先即在于语言形式之转散为整，化奇作偶。例如，梁简文帝《迦叶佛像铭》："慧雨自垂，

---

① 南朝刘宋初年没有此年号，"元初"当为"永初"（420—422）。

仁风永扇。照曜白毫，半容月面。恶因有灭，善灯无变。"① 此为四言之韵文；梁元帝《旷野寺碑》："云楣胶葛，桂栋阴崇。刻虬龙如洞房，倒莲花于绮井。月殿朗而相晖，雪宫穆以华壮。南大璇题，虹梁生于暮雨，嶫嶫银牓，飞观入乎云中。铭曰：圆珰旦晖，方诸夜朗。金盘曜色，宝铃成响。"② 此为骈体之文，句式虽有长短变化，但为对仗工稳之偶句。其次是一篇文字要么通篇为散，如梁武帝《菩提达磨大师碑》："为玉 久灰，金言未剖，誓传法印化人天竺。及乎杖锡来梁，说无说法，如暗室之扬炬，若明月之开云。声振华夏，道迈古今，帝后闻名，钦若昊天。嗟乎！见之不见，逢之不逢，今之古之，悔之恨之。朕虽一介凡夫，敢师之于后。"③ 要么只是句式整齐之韵文，如前所示例；要么散韵结合，先散后韵。例如，沈约《光宅寺刹下铭并序》："光宅寺，盖上帝之故居，行宫之旧兆。扬州丹阳郡秣陵县某乡某里之地。自去兹邠亳，来仪京辅，拓宇东第，咫武城闉。圣心留爱闲素，迁负南郭，义等去鄘，事均徙镐。及克济横流，膺斯宝运，命帝阍以广辟，即太微而为宇。既等汉高，流连于丰沛；亦同光武，眷恋于南阳。思所以永留圣迹，垂之不朽，令事与须弥等固，理与天地无穷，莫若光建宝塔，式传于后。乃以大梁之天监六年岁次星纪月旅黄钟闰十月二十三日戊寅，仲冬之节也，乃树刹玄壤，表峻苍云……乃作铭曰：八维悠阔，九服荒茫。灵圣底止，咸表厥祥。寿丘瑗瑗，电绕枢光。周原膴膴，五纬入房……"④ 而值得注意的是，无论那种体式，作者均未在文类层面予以严格区分，故文体尚处于泾渭不明之浑沦状态。

北朝时期在承续其曩代特征基础上，稍稍形成了一些新的特征，即散体

---

① （清）严可均辑：《全上古三代秦汉三国六朝文》之《全梁文》卷一三，中华书局1958年版，第3028页。
② 同上书，第3056页。
③ 同上书，第2985页。
④ 同上书，第3127页。

第一章 宋代寺院碑文概述

之文高度骈俪化，虽然此前之文已肇端倪。例如，北齐邢劭《献武皇帝寺铭》："惟睿作圣，有纵自天。匡国庇民，再造区夏。功高伊吕，道迈桓文。虽住止域中，而神游方外。影响妙法，咫尺天人。晓夜自分，不劳鸡鹤之助；六时靡惑，非待壶箭之功。永寄将来，传之不朽。辞曰：用分行坐，以敦戒行。苦罪祈福，傲狠成敬。万国咸亨，一人有庆。方传自久，是用成咏。"①这一特征到了隋代一仍其旧，甚至有变本加厉之势头。例如，江总《大庄严寺碑》："盖闻僧伽，水滨波斯，创以禅地，醍醐山顶。舍那肇其梵域，此乃往劫之胜因，上方之妙范。于是俯察地势，悬之以水；仰惟皇极，揆之以日。百堵咸作，千坊洞启。前望则红尘四合，见三市之盈虚；后睇则紫阁九重，连双阙之耸峭。加以园习欢喜，水成功德。池溢甘露，不因玉掌。树摇音乐，无待金奏。薰垆夜爇，遥来海岸之香；法鼓晨欢，非动泗滨之石……"②

这种骈文在前、韵文在后的碑文样式，在唐代中期以前，并未见改观。直到中唐以后，受到古文运动的影响，骈文部分才开始为散文所替代。例如，李华《台州乾元国清寺碑》："天宝十五载，逆将犯阙，房尘翳郊庙。上皇哀苍生，避狄幸蜀。皇帝誓复君父之耻，理兵于朔方。避狄，仁之盛也；复耻，孝之大也。惟仁盛孝大，故不逾年而收京师……"③ 又如，颜真卿《湖州乌程县杼山妙喜寺碑铭》："州西南杼山之阳，有妙喜寺者，梁武帝之所置也。大同七年夏五月，帝御寿光阁，会所司奏请置额。帝以东方有妙喜佛国，因以名之……"④ 唐代寺院碑文还有一个重要特征，就是文体多样，如碑、塔碑、铭、碑铭、塔铭、碣、记等。对宋代寺院碑文在文类形制方面，具有导

---

① （清）严可均辑：《全上古三代秦汉三国六朝文》之《全梁文》卷一三，中华书局1958年版，第3842页。
② 同上书，第4077页。
③ （清）董诰等编：《全唐文》卷三一八，中华书局1983年影印本，第3224页。
④ 同上书，第3435页。

夫先路之开拓意义。至于宋代寺院碑文的文类，笔者将在下一节予以详论，故兹从略。

四 内容由庄严向世俗转进

佛教东来，有一个渐进的过程。虽然有关文献记载，汉明帝梦见金人，而生遣人西去求佛之念，但为严谨的学者所质疑。而实际上，中国对佛教的认识，是从佛像开始的。这可从魏晋六朝寺院碑文的题目获得广泛印证。吕澂先生曾说："求法之事虽属虚构，但是从这一传说中，我们可以推想，首先传来中国的，不是佛经，而是佛像，所谓'金人'，指的就是佛像。"① 之后，才有佛经的东传与翻译，接着出现中国僧人对印传佛典的研读和接受。中国对佛教的接纳过程，也较为清晰地反映在寺院碑文中。即首先是对佛像的膜拜，其次是对佛经的研究，继之是对佛学思想的接受与阐释，最后才是对高僧大德的礼赞。而这一过程，在从魏晋至唐宋的不同阶段，总体呈现出由庄严向世俗的趋近态势。

第一，对佛像的膜拜。这从魏晋六朝时期寺院碑文的题目，可以明确体认。例如，东晋慧远之《佛影铭》、刘宋谢灵运之《佛影铭》、梁简文帝《释迦文佛像铭》《弥陀佛像铭》《迦叶佛像铭》《维卫佛像铭》、沈约《释迦文像铭》、刘勰《剡县石城寺弥勒石像碑铭》、刘孝仪《雍州金像寺无量寿佛像碑》，等等。由这些题目，我们还能够看到，这一时期，进入中国政治领袖和文化精英心中的佛之影像，包括释迦牟尼佛、弥陀佛、迦叶佛、维卫佛、弥勒佛、无量寿佛等。很显然，这些佛教人物形象，都是率先给中国信众施加影响的角色。后来的佛教实践也陆续证明，这些形象一直是中国佛教语境中的主要意象，承载着佛教精神的基本意义。那么，关于这些具体的佛名，魏晋六朝时期的寺院碑文，做了怎样的描述呢？兹举一例：梁简文帝萧纲《释

---

① 吕澂：《中国佛学源流略讲》，中华书局 1979 年版，第 20 页。

迦文佛像铭》云："至矣调御，行备智周。满月为面，青莲在眸。心珠可莹，智流方溥。永变身田，长无沙卤。"① 可见，作者根据相关佛典，结合当时寺院中释迦牟尼塑像，对佛之尊容与精神予以写照。从中能够体会向佛之意与敬仰之情。其他同类作品，内容大抵如此。

第二，对佛经的研究。研究佛经的前提，是佛经的翻译，而此内容与本课题关系不大，故从略。佛经研究的基本方式和意义，乃在于对佛教思想的阐释与接受。从中我们能够看到中国对于这一外来宗教的认识和态度。能较为典型的代表其当时立场者，当为谢灵运之《佛影铭》，其中有云："夫大慈弘物，因感而接。接物之缘，端绪不一。难以形捡，易以理测。故已备载经传，具著记论矣。虽舟壑缅谢，像法犹在。感运钦风，日月弥深……徽猷秘奥，万不写一。庶推诚心，颇感群物。飞鸮有革音之期，阐提获自拔之路。当相寻于净土，解颜于道场。圣不我欺，致果必报。援笔兴言，情百其慨。群生因染，六趣牵缠，七识迭用，九居屡迁。剧哉五阴，倦矣四缘。遍使轮转，苦根迍邅，迍邅未已，轮转在己。四缘云薄，五阴火起。亹亹正觉，是极是理。"② 谢灵运对佛教的认识是"大慈弘物""徽猷秘奥，万不写一""圣不我欺，致果必报""亹亹正觉，是极是理"，即佛教思想玄奥深邃，以慈悲为怀，弘物救人，真诚实在，确为人们指明了正觉之理和解脱之路。其对佛教的态度是：称佛和佛教为"大慈"，为"圣"，因而"感运钦风，日月弥深"。又如，北齐邢劭《并州寺碑》云："夫至道密微，无迹可睹；神功感应，有理斯存。虽慧日已照，而大夜莫晓；香雨时流，而深尘未息。旷劫悠缅，历代遐长。眇眇世罗，无能免其一目；泛泛欲网，孰敢解其三面？自大教迁流，行于中土，希向之士，烟踊波属。恒沙未足为言，积尘所不能喻。

---

① （清）严可均辑：《全上古三代秦汉三国六朝文》之《全梁文》卷一三，中华书局1958年版，第3025页。
② （唐）道宣：《广弘明集》卷一五，《大正藏》卷五二，第199页中。

皆云出没生死之河，浮沉爱欲之海，未有矫然独悟，脱落身名，望彼岸而攸往，泛宝船而利涉。"① 意谓佛道玄秘，无迹可寻，虽如慧日，已然朗照中土，无奈人们仍旧挣扎于茫茫大夜，未见其光辉。而一部分先觉之士，似乎已经登上佛教之宝船，涉越人生之欲海，朝向自由之彼岸。

第三，对高僧硕德的礼赞。诸如梁武帝《菩提达磨大师碑》、梁简文帝《宋姬寺慧念法师墓志铭》《甘露鼓山寺敬脱法师墓志铭》《湘宫寺智蒨法师墓志铭》《净居寺法昂墓志铭》、梁元帝《光宅寺大僧正法师碑》、邵陵王萧纶《扬州僧正智寂法师墓志铭》、王僧孺《栖玄寺云法师碑铭》、陆倕《志法师墓志铭》、王筠《国师草堂寺智者约法师碑》、陈后主《扬都兴皇寺释法朗墓铭》、徐陵《东阳双林寺傅大士碑》等，均属于这一类。值得注意的是，六朝时期的高僧均为法师，即在佛学教义方面具有较深的造诣，在佛经阐释和佛学弘传方面，为当时政治和文化阶层所认同，并获赞誉，因此这些硕德经僧被称为法师，因着政治家和文学家的青睐而获得不朽。兹举三例如下。

  1. 及乎杖锡来梁，说无说法，如暗室之扬炬，若明月之开云。声振华夏，道迈古今，帝后闻名，钦若昊天。嗟乎！见之不见，逢之不逢，今之古之，悔之恨之。朕虽一介凡夫，敢师之于后。②

  2. 来遵北渚，至依西岳。西岳峨峨，北渚回波。庭栖弱羽，檐挂轻萝。甘粗衣恶，弃厚安薄。灭意嚣秋，寄心寥廓。③

  3. 结宇山椒，疏壤幽岫，蓄云泄雨，霭映房栊。浴日涵星，翻光池沼。震居暇豫，留思幽微。研精经藏，探求法宝。香城实相之谈，金河常乐之说。究竟微妙，洞远幽玄。披庭为道心之宫，华林构重云之殿。

---

① （清）严可均辑：《全上古三代秦汉三国六朝文》之《全北齐文》卷三，中华书局1958年版，第3843页。
② （清）严可均辑：《全上古三代秦汉三国六朝文》之《全梁文》卷六，中华书局1958年版，第2985页。
③ 同上书，第3251页。

师子之座高广于灯王,听法之筵众多于方丈。开宝函之奥典,阐金字之微言。显证一乘,宣扬三慧。辩才无阂,游戏神通。①

上面所举三例,各有侧重。例一,表达了梁武帝对中国禅宗初祖菩提达摩旷迈高韵的无限景仰,对其道越古今之精神境界的高度礼赞,对其弘法华夏降福万类的热切期待。例二,则是对栖玄寺云法师超尘脱俗、安于贫贱、志向高远、虔心向佛的精神,给予高度肯定和热情礼赞。而例三,则传递了更为丰富的佛教文化信息:像草堂寺智者约法师这样的高僧,既结宇山椒,又出入掖庭,在探研佛法壸奥的同时,又高设讲座,为广大信众宣讲教义,因此既受贵族官僚之簇拥,又为乡野草民所爱敬。这种世出世间的佛教活动,可谓进退裕如,影响甚广。

从上分析,可以看到,魏晋南北朝时期,作为寺院碑文发生发展的重要时期,其内容侧重于对佛和佛教的礼赞,字里行间渗透着世人对这一外来宗教的体认、接受和虔诚。从而庄严肃穆之意蕴,成为这一时期相关作品的主旋律。不过,应该认识到,佛教之所以兴盛于魏晋六朝时期,不仅是由于上层的扶持和文人的推助,应该还得力于广袤民间的倾心以向。遗憾的是,这一时期的寺院碑文均出自政治家和文人阶层,其视角和期待显然迥异乎民间,而民间的佛教诉求于寺院碑文付之阙如。这种状况,无疑是造成此时寺院碑文格调庄肃静穆、渊雅深沉的原因。

这一时代性特征,直到唐代才开始发生变化。其具体表现为两个层面:一是王公贵族对佛教的期待,希望获得佛的护佑,永保天下太平、国祚长久、康寿荣华;二是民间社会对佛教的诉求,希望获得佛的垂怜,远离苦难、少罹病痛、长幼安宁。而有时一篇碑文兼二意而有之。前者如章怀太子李贤

---

① (清)严可均辑:《全上古三代秦汉三国六朝文》之《全梁文》卷六,中华书局1958年版,第3338页。

《西明寺钟铭》:"青祇荐祉,黄离降精。涡川毓德,瑶岭飞英。吹铜表性,问寝登情。兴言净业,载启香城。七珍交铸,九乳图形。翔龙若动,偃兽疑惊。制陵周室,规逾汉庭。风飘旦响,霜传夜鸣。仰延皇祚,俯导苍生。声腾亿劫,庆溢十龄。"① 又如,李邕《国清寺碑并序》:"观夫密教将开,必有其地;灵岳将应,必降其人。是以兆发真僧,功成宏愿,以一如正受之力,致三朝大事之因。故得帝王宅心,王公摄念,国祥备至,家宝荐臻。玉宇悬空金谷飞月,婆若之海尘不能淄,安明之山风不能振:莫与京者,其在兹乎!"② 均可显示当朝权要的上层意识。后者如白居易《苏州南禅院千佛堂转轮经藏石记》:"千佛堂转轮经藏者,先是郡太守居易发心,蜀沙门清闲、矢谟,吴僧常敬、宏正、神益等偫功,檀主邓子成、梁华等施财,院僧法宏、惠满、契元、惠雅等蒇事,太和三年秋作,开成元年春成。堂之费计缗万藏与经之费计缗三千六百……是堂是藏,是经之用,信有以表旌觉路也,脂辖法轮也,示火宅长者子之便门也,开毛道凡夫生之大窦也。"③ 再如,李绅《龙宫寺碑》:"余以俸钱三百贯囗囗,监军使毛公承泰,亦施焉以月俸。俾从事僚吏,咸同胜因。闾里慕仁,风靡争施。子来之功力云集,清凉之莲宇郁兴。浃旬而垣墉四周,逾月而栋干连合。焕矣真界,昭乎化城。择静行僧居之,以总寺事。因具香馔,告诫法王,以资我后无疆之祚,次以资神龙水府之福,以名寺之功力。佑灵之显报,一雨之施,润洽必同。佛言龙王心力所致,七郡山泽,城邑万人,介福所安。"④ 从总体上看,唐代寺院碑文内容的世俗性转折,尚未普遍,直到宋代以后才渐趋兴盛。

---

① (清)董诰等编:《全唐文》卷九九,中华书局1983年影印本,第1019—1020页。
② (清)董诰等编:《全唐文》卷二六二,中华书局1983年影印本,第2661页。
③ 同上书,第6908—6909页。
④ 同上书,第7125页。

第二节　宋代寺院碑文的文类

关于佛教与寺院的文章，自魏晋六朝以来，逐渐增多。而从文类上看，并非所有的作品都属于本课题的研究范畴。本书致力于寺院碑文这一范畴的各种文体的研究。所谓寺院碑文，笔者做出如下界定：以佛法、佛经、佛僧为书写内容，勒刻于寺院之碑壁的诸种文类。根据现存文献，自佛教东渐伊始，直至宋代，我们见到的寺院碑文，有多种文类形式，如碑、铭、碣、记，以及在此基础上衍生出墓铭、墓志铭、碑铭、塔碑、塔铭等。本节拟对宋代寺院碑文的四种文类，予以释名彰义、原始表末之梳理。

一　碑

碑：《说文解字》："府眉切，竖石也。从石，卑声。"① 作为一种文类，碑当源于秦代之刻石，如李斯之《绎山刻石》《泰山刻石》《琅邪台刻石》《会稽刻石》等②，直到东汉光武帝初期，仍然采用刻石方式，记载重大事件，如东汉初张纯之《泰山刻石文》，此石刻于建武三十二年（56）。③ 到了东汉中后期，碑才作为文类开始出现。具有代表性的是蔡邕的碑文作品，如《九疑山碑》《光武济阳宫碑》《伯夷叔齐碑》等。由刻石向石碑的转换，也就是以人工碑石替代自然山石，不仅意味着书写空间的挪移，更意味着书写内容必将更趋宽泛。而与此同时，刻石内容性质仍然重要，但凡上得石碑的

---

① （汉）许慎：《说文解字》，九州出版社2001年版，第539页。
② （清）严可均辑：《全上古三代秦汉三国六朝文》之《全秦文》卷一，中华书局1958年版，第121—122页。
③ （清）严可均辑：《全上古三代秦汉三国六朝文》之《全后汉文》卷一二，中华书局1958年版，第534页。

文字，必定是意义重大，将垂后世之文。正如裴松之《请禁私碑表》所云："碑铭之作，以明示后昆。自非殊功异德，无以允应兹典。大者道动光远，世所宗推；其次节行高妙，遗烈可纪。若乃亮采登庸，绩用显著，敷化所莅，惠训融远，述咏所寄，有赖镌勒。非斯族也，则几乎僭黩矣。"① 又如，班固《高祖泗水亭碑铭》，即属于名副其实的碑文。碑文在汉代只是刚刚起步，到了魏晋时期，才逐渐走向兴盛。西晋陆机《文赋》云："碑披文以相质"②，对碑文从内容到语言都做出了明确的要求，即碑文内容要质实，语言应富有文采，可谓文质彬彬。到了南朝，刘勰在《文心雕龙·诔碑》中论述得更为详切著名："碑者，埤也；上古帝皇，纪号封禅，树石埤岳，故曰碑也。周穆纪迹于弇山之石，亦古碑之意也。又宗庙有碑，树之两楹，事止丽牲，未勒勋绩。而庸器渐缺，故后代用碑，以石代金，同乎不朽，自庙徂坟，犹封墓也。自后汉以来，碑碣云起，才锋所断，莫高蔡邕；观杨赐之碑，骨鲠训典；陈郭二文，词无择言；周乎众碑，莫非清允。其叙事也该而要，其缀采也雅而泽；清词转而不穷，巧义出而卓立；察其为才，自然而至矣……夫属碑之体，资乎史才，其序则传，其文则铭。标序盛德，必见清风之华；昭纪鸿懿，必见峻伟之烈，此碑之制也。夫碑实铭器，铭实碑文，因器立名，事光于诔。是以勒石赞勋者，入铭之域；树碑述亡者，同诔之区焉。"③ 在刘勰看来，勒碑刻石，而载勋绩，以垂不朽；碑文作者，当具史才；序则以传，重在实录，文则以铭，主于温润；故叙事该而要，缀采雅而泽。这是对碑文最为典要精当的说明。

碑文从俗世当权者的昭纪鸿懿，向佛寺僧塔的弘扬佛法延伸，意味着佛教的重要性，以佛法僧的形式，通过寺院碑文渗入世人的精神世界，乃至佛

---

① （清）严可均辑：《全上古三代秦汉三国六朝文》之《全宋文》卷一七，中华书局1958年版，第2525页。
② 黄霖、蒋凡主编：《中国历代文论选新编》，上海教育出版社2007年版，第126页。
③ （梁）刘勰著：《文心雕龙》，陆侃如、牟世金译注，齐鲁书社1995年版，第205—207页。

第一章 宋代寺院碑文概述

教之重要性几乎可与俗世之勋绩比并而观了。尤其令人玩味的是，中国寺院碑文的早期作者均为皇族贵胄、达官显宦和文化精英，他们成为佛教文化弘传于中国的担纲者。这无疑提高了佛教在中国文化谱系中的地位和影响。梁元帝萧绎在《内典碑铭集林序》中说："般若玄渊，真如妙密，触言成累，系境非真。金石何书，铭颂谁阐。然建塔纪功，招提立寺，或兴造有由，或誓愿所记。故镌之立石，传诸不朽，亦有息心应供，是曰桑门。或谓智囊，或称印手。高座擅名，预伊师之席；道林见重，陪飞龙之座。峨眉庐阜之贤，邺中苑邓之哲，昭哉史册可得而详，故碑文之兴，斯焉尚矣。"① 道出了佛教在南朝兴盛的状况，并指明寺院碑文在此一时期兴起之原因。

据笔者统计，魏晋南北朝时期以"碑"为题目的寺院碑文，计36篇，隋代9篇，唐代110篇，宋代54篇。从语言形式方面看，也经历了一个演变的过程。最初时期即东汉时期，此时的碑文属于散体，句式长短参差，错落有致，质朴典重。例如，蔡邕《伯夷叔齐碑》："熹平五年，天下大旱。祷请名山，求获答应。时处士平阳苏腾，字玄成，梦陟首阳，有神马之使在道。明觉而思之，以其梦陟状上闻。天子开三府，请雨使者与郡县户曹掾使登山升祠……"② 并且逐渐形成先散后韵的体式。又如，阙名《山阳太守祝睦碑》："君讳睦，字符德，济阴己氏人也。其先盖高辛氏之火正……其辞曰：□我君，国之光。履忠顺，阐道常。升紫微，平机衡……"③ 三国两晋之文甚少，体制一因汉代。到了南朝时期，由于骈体文的浸淫，碑文也基本上趋向于整齐的对句形式。再如，沈约《法王寺碑》："昔周师集于孟津，汉兵至于垓下。鬻商肇乎兹地，殪楚由乎斯域。慧云匪由触石，法雨起乎悲心。驱之仁寿，

---

① （清）严可均辑：《全上古三代秦汉三国六朝文》之《全梁文》卷一七，中华书局1958年版，第3053页。
② （清）严可均辑：《全上古三代秦汉三国六朝文》之《全后汉文》卷七五，中华书局1958年版，第879页。
③ 同上书，第1012页。

度之彼岸。济方割于有顷，扑既燎于无边。陆旗风靡，水阵云披……"① 此种风气直到中唐以前，都没有发生个本转变。例如，盛唐时期的李邕《岳麓寺碑》："夫天之道也，东仁而首，西义而成，故清泰所居，指于成事者矣。地之德也，川浮而动，岳镇而安，故耆阇以居，取于安定者矣。兹寺大抵，厥旨元同。是以回向度门，缠于廊右。仰止净域，列乎岩巅。"② 中唐以后，则碑文已然成散体形制，如顾况《虎丘西寺经藏碑》："阖闾之葬海浦也，水银为溟渤，黄金为凫雁，精气为白虎，是名虎邱。东晋王珣、王珉，舍山造寺，生公忍死待西国经来之所也……"③ 而在五代至宋初，又出现由散文向骈文回溯的现象。例如，徐铉《大宋重修峨眉山普贤寺碑铭》中碑文部分："臣闻贤人阐化，必有胥附之资；贤士膺期，必垂不朽之迹。是以颜回默识，冠师门于洙泗之滨；尹喜受经，应真气于崤函之右……"④ 北宋中期以后，随着古文运动发生实质性影响，文风真正丕变，寺院碑文才又回到散文的轨道上来。

二 铭

纵观中国传统文类发展史，碑与铭很多时候如影随形，此种现象在寺院碑文中，表现得尤其突出。这是由于二者具有天然的亲密关系。"铭，明旌也"（《礼记·檀弓》）；"铭者，自名也。自名以称扬其先祖之美而明著之后世者也"（《礼记·祭统》）。作为一种文类，"铭"出现得很早，三代时期就已经有了，如商汤《盘铭》、正考父《鼎铭》。而对于"铭"的文类意义的认识，到魏晋六朝时期，渐趋明确而深刻。魏曹丕在《典论·论文》中说"铭诔尚实"，强调其内容要质朴真实。西晋陆机则进一步说："铭博约而温

---

① （清）严可均辑：《全上古三代秦汉三国六朝文》之《全后汉文》卷七五，中华书局 1958 年版，第 3130 页。
② （清）董诰等编：《全唐文》卷二六三，中华书局 1983 年影印本，第 2669—2670 页。
③ 同上书，第 5377 页。
④ 曾枣庄、刘琳主编：《全宋文》第二册，上海辞书出版社 2006 年版，第 339 页。本书凡援引《全宋文》之文献，均出自此版本，故下文引文不再标注编者和出版社。

润。"① 意谓就内容言，铭要表达简约而蕴含深广，就效果言，应温厚润泽，使人感到亲切而具有启示意义。南朝刘宋时期之谢灵运也发表了自己的见解，他认为："古铭所始，实由功被。未有道宗崇大若此之比，岂浅思肤学所能宣述？"② 他从作者的角度，认为"铭"所记内容，关系重大，非平庸浅薄之辈所能胜任。而对此文类之分疏最为详明者，当推齐梁年间的刘勰，他在《文心雕龙·铭箴》中云："铭者，名也，观器必也正名，审用贵乎盛德。盖臧武仲之论铭也，曰：'天子令德，诸侯计功，大夫称伐。'夏铸九牧之金鼎，周勒肃慎之楛矢，令德之事也；吕望铭功于昆吾，仲山镂绩于庸器，计功之义也；魏颗纪勋于景钟，孔悝表勤于卫鼎，称伐之类也。若乃飞廉有石椁之锡，灵公有蒿里之谥，铭发幽石，吁可怪矣。赵灵勒迹于番吾，秦昭刻博于华山，夸诞示后，吁可笑也。详观众例，铭义见矣。"③ 刘勰引用《左传·襄公十九年》臧武仲关于"铭"的论述，突出了"铭"的内容，侧重于记载重大历史人事，所谓"天子令德，诸侯计功，大夫称伐"。

从对"铭"的梳理中，不难理解，本来用于铭记俗世功德的文体，到六朝时期开始运用到寺院碑文中来。这一变化，昭示了佛教在当时政治与文化高层，已然具有了重要地位和影响。据笔者统计，魏晋南北朝时期以"铭"为题目的寺院碑文，计42篇，隋代12篇，唐代317篇，宋代231篇。总体上看，自魏晋至宋代，寺院铭文的数量呈递增态势。其实，"铭"的具体种类很多，根据其用途和空间位置的不同，可分为碑铭、塔铭、幢铭、庵铭、像铭、钟铭、室铭、轩铭、阁铭、井铭、方丈铭、戒衣铭、经藏铭、舍利铭、墓志铭、罗汉铭等。其中塔铭数量最多，超过这一类作品总数的一半。既然"铭"最初是作为镌刻在金属器物上的文字，不仅其内容非常重要，而且由于书写

---

① 黄霖、蒋凡主编：《中国历代文论选新编》，上海教育出版社2007年版，第126页。
② （宋）谢灵运：《佛影铭》，《广弘明集》卷一五，《大正藏》卷五二，第199页。
③ （梁）刘勰著：《文心雕龙》，陆侃如、牟世金译注，齐鲁书社1995年版，第190页。

的不易，必然要求文字简约，来不得丝毫虚浮词句，故越少越好，以一当十，言简意赅。例如，商汤《盘铭》："苟日新，日日新，又日新。"① 周武王《鉴铭》："见尔前，虑尔后。"② 先秦时代的铭，语言形式大抵如此。到汉代，有了新的变化。又如，西汉东方朔《宝瓮铭》："宝云生于露坛，祥风起于月馆。望三壶如盈尺，视八鸿如萦带。"③ 刘向之《杖铭》："历危乘险，匪杖不行。年耆力竭，匪杖不强。有杖不任，颠跌谁怨？有士不用，害何足言？都蔗虽甘，殆不可杖。佞人悦己，亦不可相。杖必取便，不必用味。士必任贤，何必取贵？"篇幅增长，均用韵文，是新增之特点，而言简意深、富于哲理，则一仍其旧。可是，作为寺院碑文之"铭"，起初的形式却未与秦汉时期之铭相衔接，显得朴陋简质。例如，东晋慧远之《佛影铭》："佛影今在西那伽诃罗国南山古仙石室中。度流沙从径道，去此一万五千八百五十里。感世之应，详于前记。"④ 到了南朝，铭就成了整齐划一的骈体文，且基本都用四言。例如，王僧孺《栖玄寺云法师碑铭》：

眇眇大家，茫茫真朴。多沦爱有，莫辩尘浊。

猗欤息心，言高理邈。居之匪绚，得之靡学。

刻情几种，厉想玄觉。且说且定，以披以握。

来遵北渚，至依西岳。西岳峨峨，北渚回波。

庭栖弱羽，檐挂轻萝。甘粗衣恶，弃厚安薄。

灭意嚣秋，寄心寥廓。⑤

---

① （清）严可均辑：《全上古三代秦汉三国六朝文》之《全上古三代文》卷一，中华书局1958年版，第14页。
② 同上书，第19页。
③ 同上书，第267页。
④ （唐）道宣：《广弘明集》卷一五，《大正藏》卷五二，第197页下。
⑤ （清）严可均辑：《全上古三代秦汉三国六朝文》之《全梁文》卷五二一，中华书局1958年版，第3251页。

第一章　宋代寺院碑文概述

　　此后的铭文，都是这种语言形式，直至宋代。例如，李华《润州鹤林寺故径山大师碑铭》中"铭"文部分："浊金清镜，在尔销炼。磨之莹之，功至乃现。膏溃炷然，光明外遍。阳升律应，草木皆变。启迪瘖聩，惟吾大师。息言成教，舍法兴悲……"①

　　只不过在宋代，铭文部分的整句，字数出现了较丰富的变化形式，除了四言之外，还有三言、五言、六言、七言等形式。四言如夏竦《传法院碑铭》："西方圣人，万化幽赞。兆启于周，法至于汉。森沉天禄，古经肇焕……"②三言的如李遵勖之《先慈照禅师塔铭》："离四句，绝百非。"③五言的如契嵩之《秀州资圣禅院故和尚勤公塔铭》："惟骨殊圆，惟道亦然。非生非灭，无陂无偏。惟小夷石泐，而此法常传。"④又如，苏轼之《石塔戒衣铭》："石塔得三昧，初从戒定入。是故常宝护，登坛受戒衣。吾闻得道人，一物不可留。云何此法衣，补缉成百衲。诸法念念逝，此衣非昔衣。此法无生灭，衣亦无坏者。振此无尘衣，洗此无垢人。坏则随他去，是故终不坏。"⑤七言的如余靖《韶州月华禅师寿塔铭》："湛然性相本无为，涉于形器有时隳。他年幻质此于归，尝言无佛，良遣有知。"⑥又如，沈辽《邵州立禅师塔铭》："少林壁观本无说，至于咄咄盖已末。造妙显微参诸佛，不能无心但小黠。大士迅飞出南粤，道化邵陵嗣耆崛……"⑦从上举例亦可看出，宋代寺院铭文，并非拘于某种固定句式，往往会在同一篇文章中使用不同的句式。不过，相比较而言，四言依然为数较多。

---

① （清）董诰等编：《全唐文》卷三二〇，中华书局1983年影印本，第3248页。
② 《全宋文》第一七册，第208页。
③ 同上书，第355页。
④ 《全宋文》第三六册，第383页。
⑤ 《全宋文》第九一册，第297页。
⑥ 《全宋文》第二七册，第164页。
⑦ 《全宋文》第七九册，第240页。

三　记

记，《说文解字》云："居吏切，疏也。从言，己声。"① 究其实质而言，先秦时代的历史散文和诸子散文，无论记事还是记言，都应属于"记"。然而，作为文体，"记"并未明确出现于此时。甚至从寺院碑文的角度讲，直到魏晋南北朝时期，"记"尚属鲜见，至少目前笔者未发现这一时期的寺院碑文署名曰"记"。刘勰在《文心雕龙·书记》中似乎论及此一文类范畴，但并未将之作为独立文类，仅仅在分疏"书记"时，顺带言及："记之言志，进己志也……夫书记广大，衣被事体，笔札杂名，古今多品……并述理于心，着言于翰，虽艺文之末品，而政事之先务也。"② 刘勰认为，"记"用来叙事，表达作者之心志，于政事方面实属重要。从现代视角审视"记"，其实就是记叙文，或谓之散文，以散行单句的语言形式，写人叙事，议论抒情。山川地理，民情风俗，古往今来，天南海北，无所不包，具有极广阔的涵盖性，极灵活的表现力。也正是由于"记"具有这样的特征，较之于"碑""铭"，其内容的庄严肃穆性质，顿然减退。这也恰恰从一个独特的角度，印证了魏晋南北朝时期没有以"记"为题目的寺院碑文，实属其来有自。

"记"作为寺院碑文的一个重要文类，开始出现于唐代。据笔者统计，在唐代现存1074篇各种寺院碑文中，就有至少620篇属于"记"。而且到宋代，以"记"为目的寺院碑文篇数更多，多达1016篇。这种由以碑、铭为主体向以记为主体的演进方向，与中国佛教由庙堂向江湖的普及路径，是一致的。它从一个独特的维度，展示并证明了中国佛教日趋世俗化的历史轨迹。一个值得注意的现象，就是"记"这种寺院碑文，从中唐以后开始增多，此前的寺院碑文，则以碑、铭为主。

---

① （汉）许慎：《说文解字》，九州出版社2001年版，第135页。
② （梁）刘勰著：《文心雕龙》，陆侃如、牟世金译注，齐鲁书社1995年版，第344—347页。

第一章 宋代寺院碑文概述

从内容上看,"记"主要涉及两个大的方面:一是对僧人尤其是已经圆寂的高僧的传写;二是对某一寺院的建成修复兴衰过程等的叙述。兹举裴度《三藏无畏不空法师塔记》云:

> 大唐开元二十三年,三藏无畏卒,春秋九十有九。诏鸿胪丞李现监护丧事。塔于龙门之西山广化寺,藏其全身。畏本释种,甘露饭王之后,以护国出家。道德名称,为天竺之冠。所至讲法,必有异相。初,在乌荼国演遮那经,须臾众会。咸见空中有"毗卢遮那"四金字,各寻丈排列,久之而没。又尝过龙河,一托驼负经没水。畏惧失经,遽随之入水。于是龙王邀之入宫讲法。不许,彼请坚至。为留三宿而出。所载梵夹,不湿一字。其神异多类此。①

此为中唐裴度为圆寂高僧三藏无畏所写的一篇塔记。主要突出其作为得道高僧具有的神通异能。这种富有传奇笔法的叙述,实为神异其人而设,在唐宋禅宗语录、僧史僧传中,经常出现,也可说是佛学叙事的一种修辞。又如,范仲淹《天竺山日观大师塔记》云:

> 师,钱塘人也,姓仲氏,名善升。十岁出家,十五通诵《法华经》,十七落发受具戒。客京师三十年,与儒者游,好为唐律诗,且有佛学。天禧中,诏下僧禄简长等注释御制《法音集》,师预选中。书毕,诏赐师名。遂还故里,公卿有诗送行。师深于琴,余尝听之,爱其神端气平,安坐如石,指不纤失,徽不少差,迟速重轻,一一而当。故其音清而弗哀,和而弗淫,自不知其所以然,精之至也。予尝闻故谕德崔公之琴,雅远清静,当代无比,如师则近之矣。康定中,入天竺山,居日观庵,曰:"吾其止乎?"不下山者十余年,诵《莲经》一万过。皇祐元年,余

---

① (清)董诰等编:《全唐文》卷五三八,中华书局 1983 年影印本,第 5462 页。

> 至钱塘，就山中见之。康强精明，话言如旧。一日，遣侍者持书谢余曰："吾愿足矣，将去人世，必藏于浮屠之下，愿公记焉。"又一日，使者来告曰："师化矣。"其门人中霭等葬师于塔，复以师之言求为之铭。铭曰：山月亭亭兮师之心，山泉泠泠兮师之琴。真性存兮，孰为古今。聊志之兮，天竺之岑。①

此文为北宋仁宗时期（1022—1063）范仲淹所写，文章平实素朴，亹亹不倦，字里行间渗透着作者对高僧日观大师高雅品性和纯净修德的景仰，丝毫不涉及怪力乱神。当然，不同作者笔下的高僧，所记内容也会有所差异。这一点留待第三节详论。传写高僧的寺院碑文在唐宋时代，为数不少，如杜殷《华严寺杜顺和尚行记》（《全唐文》卷七九三，第8316页）、欧阳修《因明大师塔记》（《全宋文》第35册，第131页）、宗正《巨宋明州宝云通公法师石塔记》（《全宋文》第70册，第150页）陈舜俞《明教大师行业记》（《全宋文》第71册，第97页）等。"记"文中更多的内容，是对一个寺院或其某一处建筑修建、修缮的记录。例如，刘禹锡《成都府新修福成寺记》：

> 益城右门，大逵坦然。西驰曰石笋街，街之北有仁祠，形焉直启，曰福成寺。寺之殿台与城之楼，交错相辉，绣于碧霄，望之若昆阆间物。大和四年，蜀帅非将才，不修边备，南诏君长谍得内空，乘隙垒入，斗于城下。或纵火以骇众，此寺乃焚。高门修廊，委为寒烬。如是者再岁。帝念坤维，丞相复来。山川如迎，父老相识。环视故地，寺为爇墟。载兴起废之叹，爰有植因之愿。乃命主俸吏，以吾缗钱三十万为经营之基。自公来思，蜀号无事。时康岁稔，人乐檀施。公言既先，应如决川。乃倾囊褚，乃出怀袖。胜因化愚，慧力慴悭。男奔女骤，急于征令。匠者

---

① 《全宋文》第一八册，第423页。

第一章　宋代寺院碑文概述

度材以指众徒，艺者运思以役众技……①

文章较为详尽地叙述了成都府福成寺的命运流程，经兵燹而化为灰烬，之后朝野合力，八方鸠聚，材艺骈至，最终废寺复现往日光彩。此类文章很多，诸如夏竦《青州龙兴寺重修中佛殿记》（《全宋文》第 17 册，第 176 页）、汤维《重修泗州大圣殿记》（《全宋文》第 17 册，第 356 页）许钦《大宋广州新会县仙涌山重修地藏院记》（《全宋文》第 22 册，第 430 页）、宋祁《安州景福寺重修钟楼记》（《全宋文》第 24 册，第 378 页）、余靖《庐山承天归宗禅寺重修寺记》（《全宋文》第 27 册，第 67 页），等等。总的来看，关于寺院兴衰的叙述，要多于对高僧的传写。其原因正如宋真宗时期（998—1022）之穆修在《蔡州开元寺佛塔记》中所言："予谓世有佛氏以来，人不待闻礼义而后入于善者，亦多矣，佛氏其亦善导于人者矣。呜呼！礼义则不竞，宜吾民之皆奉于佛也，宜其佛之独盛于时也。佛日益盛，徒日益繁，则当有异行之士奋臂而出，力树塔庙，以广弼其法之兴。就其实而言之，则隆塔庙，诚佛事之末；苟以时观之，能恢赫显灼，使人见之，起恭生信，则无如塔庙助佛之大。"②

"记"的语言形式如何呢？举例说明之，如陆佃《台州黄岩县妙智寺记》云："佛出西方，不知几千万里。其书之契理会道，与中国圣人之言一。又其神灵之寓，光景著见。若今峨眉、天台感触之异，非独中州之人闻而趋之，虽西域其徒亦累译而至也。与道家之说蓬莱、方丈，乃在烟海渺茫荒忽不考之外异矣。黄岩，远邑也，其邻天台，其俗无贵贱，大抵向佛，虽屠羊履豨，牛医马走，浆奴酒保，洴澼之家，亦望佛刹辄式，遇其像且拜也。以故学佛之徒，饰宫宇为庄严，则吝者施财，惰者输力，伛者献涂，眇者效准，聋者

---

① （清）董诰等编：《全唐文》卷六〇六，中华书局 1983 年影印本，第 6116 页。
② 《全宋文》第一六册，第 37 页。

29

与之磨砻。而土木之功，苍黇赭垩之饰，殆无遗巧。然其最佳曰妙智寺。盖建隆中，僧南惠之所造，迨今百年，继者非一，而卒成之者如吉也。余闻之也，夫所谓妙智者，佛之所知是也。疏观泛应，无适而非真，可得而不可求，可知而不可授，虽母欲以予季，不能也。"① 从结构看，先用议论笔法，发表对佛教精神及其意义的见解；然后，用叙述笔法，介绍本文的写作对象，要么是僧塔，要么是寺院，要么是僧人，缕述其前因后果、来龙去脉、兴衰流转。这是寺院"记"文的一般思路。也有少数文章，在此基础上加一段韵体铭文，如上文所示之范仲淹《天竺山日观大师塔记》。从语言表达来看，"记"文总体上属散文体式，散行单句，自由灵活，参差错落，长短随意。有时候，作者对写作对象的情感态度，也会兴会淋漓地浸染于其间。

四 碣

碣：《说文解字》："渠列切，特立之石。从石，曷声。"② 从形制上看，碑的上方是方形，碣的上方则为圆形。《后汉书·窦宪传》注："方者谓之碑，圆者谓之碣。"③ 但从现存文献来看，碣的数量很少，而且出现得较晚，魏晋南北朝时期的寺院碑文，笔者尚未发现碣文。唐代只有 6 篇，而宋代更少，只有两篇。看来，碣作为一种碑文书写形式，的确不太受重视，其原因当在于，较之于碑的端严方正、庄肃挺拔，碣就未免显得圆润平钝，不太适合承载重大的人事内容，因而，一般情况下，人们宁可选择碑，而不太愿意用碣。这大概就是碣在碑文领域很少出现的原因。

从文章形式看，碣似乎没有什么个性，倒是与一般的碑文很相近。例如，白居易《唐江州兴果寺律大德凑公塔碣铭并序》云："如来灭后后五百岁，有持戒见性者曰兴果禅师，师姓成，号神凑，京兆蓝田人。既出家，具戒于南

---

① 《全宋文》第一〇一册，第 221—222 页。
② （汉）许慎：《说文解字》，九州出版社 2001 年版，第 539 页。
③ （宋）范晔撰，唐李贤等注：《后汉书》卷二三，中华书局 1965 年版，第 817 页。

第一章 宋代寺院碑文概述

岳希操大师，参禅于锺陵大寂大师。志在《首楞严经》，行在《四分毗尼藏》。其他典论，以有余力通。大历八年，制悬经、论、律三科，测试天下僧。师中等得度。诏配江州兴果寺。后从僧望，移隶东林寺……"① 此为文章前面一部分，用散文体式；后面接着就是铭文，用骈文句式。此种结构与一般碑铭略无二致。而皇甫湜《庐陵香城寺碣》则又是一种面目："州城南偏，寺曰香城。基于干夫，姓翟名宣。弃地为园，开池引泉。日以昌大，登闻于天。"② 全文均由四言句组成，应该算作一首四言叙事诗。同样是皇甫湜，他的《护国寺威师碣》（同上），则与前面所举白居易之作相同，散文在前，韵文在后。由此可见，碣作为一种文类，在寺院碑文领域内，数量少，形式灵活，没有固定格式，这大概就是其特点了。

除了上面已经论析的四种基本文体之外，还有其彼此结合而衍生出的新文体，如碑铭、塔铭、墓志铭、塔碑等。碑铭即碑与铭的结合，塔铭，实际上是铭之一种，专为僧塔而作，墓志铭，这种文体，在寺院碑文范畴中为数不多，据现存文献，自南朝梁代至北宋，只有如下诸篇，如梁简文帝所作之《宋姬寺慧念法师墓志铭》《甘露鼓山寺敬脱法师墓志铭》《湘宫寺智蒨法师墓志铭》《净居寺法昂墓志铭》，陆倕所作之《志法师墓志铭》，陈后主所作之《扬都兴皇寺释法朗墓铭》，唐清昼《唐苏州开元寺律和尚坟铭并序》《唐洞庭山福愿寺律和尚坟塔铭并序》，阙名《大唐济度寺故比丘尼法灯法师墓志铭并序》、阙名《大唐济度寺故比丘尼法乐法师墓志铭并序》，宋初徐铉之《故唐慧悟大禅师墓志铭》。塔碑，即为僧塔所立之碑，形制上与碑铭相近，而以散文为主，有时候在结尾部分出现韵体铭文。

---

① （清）董诰等编：《全唐文》卷六八七，中华书局 1983 年影印本，第 6938 页。
② 同上书，第 7036 页。

第三节　宋代寺院碑文的作者

中国寺院碑文的作者，具有历时性的演变过程。对这一过程的考察，使我们能够从一个特殊的角度，了解中国佛教发展的轨迹及其内在规律。自魏晋时期至宋代，寺院碑文的作者大致经历了如下阶段的演变：魏晋南北朝阶段，以政治与文化高层为主；隋唐阶段，以文人为主，同时出现大量无名作者和僧人作者；宋代，则进一步泛化，作者出现于所有的社会阶层，而文人士大夫显然处于中心地位。这一径路显示出中国佛教日益世俗化、民间化的演进方向。

一　魏晋南北朝时期

据现有文献，我们清楚地看到，魏晋南北朝时期寺院碑文的作者有：梁武帝、梁简文帝、梁元帝、邵陵王萧纶、陈后主、谢灵运、沈约、王僧孺、陆倕、王中、刘勰、刘孝绰、刘孝仪、张缵、王筠、任孝恭、宗士标、徐陵、虞荔、温子升、邢劭、王褒、庾信等。经过分析，这一作者名单具有如下三个特征。

首先，从作品的数量看，此一时期最重要的作者，当为梁简文帝（16篇）、梁元帝（12篇），其次是沈约（8篇）、徐陵（5篇）。其次，此时寺院碑文的作者，总体人数并不多，社会身份也不复杂，要么是皇族，要么是显宦，均属政治和文化领域的核心人物或重要角色。最后，值得注意的是，这一作者名单中，几乎囊括了南北朝文坛最重要的作家，如谢灵运、沈约、徐陵、庾信、王褒等，这意味着佛教对文学的影响，已经开始了。那么，这一时期的寺院碑文的作者为什么是这样的构成呢？这需要对所列诸人的佛学修养及其文化背景予以考察。

魏晋南北朝时期，在中国历史上属于典型的动乱之世，朝代更迭频繁，征战杀伐不断，生命个体脆弱不堪，人生无常之感格外突出。值此灾难之秋，社会不同阶层对生命存在具有同样的迷恋与困惑，佛教适时地成了一个时代精神的疗养地。然而，不同的文化阶层，面对佛教，其理解与接受的层次与方式，是迥然相异的。虽然底层民间受苦最深，但他们无法成为佛教精神的解释者，诚如马克斯·韦伯所言："农民的命运极其密切地与自然联系在一起，十分依赖有机的过程与自然现象。经济上则极少导向合理的体系化，以此之故，农民大致上只有在受到奴役化或赤贫化——不管是由于本土（国库财政或领主），还是外来的（政治的）力量——的威胁下，才会成为宗教的担纲者。"[①] 而知识精英阶层就不同了，他们精致的思维能力、敏感的生命触觉以及高远的精神视野，决定了他们面对此在之劫难，必将做出深沉的追问与有效的根究。因为"知识分子之渴望救赎永远是源自'内心的困顿'，因此，较之于非特权阶层所特有的、由于外在之困穷而期盼的救赎而言，就显得离生活更遥远，更为理论化和体系化。知识分子以各种方式探索，其决疑论推衍至无穷尽，赋予其生活态度首尾一贯的'意义'，由此而发现与其自身、同胞及宇宙的'统一'。"[②] 职此之故，作为外来文化，佛教之精义，必须首先经由中国文化精英阶层的理解与接受，才可能进一步通过恰当的途径，传输到广袤的民间社会。对于佛教文化的认识，必然从佛经翻译和经义的阐释开始，而这一深湛精致的工作，只能由高僧和中国学人担纲。因此，首先从学理实质层面认知佛教的，当然是文化精英阶层。这是此一时期寺院碑文作者少而精的原因所在。

[①] ［德］马克斯·韦伯：《宗教社会学》，康乐、简惠美译，广西师范大学出版社2011年版，第102页。

[②] 同上书，第157—158页。

梁武帝萧衍，在中国佛教史上，是不可忽略的人物。在其执政时期，兴造佛寺，剃度僧人，研习佛经，内外兼修，以期于治。《梁书·武帝》说他"笃信正法，尤长释典，制《涅槃》《大品》《净名》《三慧》诸经义记，复数百卷。听览余闲，即于重云殿及同泰寺讲说，名僧硕学、四部听众，常万余人。"① 虽然在后人的载记中，萧衍多有佞佛之名，如《南史》本传说他"留心俎豆，忘情干戚，溺于释教，弛于刑典。"② 但实际上，他的佛教实践，不仅有力促进了佛教在南朝的发展，而且对其执政理念发生了一定影响。虽然他在寺院碑文的写作方面，并未见突出成绩，而其虔诚的佛教信仰，对儿子简文帝和梁元帝无疑具有直接引领作用。《梁书》评价简文帝云："幼年聪睿，令问凤标，天才纵逸，冠于古今。"③《梁书》评价梁元帝云："聪悟俊朗，天才英发……既长好学，博总群书，下笔成章，出言为论，才辩敏速，冠绝一时。"④ 遗憾的是，这两位才高学博的梁朝君主，只因生逢乱世，而赍志以殁，遗恨千古。也正是这样的悲剧性人物，成了这一时期寺院碑文的主要作者。萧梁皇室成员之所以成为这一时代寺院碑文主要作者，原因有三：其一，由于时代政治的原因，自汉末以至于南朝，战争频仍，朝代更迭，社会动荡，人心思治。其二，时代思想潮流的激荡，儒学的衰落，玄学的兴起，玄佛合流，士族文化精英阶层对精神家园的探索与重建，佛教于是获得了他们的认同与接受。其三，萧梁家族不仅是政治家族，也是文人家族，且对佛教的亲近有着家族传统，无论从拯救社稷、普济苍生的角度，还是从寻求精神安顿的个人角度，他们心向佛教都是不可避免的历史性选择。

此时期另一位重要作者，为当时文坛领袖沈约。虽然在其传记中见不到其与佛学或佛教之关系，其为人处世，似乎属于纯粹的儒者，博学端谨，勤

---

① （唐）姚思廉：《梁书·武帝下》，中华书局1973年版，第96页。
② （唐）李延寿：《南史》卷七，中华书局1975年版，第226页。
③ （唐）姚思廉：《梁书》卷四，中华书局1973年版，第109页。
④ 同上书，第135页。

勉当世，但从《南史》相关文字，亦可窥见佛学对其影响："约性不饮酒，少嗜欲，虽时遇隆重，而居处俭素。"① 至于庾信，"年始二毛，即逢丧乱，藐是流离，至于暮齿。"② 陵谷之变，家国之痛，乡关之思，让这位"幼而俊迈，聪敏绝伦"，仕途亨通、时遇优渥的江南才子，不能不对人生产生悲叹和疑问。这大抵应该是其书写寺院碑文的思想基础吧！

二 隋唐时期

随着佛教的进一步发展，隋唐时期的寺院碑文，数量远远多于曩代之总和。从作者方面看，也出现了新的特征：皇室贵胄虽然仍不乏作品出现，但已然不再是担纲者，而显然以文人为主，同时出现大量僧人作者和无名作者。就文化身份而言，这些文人作者包括政治家、史学家、儒道学者、文学家。有的是集数种身份于一身。而与前代最突出的不同之处在于，此时出现了可观的僧人作者群。至于无名作者，由于文献的缺失，其身份虽然无法确知，但可以肯定的是，他们应该多属于民间作者。现分三类予以分析。

首先是文人作者。佛教尤其是禅宗，到唐代俨然成为各种宗教流派的主流，备受各阶层的欢迎，尤其是文人。因为"禅宗给官僚士大夫提供了一个精神世界的乌托邦。所以，在它创始时，就与这个阶层结下了不解之缘。在初唐，官僚士大夫还只扮演着偶尔参禅的角色，到中唐，直接参与了禅理和禅行的创新"③。与魏晋南北朝时期不同的是，隋唐时代的文人作者，表现出多元化的层次性特征。它反映了佛教的影响与普及远远超过了过往的时代。当然，从其作品来看，同样是文人作者，不同的文化身份，会站在不一样的立场，表达对佛教的理解和看法。例如，颜师古《等慈寺碑》云：

---

① （唐）李延寿：《南史》卷五七，中华书局1975年版，第1412页。
② （唐）令狐德棻等：《周书》卷四一，中华书局1971年版，第734页。
③ 杜继文、魏道儒：《中国禅宗通史》导言，江苏古籍出版社1993年版，第6页。

> 若夫有功可大，盛业光于四表；有亲可久，厚德加于万类。救灾拨乱，阐宏威以则天；立爱宣慈，重至仁而济物。其于司牧黎献，汲引群生，穷高极深，道隆致远。①

这是学者之文，作文立意着眼于普德宣慈，教化群生。《新唐书》颜师古本传云："帝尝叹《五经》去圣远，传习浸讹，诏师古于秘书省考定，多所厘正。既成，悉诏诸儒议，于是各执所习，共非诘师古。师古辄引晋、宋旧文，随方晓答，谊据该明，出其悟表，人人叹服。"② 作为初唐时期重要的儒家学者，颜师古对佛教的现实期待，通过其寺院碑文书写，表达得非常明晰。又如，苏颋《陕州龙兴寺碑》：

> 有唐神龙元年龙集丁巳，应天神龙皇帝出乎震、御乎乾也。粤若我高祖拨乱反正，受天明命。太宗震远怀荒，立人纪纲。高宗见天之则，爱人之力。故我祖宗之耿光，天人之交际矣。功侔于天，靡弗覆矣；道济于人，靡弗育矣……陛下宜以大宝加名号，其龙之兴乎！天子方晬容迁虑，毕听深视。答神祇之协谋，讨经籍之遗美。于戏，轩辕氏升元扈就肯虚者，莫如佛之宝也。③

这是政治家之文。《新唐书》苏颋本传云："弱敏悟，一览至千言，辄覆诵。玄宗平内乱，书诏填委，独颋在太极后阁，口所占授，功状百绪，轻重无所差。书史白曰：'丐公徐之，不然，手腕脱矣。'中书令李峤曰：'舍人思若涌泉，吾所不及。'"④ 可见，这是一位才华卓异、功在社稷的治世能臣。其所制之寺院碑文，也是从国家与朝廷的角度命意的。而对于一般文人，其

---

① （清）董诰等编：《全唐文》卷一四八，中华书局1983年影印本，第1497页。
② （宋）欧阳修、宋祁：《新唐书·儒学上》，中华书局1975年版，第5641—5642页。
③ （清）董诰等编：《全唐文》卷二五七，中华书局1983年影印本，第2598—2599页。
④ （宋）欧阳修、宋祁：《新唐书》卷一二五，中华书局1975年版，第4399—4400页。

视角显然也具有其独特性。例如,王勃《益州绵竹县武都山净慧寺碑》:

> 原夫帝机寥廓,云雷驱妙有之功;正气洪荒,清浊构乾元之象。融而为川渎,结而为山岳。五城韬海,接昆阆于大都;八洞藏云,冠瀛洲于巨阙。造化之所偃薄,灵谷之所启处。极缇油而纵观,咏颂宁殚;出宇宙而高寻,风烟罕测。是知玉扈无当,遐荒非视听之津;金榜所存,城阙尽江湖之致。何必九虬齐鹜,直访银宫;八骏长驱,遥临石室?武都山净慧寺者,梁太清年中之所建也。名山列岳之旧,仙都福地之凑。黄龙负匣,著宝籍于山经;紫凤衔书,荫荣光于井络。须弥峰顶,仍开梵帝之宫;如意山中,即有经行之地。尔其盘基跨险,列嶂凭霄。日月之所窜伏,烟霞之所枕倚。飞泉瀑溜,荡涤峰崖;绿树玄藤,网罗邱壑。飞廉作气,被万吹于中岩;帝顼司寒,宅千霜于北谷。丹梯碧洞,杳冥林岫之间;桂虎松楹,寂寞风尘之表。①

初唐文坛青年才俊王勃,其所作寺院之文,气势开张,辞采绚烂,激情飞扬,具有浓郁的主观色彩和文人气质。与之相较,中唐柳宗元之文,又另具面目:

> 法华寺居永州地最高,有僧曰觉照。照居寺西庑下。庑之外有大竹数万,又其外山形下绝。然而薪蒸筱簜,蒙杂拥蔽,吾意伐而除之,必将有见焉。照谓予曰:"是其下有陂池芙蕖,申以湘水之流,众山之会,果去是,其见远矣。"遂命仆人持刀斧,群而剪焉。丛莽下颓,万类皆出,旷焉茫焉,天为之益高,地为之加辟。丘陵山谷之峻,江湖池泽之大,咸若有而增广之者。夫其地之奇,必以遗乎后,不可旷也。予时谪为州司马,官外乎常员,而心得无事,乃取官之禄秩,以为其亭。其高

---

① (清)董诰等编:《全唐文》卷一八三,中华书局1983年影印本,第1863页。

且广,盖方丈者一焉。或异照之居于斯,而不蚕为是也。余谓昔之上人者,不起宴坐,足以观于空色之实,而游乎物之终始。其照也逾寂,其觉也逾有。然则向之碍之者为果碍耶?今之辟之者为果辟耶?彼所谓觉而照者,吾讵知其不由是道也?(《永州法华寺新作西亭记》)①

宦途蹭蹬、思虑沉深、郁郁寡欢的柳宗元,其所作之文,宛如一脉山泉,丁丁淙淙,斗折蛇行,迤逦而来。移步换形,写人叙事,终于落到说理抒情,自然而然,水到渠成,毫不费力。这样的寺院碑文,似乎与佛理不太相干,却又有似风行水上,自然相遭,达到了能所俱泯的境界。由此可见,这一时期的文人之作,因为作者的处境不同,而五味杂陈,光怪陆离,给人丰富多元的认识维度。

其次是僧人作者。隋代短祚,二世而终,故未见僧人作者。据笔者统计,唐代留下寺院之文的僧人,有确切法号者,至少有64人。依照时间顺序,隋至初唐7人,盛唐11人,中唐9人,晚唐19人,五代时期9人,另外9人的时代缺考。从数量分布情况,可以看出隋唐五代时期,寺院碑文的僧人作者大致呈递增趋势。这一特点恰与佛教在唐代的发展状况相呼应。从文类看,僧人作者笔下的寺院碑文,似乎没有什么特殊的地方,无外乎也是碑、铭、记之类。但细细品味,确乎存在其不同寻常之处,那就是,以写人为主,对高僧大德的修行与弘法予以叙述和礼赞。在有明确僧人身份的作者所作之68篇作品中,就有32篇,是以高僧为写作对象。例如,忽雷澄《晓了禅师塔碑》:

师在扁担山,号晓了。六祖之嫡嗣也。师得无心之心,了无相之相。无相者森罗眩目,无心者分别炽然。绝一言一响,响莫可传,传之行矣;言莫可穷,穷之非矣。师得无无之无,不无于无也;吾今以有有之有,

---

① (清)董诰等编:《全唐文》卷五八一,中华书局1983年影印本,第5867页。

第一章 宋代寺院碑文概述

不有于有也。不有之有，去来非增；不无之无，涅盘非减。呜呼！师住世兮曹溪明，师寂灭兮法舟倾。师谭无说兮寰宇盈，师示迷途兮了义乘。扁担山色垂兹色，空谷犹留晓了名。①

此文对已寂之晓了禅师予以追念和记颂，短小简洁，无一句世俗语，句句关乎佛教思想。先议论后抒情，散韵结合，意蕴悠然。又如，仁素《大唐嵩岳闲居寺故大德珪禅师塔记》："大师讳元珪，李氏，河南伊阙人也。上元二载，孝敬崩，度隶寺焉。宿殖德本，无师自悟。及少林尊者开示大乘，谘禀至道。晚年居庞坞阿兰若，远近缟素受道者，不复胜记。至开元四年岁次景辰秋八月甲辰朔十日癸丑，终于庞坞，春秋七十有三。十三日景辰，权厝于寺北冈之东。至十一年岁次癸亥秋七月，乃营塔于浮屠东岭之左，大师昧净之所，而庭柏存焉。癸巳晦，奉迁于塔，从僧仪也。弟子比丘僧仁素等刊此贞石，以旌不朽。"② 此文也是对一位已故高僧的叙写，语言平实素朴，无一虚语，字字落实，实为丛林本色。可见，语言的素净平淡、质实简朴，无疑是唐代僧人之作的基本特征。

最后是阙名作者。据笔者统计，唐代现存寺院碑文中，至少有156篇作者无考，占到总数的1/4强。从这些作品的文类看，也有一个突出的特点，即"记"文有78篇，占到这类文章的一半。并且从内容看，以记录雕造佛像之事为最多，达到59篇。虽然这些作品的作者，处于阙名状态，但从其内容看，可以大致确定其作者，多半属于底层民间。大概由于中唐以后直至五代，战乱迭起，各地寺院以及相关佛教建筑，难免损毁，故这些寺院碑刻及经幢之类，文字漫漶乃至消失，造成一些寺院碑文的相关作者及文字缺失的情况较为严重。兹举一例以说明之，如阙名《栢仁县尉周楚仁造像记》："窃以释

---

① （清）董诰等编：《全唐文》卷九一三，中华书局1983年影印本，第9512页。
② 同上书，第9527页。

教冲玄，法门凝邃。记之者而生彼岸，背之者而溺苦津。登仕郎行邢州栢仁县尉周楚仁，洛州河南县人也。粤以咸亨三年岁次壬申九月乙丑朔十五日癸卯，□太夫人□氏季寿居高，归心正觉，敬造一佛二菩萨，傍像正身，侍佛供养。其词曰：日种降生，辐轮开□。八难冰销，六尘无障。刻石。"[1] 此文从内容看，是一篇唐代民间百姓信仰佛教的记文。栢仁县尉周楚仁为表达对其太夫人、年寿已高而虔心向佛的□氏的孝敬之意，特造佛像供养，并刻石以记之。有些字，由于年岁已久或其他原因，而已经脱落，无从稽考，只能从缺。

三 宋代寺院碑文的作者

寺院碑文发展到宋代，已蔚为大观。作者群空前壮盛，其文化身份也十分丰富复杂，涉及当时社会的各个阶层。但从总体看，毫无疑问，文人阶层是这一时期的主要担纲者。而这一阶层由于其所处的社会地位与影响力的不同，又可分为若干个层次，譬如有朝中重臣，有地方要员，有一般文臣，有下级文吏等。他们中间进士出身者，占了不小的比例。除了文人阶层之外，另一个引人注目的作者群，便是僧人作者群。唐代，僧人作者已经多达60余人，而宋代这一群体显然超过了前代，据笔者统计，留下寺院碑文的宋代僧人至少有98人。他们来自不同的佛教宗派，包括禅宗、净土宗、天台宗、唯识宗、律宗等。从个人作品数量考察，亦可见出，这两个阶层在宋代寺院碑文书写中的主体地位。在660余位宋代寺院碑文作者中，作品数量最多的是如下诸位：居简（66篇）、惠洪（46篇）、余靖（29篇）、黄庭坚（28篇）、陆游（27篇）、苏轼（26篇）。其余超过十篇的作者，也都属于文人和僧人，如楼钥（16篇）、元照（16篇）、宝昙（16篇）、曹勋（15篇）、张商英（14篇）、刘辰翁（13篇）等。其他阶层的作者，如皇族、宗室、学者、隐士、

---

[1] （清）董诰等编：《全唐文》之《唐文续拾》卷一一，中华书局1983年影印本，第11291页。

第一章　宋代寺院碑文概述

处士、居士（当然不少文人属于这一类）、武士，以及布衣平民、商人贾客，无不厕身期间，参与寺院碑文的书写。这一佛教接受生态，恰如马克斯·韦伯所言："所有亚洲这些大众宗教都留给了小商人的'盈利冲动'、职工对'生业'的关心，以及农民的传统主义之生存空间；同时也不干涉特权阶层的哲学性思考及其习惯性的身份取向的生活样式。其结果在日本则呈现出封建制的性格；在中国则为家产官僚制——因此也常带有强烈的功利主义的特征。"[①] 也就是说，同样是宗教，不同的社会阶层的理解与接受方式是不同的。兹分别对三大阶层予以论究。

首先是文人阶层。例如，余靖《庐山承天归宗禅寺重修寺记》云："佛氏之权大矣，三乘十二分之教，虽所说不同，同归于化人为善，人天龙鬼无不归仰。故一一城邑，一一聚落，一一岩岫，未尝无刹也。俗无华裔，土无沃塉，十室之居，万里之远，钟梵之声相闻，世人不厌其多。夫惟群动外诱，则其智昏；一念内息，则其心寂……"[②] 《宋史》本传云："余靖，字安道，韶州曲江人。少不事羁检，以文学称乡里。举进士起家……"为庆历四谏官之一，为人耿介，为官清正，敢于言事，不避权贵。"靖在职数言事，尝论夏竦奸邪，不可为枢密使；王举正不才，不宜在政府；狄青武人，使之独守渭州，恐败边事。"[③] 这样一位位居权要，心系国家而刚正不阿的政治家文人，其笔下的寺院之文，自然不会拘于一隅，絮絮叨叨，无关宏旨，而是旨在教化，高屋建瓴，立意深远。又如，文同《邛州凤凰山新禅院记》云：

> 临邛郡西北皆大山所丛，衍迤旁薄，深蟠远走，直注大渡，限迥蛮诏，郁如云烟，涌如波涛，晴光阴岚，明昧一属。其间孤峰崒然，杰立

---

① [德] 马克斯·韦伯：《宗教社会学》，康乐、简惠美译，广西师范大学出版社2011年版，第321页。
② 《全宋文》第二七册，第67页。
③ （元）脱脱等：《宋史》卷三二〇，中华书局1977年版，第10407—10408页。

豪峙，首领崌巁，腹崋阜，翠开长峦，尾掉高冈，繁林茂树，绿花缬菜，围拥森合……嘉祐三年春，顺既物故，其嗣遂绝。法如是者，尽输之官。知郡事、祠部员外郎、秘阁校理李侯大临，惜此伽蓝遂入民籍，乃以状闻于大帅、端明殿学士宋公祁，愿以本郡白鹤山中溪禅师淳用主之……①

文同，宋仁宗至神宗时期著名画家、诗人，进士出身。《宋史》本传云："文同字与可，梓州梓潼人，汉文翁之后，蜀人犹以'石室'名其家。同方口秀眉，以学名世，操韵高洁，自号笑笑先生。善诗、文、篆、隶、行、草、飞白。文彦博守成都，奇之，致书同曰：'与可襟韵洒落，如晴云秋月，尘埃不到。'司马光、苏轼尤敬重之"②（《宋史·卷四四三·文苑五·文同》，中华书局1977年版，第13101页）。可见，文同是一位艺术型文人，而襟怀洒落、志尚高洁。故其寺院之文，模山范水，笔致灵动优美，极具文人风韵。

同样是文人，作为儒林学者的李觏，其寺院之作又别具格调。例如，其《景德寺新院记》云："院墟于火，力弗能复者数年矣……凡大精舍之焚，相望于天下，浮屠人难言其灾，乃以为宫室之孽，天神所欲得，故取以去。且佛之说诸天之乐，非人间所可仿佛，是以其徒布因求果，愿生彼岸。今乃悦人之土木而夺之，则是人间之美物，诸天亦无有，尚何足慕邪？而悠悠者或信之，余烬未寒，新宫已图，往往是矣。"③据《宋史·儒林》李觏本传载："李觏字泰伯，建昌军南城人。俊辩能文，举茂才异等不中。亲老，以教授自资，学者常数十百人……嘉祐中，用国子监奏，召为海门主簿、太学说书而卒。"④出身寒微的"一代儒宗"，著名思想家李觏，仕途蹭蹬，而勤学不辍，发奋有为，抱道而居，一生凛遵儒道，少无懈怠。其笔下的寺院之文，无浮

---

① 《全宋文》第五一册，第141—142页。
② （元）脱脱等：《宋史》卷四四三，中华书局1977年版，第13101页。
③ 《全宋文》第四二册，第319页。
④ （元）脱脱等：《宋史》卷四三二，中华书局1977年版，第12839—12842页。

词华藻，不阿谀奉承。句句字字，理性冷峻，沿波讨源，直击利害，对日趋世俗化的佛教予以审视和批判。至于地位卑下的县邑小吏之文，格局局促，诉求微末，毋庸赘言。

其次是僧人群体。宋代之所以出现大批僧人，成为寺院碑文的作者，是由于宋代对于僧团管理制度的完善加强，僧籍准入门槛的提高，使得僧人的文化水准普遍提高。而那些诸宗派之高僧大德，常常都内外兼修，博学多才，逐渐趋于文人化和世俗化，也因此与文人士大夫往来唱酬，切磋道艺。正如杜继文、魏道儒先生所言："及至两宋，中央专制与民族危机同步加强，国民的忧患意识和意志消沉并行发展，禅宗的宗风大变。其主流全是迎合士大夫的需要，普遍重视文采、机锋，乃至将禅化为斑烂文字，抒发或激昂、或抑郁、或悱恻的情感。"[1] 在文人士大夫与高僧硕德的互相激发启迪之下，彼此之间建立起了深厚的方外之情。由于朝廷和文人士大夫的倾力扶持，通过赐紫、赐号等途径，不少寺院住持声名鹊起，这样一来，一方寺院的相关刻石之文，就会敦请这些著名僧人为之执笔撰写。受请者因为可借此而声名远播，请托者借此文而扩大影响。因此僧人之作应运而起。较之文人之作，作为佛教中人，他们笔下的文字显然于其信仰更亲切，而字里行间则别具一种格调。例如，智圆之《大宋高僧慈光阇梨塔记》云：

> 阇梨事迹，载在僧史，卒于雍熙间，寿七十五。晤恩，讳也；修己，字也；路氏，姓也；姑苏，维桑之地也；天台三观，所学法门也；志因，所承师也；钱塘慈光院，传道之处也；高尚廉简，所理之行也；我师讳源清，受道之资也。吁！灭后三十一年，有法孙智圆者，得遗骨于它舍，乃鬻衣僦工，刻石为塔，葬之于孤山玛瑙坡。越三年，惧后世不知，乃

---

[1] 杜继文、魏道儒：《中国禅宗通史·导言》，江苏古籍出版社1993年版，第6页。

于塔之左勒崖以识之。①

此为真宗时期（998—1022）天台宗僧智圆所写的一篇记文。文字简洁素朴，句句落实，略毋庸赘。而作者对于其同门师祖的追慕之情，依然可见。又如，契嵩之《无为军崇寿禅院转轮大藏记》云："夫转轮藏者，非佛之制度，乃行乎梁之异人傅翕大士者，实取乎转法轮之义耳。其意欲人皆预于法也。法也者，生灵之大本，诸佛之妙道者也。诸佛以是而大明，群生以是而大昧。圣贤乃推己之明而正人之昧。故三藏之取谕者谕于此也，五乘之所归者归于此也。然其理幽微，其义广博，殆非众人概然而辄得，故益其藏而轮之，姑使乎扶轮而转藏者，欲其概众普得，渐染佛法，而预其胜缘，则于道其庶几乎。"② 作为北宋仁宗时期云门宗僧，契嵩学识渊博，视野开阔，具有学者风范，故其寺院之文，逻辑严密，论述精确，此文对转轮藏之由来与意义，做了简明扼要的阐释，具有知识性与启示性。宋代僧人之作丰富，可谓异彩纷呈，在后面的章节，将陆续论及，兹不赘。

再次就是平民作者。在宋代寺院碑文的作者群中，一个令人惊诧的现象，就是民间平民作者群的悄然出现！据笔者统计，这一作者群，至少有103人。从数量上看，居于第二位，仅次于文人作者群。这一庞大作者群的出现，改变了寺院碑文作者的传统格局，它意味着佛教文化的普及程度超过往代，已然渗透到广袤民间的各个角落。老百姓也自觉运用碑文的形式，表达对佛教的精神祈愿。我们这里所说的平民，主要指公门之外的社会底层人群。那么，这一作者群有何特点呢？兹举例说明之。例如，曾孝基《广严院记》云：

婺州东阳县广严院者，古招提也。居然花界，卓尔宝坊。草木长春，蔚生净土；云霞不老，镇绕祇园。远山屏列以排青，曲涧环流而漱绿。

---

① 《全宋文》第一五册，第280页。
② 《全宋文》第三六册，第365页。

道林之鹤，暮宿乔松；赤城之霞，晚烘晴翼。实众圣栖真之宅，乃群生植福之场。先有宝塔一所，并四围巡礼裹舍。岁月浸深，炎凉迭换，严风之所击，暮雨之所摧，柱石不支，栋宇将挠。宝元元年春，当院住持二人发大誓愿……由是遍历乡间，广募檀越，拳拳善诱，恳恳勤求。日往月来，积微至著，遂度材命匠，揆日庀徒……①

这篇文章的语言风格，与一般文人之作没有什么分别，整炼雅驯，颇富文采。可见，民间作者亦不乏学问精深者。真正能够体现平民作者之特色的，应是这样的作品，如王巽《建告大钟及回廊充国寿寺供养记》："熏沐弟子区文叙同妻胡氏大娘、陈氏七娘，同男区光、区囗、区岳、区仅，孙囗，弟林生书郎阖家人口等囗，已供赎造大钟一口及起回廊三间，上连钟楼，建在南海县灵峰山国寿古寺充供养。熙宁十年丁巳岁十月十六日，勾当修缘莫公颖。匠人王巽、王智谨题。"②作者就是这一供佛工程的匠人，目的明确，内容质素，篇幅短小，意尽即止，别无长语。与之相类者又如李俊《泾县宝胜禅院造塔记》："宣州宣城县仁义乡下桥西社城内厢鼓角楼前，居住清信奉佛弟子李俊与孙文聪、仲孙愈真、新妇鲍氏六娘、孙李氏一娘、李氏二娘、李氏三娘、李氏四娘、李氏五娘、李氏六娘、李氏七娘、孙媳妇方氏六娘等，窃愿爰从曩世，深植善根，不昧正心，续因今果。于是阖家骨肉，同启诚心，特捐净财一千贯文足，恭诣奉国宝胜禅院建造宝塔十三级第二层。所囗殊利，祝延今上皇帝圣祚绵长，文武官僚俱增禄位。然愿李俊见居眷属荣富寿于永年，仓库丰盈，盛家源于百世。忏涤多生罪垢，解释积世怨雠，并愿销镕，俱凭洗雪。更冀善芽增秀，道果敷荣。当来弥勒下生，同闻记莂，先亡久逝，净土往生。面奉阿弥陀，耳聆无上道。无边法界，含识俱沾。种智之因，尽

---

① 《全宋文》第二三册，第55页。
② 《全宋文》第九三册，第36页。

未来际,冤亲同出轮回之苦。谨愿。维宋戊子大观二年十一月初七日记。"①全家合力捐资建塔,希冀解脱一切苦难,往生西方净土。语言朴实,内容具体,皈依佛教,希求平安。

在宋代寺院碑文作者中,有一个小吏作者群,他们位居公门官阶的底层,经常置身于民间,面对琐屑繁杂之事务,与平民百姓有着千丝万缕的联系,因此,他们的佛教诉求非常接近市井细民。这类作者,据笔者统计,至少有50多人。另外,有少数作者,属于皇族贵戚,因作品数量很少,内容与当朝权要之文相近,故兹从略。

---

① 《全宋文》第一三七册,第202—203页。

第二章　宋代寺院碑文的文献价值

　　根据第一章的分析，宋代寺院碑文内容丰富，作者来自不同社会阶层和文化背景。而碑文的基本特质就是真实，一篇具体碑文的作者，常常与其所写对象有着某种现实的联系，对其相关状况不仅熟悉，而且充满情与理的关切，他要在文章中尽可能充分准确地传达出应有之意。因此，其传写的信息，无疑具有史学价值。关于寺院和僧人，关于政治与佛教，关于佛学话语和意识形态，寺院碑文都能从其独特的视角，记录下弥足珍贵的相关文献；由于作者往往就是其写作对象的见证者，能够真切具体掌握其来龙去脉、兴衰演变、人事更迭等资讯，对僧史僧传的相应记录，会起到补充或正讹作用；与此同时，由于许多作者来自民间，对寺院有亲切的体验，与僧人有密切的交往，故而谙熟其充满地域、宗派等色彩的佛学话语。在关于高僧的碑文中，往往会记录其颇具个性的语言表达，这对传承民间佛学话语具有重要意义。

第一节 宋代寺院碑文的史学意义

宋代寺院碑文蕴含丰富的历史文化信息。而这些内容有别于其他体式的史学典籍,它从一个特殊的维度切入历史,都与佛教、寺院和僧人相关,关于政治、关于经济。不仅涉及有宋一代,而且关乎过往的历史。本节结合宋代具体碑文,从政治、经济与佛教之关系的角度,分以下三个部分解读其史学价值。

一 对往代历史的追忆

寺院碑文的历史书写,迥异于其他形式的文献记录,它是从一方丛林、一座寺院的兴废历程的视角,摄入某些具体的历史信息。这样的内容,有的于官修正史有载,有的散见于相关文人作品,而有的则未必见录。故其价值在于,或与已载历史事件互证,或对某一历史事件予以补白。因其面向之独特,故往往具体而微,给读者留下深刻印象,使人对其记录的相关历史,无疑会产生一定思想认识。例如,宋仁宗朝余靖在其《惠州罗浮山延祥寺记》中,这样写道:

> 天宝二年,中贵人何行成以祠事将命,遂迎其像置山。归,以珍柑入贡,因得御署其门曰延祥之寺,仍开明月戒坛于寺之右。凡岭之南,落发坏衣者,悉受具于此。武宗朝例削其籍,咸通恢复。[①]

这段文字所说的"武宗朝例削其籍,咸通恢复"云云,指的是唐武宗灭

[①] 《全宋文》第二七册,第98页。

第二章　宋代寺院碑文的文献价值

佛事件。此文所及之延祥寺，其在唐武宗时期的遭遇，恰好印证了武宗灭佛的历史事实。《新唐书·武宗》记载：会昌五年（845）"八月壬午，大毁佛寺，复僧尼为民"①。《唐文粹》卷六三载张彦远撰《三祖大师碑阴记》云："会昌天子灭佛法，塔与碑皆毁。像虽毁而法不能灭，是法也，不在乎塔，不在乎碑。"而关于会昌灭佛，在宋代寺院碑文中，多有提及。如与之相同的记载还有《韶州重建东平山正觉寺记》第二七册第73页："会昌之世，例蒙摈毁。咸通中，知宗大师慧寂再肃僧仪。"第三十一册灵鉴著《重迁聪道人墓志铭》："秦虎吞诸国，火天下书，会昌灭浮屠法，庐比邱居。"第四十册范镇著《重修悟真塔记》（第279页）："唐会昌中，始感赵归真之言，于是毁祠焚书、簿上其田、殴归其徒之议行。烈火炎山，砾石煨烬"，第五一册文同著《邛州凤凰山新禅院记》云："会昌之厄，屋撤人遁"等，不一而足。这一事件，是中国佛教史上的伤痛，后世的丛林中人乃至文人士大夫，都不会忘记。从中不难发现，佛教在中国的发展过程，并非一帆风顺，其命运流转可谓跌宕起伏，而其自从来到中国，就注定无法避开政治权力的规约和引导。

不仅如此，中国佛教的发展，还会受到世道的治乱状况的影响。这一点，同样能在寺院碑文的相关叙述中出现。例如，欧阳修在《因明大师塔记》中，借助因明大师道诠之口说："为儿时闻长老语，晋自春秋为盛国。至唐基并以兴，世为北京。及朱氏有中土，后唐以并为雄，亦卒以王，既而晋祖又以王，汉又以王。遭时之故，相次出三天子。刘崇父子又自为国。故民熟兵斗，饷军死战，劳苦几百年不得息。既而圣人出，四方次第平，一日兵临城门，系继元以归。并民然后被政教，弃兵专农，休息劳苦，为太平之幸人。"② 作者通过僧人的一番话语，叙说了五代纷争之局面，北方并州尤其混乱，北宋建立，才终于结束了这一乱世时代。诚如《新五代史》作者欧阳修所言，"于此

---

① （宋）欧阳修、宋祁：《新唐书》卷八，中华书局1975年版，第245页。
② 《全宋文》第三五册，第131—132页。

49

之时，天下大乱，中国之祸，篡弑相夺"，五代"五十三年之间，易五姓十三君，而亡国被弑者八，长者不过十余岁，甚者三四岁而亡"①（欧阳修《文忠集》卷五九），以至于"置君犹易吏，变国若传舍"。这篇寺院之文，则比较简括的道出了五代乱世之象，可与正史相呼应。

与之类似的历史追忆，还有很多。兹举数例：

1. 唐贞观中，制以天下战阵处为寺，且命虞世南、李百药、岑文本之徒，刊勒碑铭，记述功业，传诸简册，灿然可观。盖圣人不欲无罪而杀一人，无名而荒寸土。及乎诸侯阻兵，百姓俀后，驱人以战，事不获已。矢石之下，死伤则多，徇义效忠，有足哀者……繇是交兵之地，舍为梵宫，田不耕而有名也；死事之人，尽离鬼趣，士揖生而无恨也。帝王所尚，古今攸同，虽有服儒冠而执名教者，又安知其果不然邪？我太祖皇帝受禅于周，启封在宋，朱旗所指，黔首乂安。惟李重进作帅江都，婴城构逆，时建隆元年九月也。乃命故中书令石公，统王师以讨之。十有二月，傅于城下，于是建行宫，迎法驾。是月十一日，太祖至大仪驿，距广陵六十里。夜半而城陷。诏宣徽北院使李公知军府事。寻以行在立为梵宫，取僧之有德行者处焉。②

2. 建隆之初，上慨然叹曰："天全付予以率土之广，昔之擅有一隅，毒痛吾人者，朕敢不龚行天之罚？"于是王师所向，如取赤子置诸襁，藉之安，其易若此。自是复荆楚之地，收湖湘之域，西平两蜀，南破岭表，交州内附，伪唐败降，契丹乞和，吴王来朝。独刘继元负固并汾之境，偷生朝暮，车驾遂往亲征焉。时契丹来援继元，使神将败之石岭关，斩首数千级。上命以所获首级铠甲示并城，彼众气唵。又引汾水灌其城，

---

① （宋）欧阳修：《欧阳修全集》卷六〇，李逸安点校，中华书局2001年版，第862页。
② 《全宋文》第八册，第128—129页。

50

雉堞有摧者，水天流注，彼莫之御，舟师焚其南门。会时暑，师病而还……太平兴国初，闽首来朝，献其郡县，吴越王亦踵，归纳疆土，唯继元尚倔强于巢穴耳。四年正月，命潘美充北路都招讨，泊诸将攻并城。崔彦进督于东，李汉琼冲乎南，曹翰瞰其西，刘遇捣诸北，米信统骑士，田重进董步卒御焉。二月，上幸镇州，既而捷奏未至。四月，遂观兵于太原……自草诏于继元曰："朕悯百姓无乐战之心，示生全之路。但速归降，必保富贵，一城生聚，获全安焉。两途尔宜自择。"癸未夜漏始下，继元遣使上表纳款，束身请罪。①

3. 阊闾城西二十余里，山之巅有禅院，祥符诏书赐名天峰。考于图记，所谓报恩山南峰院者是也。记言：晋僧支道林因石室林泉置报恩院，唐之大中改为支山禅院，晋之天福改南峰额……唐人刘长卿游支硎山寺，皮日休、陆龟蒙宿报恩寺水阁，题支山、南峰，皆为赋诗。宝历以后，州刺史白居易、刘禹锡亦有报恩寺诗。按长卿至德中尝为监察御史；日休、龟蒙松陵唱和，出咸通年。又言南峰院额故相国裴休所书也。休乃大中宰相，于是一时而报恩、支山、南峰三名并存，则知《记》所载大中天福更名者误也。今山下楞伽院有石刻，言院即报恩遗址。②

例一陈述了唐代朝廷在战阵之处立寺的做法，追述扬州建隆寺建寺之所由，它是宋廷铲除了做帅江都（今江苏扬州）而构逆反叛的李重进之后，就地而建。例二则关系到宋朝结束五代十国割据纷争局面，朝廷对北汉用兵的过程，这里的叙述，突出了敌对双方相持之久，交战形势之波诡云谲，大宋皇帝之威武仁慈，为在战阵之地修建佛寺，打下了基础。此处所述，在《宋史·太祖》本纪中有详细的记载："（开宝）二年春正月己卯朔，以出师，

---

① 《全宋文》第四七册，第337页。
② 《全宋文》第一〇二册，第279—280页。

不御殿。二月己卯，命昭义军节度使李继勋为河东行营前军都部署，侍卫步军指挥使党进副之，宣徽南院使曹彬为都监，棣州防御使何继筠为石岭关部署，建雄军节度使赵赞为汾州路部署，以伐北汉。"① 接下来的战事并不顺利，双方展开了颇费时日的拉锯战，其间的犬牙交错、互有胜负、久战不决，在上引碑文和《宋史》中有着相同的记载。例三不仅介绍了天峰院的地理位置、历史沿革，而且记录了与此寺相关的文人遗韵，提及唐代作家刘长卿、皮日休、陆龟蒙、白居易、刘禹锡等，曾流连于此，赏景吟诗。其流风余韵，在相关文献中班班可考。宋计敏夫撰《唐诗纪事》卷六十四载："皮日休《松陵唱和集》序云：'咸通十年，日休为吴郡，郡从事有进士陆龟蒙，以其业见造其才之变，真天地之气也。近代称温飞卿、李义山为之最，俾生参之，未知孰为后先。'"白居易《白氏长庆集》卷二四《题报恩寺》："好是清凉地，都无系绊身。晚晴宜野寺，秋景属闲人。净石堪敷坐，寒泉可濯巾。自惭容鬓上，犹带郡庭尘。"② 刘禹锡《刘宾客文集》外集卷八《题报恩寺》："云外支硎寺，名声敌虎丘。石文留马迹，峰势耸牛头。泉眼潜通海，松门预带秋。迟回好风景，王谢昔曾游。"③ 都是当时吟咏之作。

另外，关于寺院的修建，所需经费往往数额巨大，其资金来源也往往多途，宋代寺院碑文，如实记录了这些信息，为我们了解古代寺院建筑群，在其初始兴修之际，动辄耗资巨万，究竟何所从来，提供了珍贵的历史线索。例如，王禹偁《黄州齐安永兴禅院记》云："院旧有堂厨各五间，淳化二年，郡人王福舍钱二百万造大殿，成再兴舍钱一百五十万造僧堂，郡之众户率钱二十万建老宿堂，又率钱十万立方丈室，左都押衙丁文燧舍钱五十万建浴室，蕲州人王真舍钱四十万创菩萨殿，塑弥勒像。里人周迈舍菜圃，此之谓檀

---

① （元）脱脱等：《宋史》卷二《太祖本纪》，中华书局1977年版，第28页。
② （唐）白居易：《白居易集》，顾学颉校点，中华书局1979年版，第548页。
③ （唐）刘禹锡：《刘禹锡集》，卞孝萱校订，中华书局1990年版，第560页。

越。"① 此文告诉我们，黄州齐安永兴禅院在建设过程中，先后获得多人多次巨额捐资，最终才得以建成。这样的记载，多见于寺院碑文中和其他史籍里，故兹不赘述。

二　对当代历史的采撷

宋代寺院碑文在记录往代历史时，多涉及战争、乱世与一方寺院之关系，那是由于宋代的确是从纷乱的五代十国走来。这个长达53年的历史时段，可谓荒唐、混乱、残暴、血腥；也恰恰是这一时期，中国佛教并未停下前行的脚步，反倒出现了比较繁兴的局面，不仅中国禅宗出现五叶分灯的局面，而且一些大师级的高僧出现在此时。职此之故，宋代寺院碑文的作者言及这个时期，总会怀着复杂的心情，无法避免关于战争的内容。而到了宋代，佛教及其载体寺院，开始进入一个新的发展阶段。众所周知，宋朝建立伊始，上自皇帝，下至各级官吏乃至于民间百姓，对佛教的态度，主要倾向于支持，虽然有少数文人士大夫，如石介、欧阳修、李觏、司马光等，曾一度批佛，但并未改变佛教在宋代日渐兴盛的格局。在此背景之下，寺院碑文的当代书写，自然会传递宋廷执政者向佛、挺佛之信息。例如，余靖在《东京左街永兴华严禅院记》中如是说：

> 上都华严禅院者，故崇仪使、文州刺史岑君所创也。岑君讳守忠，早侍两宫，屡使于外，欣慕禅学，遂发宏愿。天圣五年，布金易地，于国城之东，始建精舍，以待什方缁旅。明年，上赐钱俾之构堂，以安清众，而后架具焉。章献皇太后崇其闲闳，而钟梵全焉；章惠皇太后益其庋阁，而厨库备焉。越明年，赐额为永兴华严禅院，隶于左街，岁度僧二人，仍令长老住持……康定元年，乃请今明悟禅师主其禅席，师名道隆，潮州海阳人，俗姓黄氏。得心印于汝州琏禅师，众推通悟，乃膺金

---

① 《全宋文》第八册，第71—72页。

请，辇毂之下，领袖攸瞩……庆历二年，上始赐《重阳颂》，师即笺注进呈，上览之大悦，特赐紫方袍以宠之。繇是御书偈颂，提纲语句，动盈卷轴，师悉笺而酬之，圣眷益厚。后三年，复赐《大乘颂》，师亦笺释和进，上愈嘉之，赐号圆明大师。①

此文对都城开封左街永兴华严禅院的初创、完善、度僧、兴盛等，一一写来，揭示了宋仁宗与都城寺院之因缘，其崇重佛教之倾向，以及与高僧密切之往来关系。该寺院由无到有，自有至盛，均得力于章献皇太后、章惠皇太后和宋仁宗。作为最高执政者，宋仁宗不仅从财力上予以大力支持，而且在住持的遴选方面，也极为重视。与此同时，他还与该寺院住持明悟禅师有文字往来。由此可见，宋仁宗对一寺院的扶持力度之大，一方面出于政治层面的考虑，另一方面，也不难看出他本人对佛教的拳拳服膺。

一方寺院的兴盛，获得当权者精神上的支持固然重要，而更为实质的意义，乃在于获得物质上的扶助。这一点，与皇家关系密切的京城寺院，可谓近水楼台，受宠优渥。例如，真宗、仁宗时期的夏竦在《大安塔碑铭》中说：

会妙善示灭，尽以塔事嘱累道坚。妙善享年七十有六，尼夏五十有五。宫闱震嗟，赙赠加品，建坊立刹，赐额宝胜，以道坚兼主之。道坚礼尽苍皴，入谢扃禁，且陈妙善遗誓言："此塔今世不成，来生愿就。"先帝恻然，赐以潜邸珍玩三千万直，仍命内侍分董其役……上方以天下为公，且重违其请，庄太后时为皇太妃，乃以奁金五百万输于内府，市材以施之。天圣改元，内出明德太后宝器价贰佰六拾万，洎庄献服用千余万付之公帑，易金铜，铸轮盖以施之。明道二载，上给白金五十镒，俾营献殿。先有陈元虓舍僧伽像，张延泽施罗汉像，颇极精巧……景祐

---

① 《全宋文》第二七册，第87页。

54

中，上赐钱千万，创二楼于塔前……①

大安塔属于都城左街护国禅院，此塔的建立，源于该寺广惠大师妙善之请求。而直到妙善示灭之际，依然未能实现。妙善临终遗言，表达了必建此塔的决心。此心此意，感动了真宗、仁宗两代皇帝，终于获得皇家支持，博得巨额款项，使得大安塔最终巍然耸立起来。与之相近的记载，还有很多，譬如，余靖的《韶州曹溪宝林山南华禅寺重修法堂记》云："天禧四年，前转运使、起居舍人陈绛上言：'曹溪演法之地，四方瞻仰，岁入至丰，僧徒至众，主者不能均济，率多侵牟。乞于名山金选宿德，俾其举扬宗旨，招来学徒。'制诏曰可。于是南阳赐紫僧普遂首膺是命，庄献皇太后、今皇帝亲遣中贵人诣山，迎致信衣，禁闱瞻礼，遂师得于便座召对移刻。陛辞之日，赐号智度禅师，赐以经藏、供器、金帛等，当时恩顾，莫与为比。"②此文记录了韶州曹溪宝林山南华禅寺，受到真宗、仁宗的重视而重现生机的情况。这样的记载，具体而鲜明地反映了宋朝执政者的佛教态度。上有所好，下必从之，且或甚焉。真宗朝杨亿在《潞州新敕赐承天禅院记》写道：

景德元年冬，天子巡狩澶渊，驻跸河上，始议和戎之利，慎柬使乎之才。乃诏西京左藏库使、蒋州刺史、陇西李公继昌，奉将信币，克成盟好。复命行在，不逾浃旬。奏事宸居，沃心称旨。时黄屋值流虹之庆，帷宫举称觞之典。执玉万国，涂山无后至之刑；舞羽两阶，灵台有偃兵之议。纯嘏之锡，上帝是贲；富寿之祝，率土攸同。公因顿首上言，以上党旧邦，卜居累世，有环堵之室，乃先人之庐，而自参表奏于朝内，占名数于京邑，乔木犹在，高台未倾，愿为仁祠，以施开士。增饰轮奂，

---

① 《全宋文》第一七册，第213—214页。
② 《全宋文》第二七册，第84—85页。

肃奉焚修，庶以众善之因，仰助无疆之算。上览奏嘉叹，即命俞之。①

此处涉及真宗景德年间（1004—1007），北宋与契丹订立澶渊之盟的历史事实。据《宋史·真宗》载：景德元年（1004）十二月"丙戌，……遣监西京左藏库李继昌使契丹定和，戒诸将勿出兵邀其归路。"② 此事在《辽史》也有记载："戊子，宋遣李继昌请和，以太后为叔母，愿岁输银十万两，绢二十万匹，许之。"③ 尤其值得注意的是，李继昌作为西京左藏库使、蒋州刺史，在宋辽之间的外交历程中，屡次行走在两国之间，深知战争之危害，和平之难得。故秉承朝廷旨意，主持并完成宋辽停战盟约，之后上奏朝廷，愿将自家祖上老宅捐出，以建佛寺，"肃奉焚修，庶以众善之因，仰助无疆之算"，通过此举，以求佛之护佑，实现天下太平。无论是当朝皇帝，还是朝中大臣，他们对佛教的倾心与扶持，一方面出于政治目的，另一方面，也的确反映了其个人层面的精神诉求。而比较言之，由于其崇重的政治地位，故前者似乎更为突出。

上面所论，多关政治。实际上，寺院的兴衰在相当程度上系乎经济。因为无论是寺院的新建，还是修复，都需要巨额的经费。其经费来源多途，有的来自朝廷拨款，有的来自个人捐资，有的则来自僧人四方化缘，长期鸠聚。当然有的往往出自寺院经营所得。无论是哪种途径，寺院建设靡费巨大，是不争的事实。这一点在国家总体经济运行不景气的年代，尤其会引起一些文人士大夫的理性追问，对寺院与佛教提出质疑。这既是政治问题，也是经济问题。例如，曾巩在仁宗朝所写的《鹅湖院佛殿记》中说：

自西方用兵，天子宰相与士大夫劳于议谋，材武之士劳于力，农工

---

① 《全宋文》第一四册，第411页。
② （元）脱脱等：《宋史·真宗》，中华书局1977年版，第126页。
③ （元）脱脱等：《辽史》卷一四，中华书局1974年版，第160页。

第二章　宋代寺院碑文的文献价值

商之民劳于赋敛。而天子尝减乘舆掖庭诸费，大臣亦往往辞赐钱，士大夫或暴露其身，材武之士或秉义而死，农工商之民或失其业。惟学佛之人不劳于谋议，不用其力，不出赋敛，食与寝自如也。资其宫之侈，非国则民力焉，而天下皆以为当然，予不知其何以然也。今是殿之费，十万不已，必百万也，百万不已，必千万也；或累累而千万之不可知也。其费如是广，欲勿记其日时，其得邪？[①]

在北宋朝廷对西夏用兵期间，军费消耗巨大，导致国家财力不济，在此背景之下，曾巩为文，认为天下佛寺在建设方面占据了太多的社会资源，直接影响国家利益。显然，曾巩从时局出发，为国家计，对寺院在经济消耗方面提出了思考与质疑。实际上，这种质疑具有广泛且深远的社会历史基础。因为自唐代以后，尤其是在宋代，各地寺院在相关院宇房舍的修建方面，踵事增华，极尽壮观辉煌之能事。对寺院建筑群规模宏壮、美轮美奂、实力雄厚予以描写赞叹，在寺院碑文中，比比皆是。兹举例如下：

1. 自开建以来，名画事相，遍满其间，轮奂潇洒，实大殊胜，无虑四百楹有畸。僧堂南北构二堂、二龛，蓄秘两藏。时有一老人自来应募，颇矜其能，伐石为龙，盘绕龛下，活状蜿蜒，巧制绝伦，夜辄光怪，观者骇异。（曾巩《大中祥符禅院记》）[②]

2. 观其经构之大致，则前有大殿，后有复堂，高门层阁，修廊广舍，皆殚极土木金碧之壮丽，下而至于庖湢墙宇，庭阶户牖，与夫什物器用之宜，凡浮屠必不可缺者无一不备……校其费，以缗计之无虑几百万。（周衮《流源永兴院记》）[③]

[①]《全宋文》第五八册，第147—148页。
[②]《全宋文》第六二册，第324页。
[③]《全宋文》第八〇册，第193页。

3. 开先之屋无虑四百楹，成于瑛世者十之六，穷壮极丽，迄九年乃即功。方来之众与其勤旧，虽千人宴坐，经行冬夏，无不得其所愿。宾客之有事于四方者，虽数百人夜半而过门，无不得其所求。（黄庭坚《南康军开先禅院修造记》）①

4. 寺处皋亭山之阳，面直北高峰，左则长河深润，右则马目相拱，山水对峙，秀不可掩，连络崇冈，松杉弥亘，翘甍隐显，望之屹然，实帝城之东际也。上栋下宇，翚飞轮奂，大自佛殿、云堂、钟楼、经阁、法堂、寝室、库司、香积、水陆、藏殿、官厅、童行寮、后架、浴院、囷仓，作屋船坊旦过，以至前资延寿，应用之所，无不毕备。小大楹檐，凡一百七十有四。起造于绍兴之辛未，落成于次年壬申之仲冬。仍诏攸司俾免科敷差借，不许官司指占。至来岁冬，敕拨田三十余顷，岁可收米二千一百余斛，柴山桑筱等地二千八百亩有奇，可足烟爨之用。又有旨赐江下房廊土库等九十间，以其日入充僧供。（曹勋《崇先显孝禅院记》）②

上之所举诸例，都能从不同的文字描述，呈现各地寺院的精神面貌。虽然作者陈说寺院建筑群之宏大壮丽，其目的各不相同，但有一点是共同的，即所有的寺院之兴建或者修复，历时较长，少则一年半载，多则十几年甚或几十年，才完成各种配套建筑的修造，其间所需费用少则几十万，多则数百万甚至上千万。如此靡费，自然会引起具有时代责任意识的士人之追问与质疑。例如，徽宗时期的赵复圭在《大宋赵州高邑县乾明院建塔记》中如是说："天下郡县名山峻岳，以及乡党与夫悠闲僻远之地，皆立祠以崇奉之，西方谓之祇园，东土谓之寺与院。其寺竭金币之资，极土木之工，建大殿广厦，重楼高阁，虹梁虬柱，雕甍刻桷，涂以丹雘，饰以朱漆，金碧相照，以安其像，

---

① 《全宋文》第一〇七册，第186页。
② 《全宋文》第一九一册，第82—83页。

又有塔以葬其佛之舍利，或以山林之木，或以甄陶之砖，尚以崇高，施其工巧。观天下百神之祠，惟此释门为最盛矣。"① 这种看法，具有概括性和代表性。毫无疑问，这样的文字，为我们了解宋代寺院文化，具有引导和提示意义。

三 对有关佛教制度的记录

由于佛教与政治之间的密切关系，朝廷对寺院的管理，涉及许多方面，如试经度僧、僧牒发放、寺院布局、住持遴选、佛经翻译等，都会反映在宋代寺院碑文中。因此，从中我们能够窥见士林与丛林之间、政治与佛教之间相互呼应、彼此渗透的复杂态势。

宋代僧人的文化素养，普遍高于曩代，其原因与僧籍获得的方式，有着直接的关系。虽然宋代度人为僧的渠道多途，但值得注意的是，通过由朝廷主持的佛经考试，获得僧人资格的度僧方式，无疑是最权威的官方行为。并且通过这种途径成为僧人，也是最规范而富有说服力的。这样的僧人在以后的弘法生涯中，多半能够成长为道行高深、主持一方丛林的硕德长者。据《续资治通鉴长编》卷一四载："（开宝六年）夏四月甲申朔，限诸州度僧额、僧帐及百人者，每岁度一人，仍度有经业者。"② 仁宗朝徐振在其《莱阳县趣果寺新修大圣殿记》中云："没岁会皇上诞辰，落发称大比丘者不减千数，天下业经试可、籍名奏御者又不知几千焉。故知百民五僧，不为诬矣。方今之盛，颇近萧梁。"③ 此处就传递了个中消息。在宋代寺院碑文中，关于僧人因诵经而得度的记载很多，如宋徽宗时期的尹称孝在《芮城县寿圣寺戒师和尚润公塔铭》中说："和尚名惠润……改治平之四年，会绍天皇帝诞节，试天下

---

① 《全宋文》第一四六册，第66页。
② （宋）李焘：《续资治通鉴长编》卷一四，景印文渊阁《四库全书》第314册，台湾商务印书馆1986年版，第210页下。
③ 《全宋文》第四八册，第184页。

僧尼童，而师以诵经得度。"① 又如，"我先大夫卜茔于郏敖，求浮屠师使居其旁。义光者，自解梁来，能诵戒，讲说经论，请止留做佛事，荐冥福，众不舍去，遂建道场……至政和二年干元节，以诵经应格为沙弥"（苏过《安邑县寿圣寺第一代住持海印塔铭》）②；"座主法讳智清，俗姓张，本贯当州寿光县凤停人也。景祐元年出家，礼院主尼善能为师。康定二年，试经得度"（智净《青州报恩寺大圣院清座主灵骨记》）③ "师讳惠通，字可久，姓王氏，会稽新昌人……年二十二诵经得度"（李光《律师通公塔铭》）④。诸如此类的记录，在宋代寺院碑文中不胜枚举。

  僧牒是僧人的通行证。宋代僧牒的发行，情况复杂。正常时候，朝廷根据各地寺院的规模大小，限定度僧人数。例如，《宋史》卷三《太祖本纪》云："（开宝六年十二月）丙午，前中书舍人、参知政事多逊起复视事。行《开宝通礼》。限度僧法，诸州僧帐及百人岁许度一人。"⑤ 但有时候，在每年乾元节，朝廷祠部会秉承皇帝旨意，赐予各地寺院一定数额的僧牒，如黄庭坚在《江州东林寺藏经记》中说："元丰三年夏四月……赐祠部度僧牒二百，给其费。"⑥ 有时候，由于战争、灾荒等原因，朝廷经济出现困难，就会批售僧牒，一定程度上相当于现在的国库债券，只不过一道僧牒一旦售出，就不再赎回，而是意味着一个俗人获得了僧人身份证。这种做法，对僧人群体的宗教精神，有时候是一种斫伤，因为这些出钱买牒者未必都是虔心向佛的人，或许就是杀人越货、作奸犯科者，为逃避惩罚而出家隐身。这样一来，寺院难免就成了藏污纳垢之区。

  宋代朝廷自开国伊始，就有节制的重视佛教，因此，对寺院的监管很有

---

① 《全宋文》第一四三册，第194页。
② 《全宋文》第一四四册，第183页。
③ 《全宋文》第一〇四册，第73页。
④ 《全宋文》第一五四册，第259页。
⑤ （元）脱脱等：《宋史》卷三《太祖本纪》，中华书局1977年版，第41页。
⑥ 《全宋文》第一〇七册，第184页。

第二章 宋代寺院碑文的文献价值

力度,在数量和规模上都有明确的规定。例如,《续资治通鉴长编》卷九十一云:"诏寺院虽不系名额,而屋宇已及三十间,见有佛像、僧人住持,或名山胜境、高尚庵岩,不及三十间者,并许存留。自今无得创建。"[1] 这是宋真宗天禧二年(1018)朝廷所下的一道诏旨。这种规定也为朝政后继者所遵从,如宋施宿等撰《会稽志》卷七云:"治平四年正月一日,英宗皇帝受徽号,德音私造寺观及三十间以上有佛像者以闻,赐名寿圣,寿圣盖英宗诞节名也,故僧寺名寿圣者,所在有之。"对此,曾巩在其《隆平集》卷一"寺观"条下载:"治平三年诏,一应无额寺院,屋宇及三十间以上者,并赐寿圣为额(因寿圣节),不及三十间者,并行拆毁。"这种朝廷意志,当然就成了各地寺院或存或废的依据。因此,神宗时期的王殊在其《寿圣寺碑》中云:"俾天下寺观无名额久系存留及三十间已上者,仰本属州县召民陈乞保奏,朝廷当赐寿圣之名。"[2] 其内容所含的历史信息,就可以理解了。而有的寺院,为了获得继续存在的资格,努力找寻相关的历史遗存,作为根据:"去淳化元年□,大宋统天应运顺圣孝明文武皇帝敕命指挥,有修盖到寺院无名额者,并须毁废,不得存留。况斯院尤是宿旧修□,有石记指说,敕赐名额。官员验详,遂得存留"(某弘《北新安村永安禅院碑记》)[3]。这里所记北新安村永安禅院,就属于此种情形。

不仅如此,朝廷对寺院的布局也有具体的举措,尤其是都城的寺院,往往与皇家有着千丝万缕的联系,故每每受到自皇帝至后宫、大臣的高度重视。黄庭坚的《江州东林寺藏经记》,较为详细而具体地记录了这样的信息:"元丰三年夏四月,提点寺务司言,大相国寺星居院六十区,院或有屋数楹,接栋寄檩,市井犬牙,庖烟相及,风火不虞。请合东西序为僧舍八区,以其六

---

[1] (宋)李焘:《续资治通鉴长编》卷九一,景印文渊阁《四库全书》第315册,台湾商务印书馆1986年版,第437页上下。
[2] 《全宋文》第八二册,第294—295页。
[3] 《全宋文》第十册,第193—194页。

为律院，以其二为禅坊。诏可之，赐祠部度僧牒二百，给其费。其六年秋七月落成，赐两禅院名，其东曰'慧林'，其西曰'智海'。尚书礼部言，净因院僧道臻，奉诏选举可住持慧林、智海院者，今选于四方，得苏州瑞光院僧宗本、江州东林寺僧常总。诏所在给装钱，上道听乘驿。于是常总固称老病山野，不能奉诏。礼部以闻，诏勿夺其志。总公天下大禅师，门人常数百或千人。方京师虚慧林、智海以择士也，禅林之子弟皆愿其师得之。及总公不出，而道俗倾动……"① 这段文字含有丰富的信息：都城大相国寺规模宏伟，分禅、律二院；朝廷一次赐予其僧牒 200 道；拨给经费；海选住持于天下；得云门宗僧瑞光宗本和临济宗僧东林常总。这两位均为当时享誉丛林的高僧大德。可见朝廷对此寺之重视。

除此之外，宋代寺院碑文也为我们记录了朝廷对佛经翻译的重视及其具体举措。关于这一点，仁宗朝夏竦在《传法院碑铭》中，做了较为详细具体的介绍："会廊時守吏王龟从上中天竺印度僧法天、梵学比邱法进所译经。又北天竺三藏天息灾与其受具母弟施护，各持梵夹来献，符帝雅意，天实启之。乃遣内侍郑守钧肇营兹馆，赐息灾、法天等宣译，命光禄卿汤悦等润文，法进等笔受、缀文，义学苾刍慧达等证义，高品王文寿等监译……三藏主译于坛北；梵僧证梵义、证梵文，义学僧证义，刊定华字于左右；润文东南，以资笔削；监译西南，以肃仪律。新经既成，制跸临幸，赍物有品，诏赐金额，岁给飧钱一亿六十万，度僧十有一人。翻译之制，大备于兹。"② 由此文可知，宋廷在佛经翻译方面，创建了译经院，组织了专业的译经队伍，根据责任不同，其成员分为宣译、润文、笔受、缀文、证义、监译、证梵义、证梵文等；包括文臣、梵僧、中国僧等；朝廷每年拨出巨额专款，作为译经人员的生活开销。另外，每次新经译成，皇帝前来视察，还有钱物赏赐。与之互证的史

---

① 《全宋文》第一〇七册，第 184 页。
② 《全宋文》第一七册，第 206 页。

第二章　宋代寺院碑文的文献价值

籍记载，如《宋史》卷四《太宗本纪》云：宋太宗"（太平兴国七年六月）丙子置译经院"①。《宋史》卷七《真宗本纪》云："（景德二年九月）庚午幸兴国寺传法院，观新译经。"②《宋史》卷一六五："传法院掌译经润文。"③《续资治通鉴长编》卷二三："唐自元和以后，不复译经。江南始用兵之岁，有中天竺玛嘉多国僧法天者，至鄜州与河中梵学僧法进，共译经义，始出《无量寿》《尊胜》二经、《七佛赞》，法进笔受、缀文，知州王龟从润色之，遣法天、法进献经阙下。太祖召见，慰劳，赐以紫方袍。"宋廷之所以如此重视佛经翻译，其原因在于，最高执政者从治国化民的角度，深刻认识到了佛教的当下价值。《续资治通鉴长编》卷二四，所载宋太宗的一席话，讲得再清楚不过了："太平兴国八年……冬十月……上以新译经五卷示宰相，因谓之曰：'浮屠氏之教，有裨政治，达者自悟渊微，愚者妄生诬谤。朕于此道，微究宗旨，凡为君治人，即是修行之地。行一好事，天下获利，即释氏所谓利他者也。庶人无位，纵或修行自苦，不过独善一身，如梁武舍身为寺，家奴、百官率钱收赎，又布发于地，令桑门践之，此真大惑，乃小乘偏见之甚，为后代笑。为君者抚育万类，皆如赤子，无偏无党，各得其所，岂非修行之道乎？虽方外之说，亦有可观者，卿等试读之，盖存其教，非溺于释氏也。'"④

从上分析，宋代寺院碑文蕴含着丰富的历史文化信息，因其视角之独特，记事之具体，要么补白官修正史，要么与之互证。从中我们能够较为深切地认识到，佛教在宋代的政治生存与经济生存，其存在境况，见证了宋朝政府的佛教态度，反映了佛教与政治互利双赢的对话关系与运行机制，具有重要的历史文献价值和思想认识意义。

---

①（元）脱脱等：《宋史》卷四《太宗本纪》，中华书局1977年版，第68页。
② 同上书，第129页。
③ 同上书，第3903页。
④（宋）李焘：《续资治通鉴长编》卷二四，景印文渊阁《四库全书》第314册，第355页下—356页上。

63

第二节　对僧史僧传的补充与垂示

宋代寺院碑文中，有大部分作品都涉及对一些僧人的记录，叙述其修行、弘法的缘起和历程。由于作者往往是此僧的熟人、朋友，所以相关文字写得很生动具体；即使作者与传主关系并非亲密，但一定是有着某种因缘，才会产生写作动机，因此，作者总要对写作对象预先进行研究，对其事迹了然于心之后方才下笔。即此言之，寺院碑文对某一僧人的记录，就具有了历史文献价值。众所周知，自南北朝以来，中国陆续诞生了一系列僧史僧传著作，如《高僧传》《续高僧传》《历代三宝记》《宋高僧传》《祖堂集》《景德传灯录》《天圣广灯录》《建中靖国续灯录》《嘉泰普灯录》《佛祖统纪》《佛祖历代通载》《祖庭事苑》《释氏稽古略》《禅林僧宝传》《大宋僧史略》《五灯会元》《五灯全书》《指月录》《总统编年》《僧宝正续传》《五灯严统》等。这些佛教史传之作，对佛教各宗派的统系源流予以梳理、廓清和排列，历代高僧因此得以名列其中，甚至不少声名暗昧者，也能借此而名垂后世。尽管如此，这些前后相承且相袭的著作，所录僧人依然有限，仍存在大量的僧人，或者有名当世，或者驰誉一方，由于某种原因而于僧史僧传阙如。所幸的是，唐代以降，历朝都有大量的与佛教有关的个人著述，许多不见于僧史僧传的僧人，出现其中。毫无疑问，寺院碑文因与佛教和僧众直接相关，对于僧人的记录，较之于任何其他非宗教类文献，都更集中更丰富。于僧史僧传有录者，寺院碑文往往不仅有记载，而且更为翔实具体，甚至某一僧人的相貌神情，都栩栩如生；不见录于僧史僧传者，在寺院碑文中，也每每赫然呈现。这使得那些在中国佛教史上也许并不怎么重要的芸芸众僧，也能够从苍茫的历史深处向我们走来,并且给我们传递了极为鲜活而丰富的佛教文化信息。还有一种情况,那就是,某一僧人,在僧史僧传中有录,在寺院碑文里也有记载,而两种文献叙述的内容,出现差异。究竟孰是孰非,这就涉及文献考辨和佛学史学的书写问题。本节即循此思路,予以渐次展开探究。

一 对僧史僧传的补充

寺院碑文与僧史僧传,属于两种不同性质的文献,由于写作体例与目的的差异,二者在材料的取舍和详略安排方面,往往迥异其趣。这种区别有时也是由于作者所得文献来与不同所致。无论属于哪种情况,寺院碑文对僧史僧传的补充价值,是毋庸置疑的。具体言之,有下列三种情形。

首先,有些僧人在僧史僧传中,只存其名,其弘法情况和生命历程的信息,或概付阙如,或含混不清,而寺院碑文却对这些具体内容予以填充补白。例如,王曙在《觉城禅院记》中云:"今传法沙门元信禅师,俗姓昝氏,本郡华阳人也。幼龄颖悟,脱落嚣尘,辞亲出家,寻师访道。不远千里,行诣百城,飘然沅、澧之间,遍游江汉之域。聿来旧楚,乃契宿缘,得法于郢州芭蕉惠情禅师。情嗣南塔,南塔嗣仰山,先仰山嗣沩山,沩山嗣百丈,百丈嗣江西,江西嗣南岳,南岳嗣曹溪。即禅师于曹溪为八代嫡孙,于释迦如来为四十一代法孙。"[①] 此处所及之元信禅师,其所属法脉统系,作者溯游而上,追述梳理得线条清晰,实为南宗禅嫡派传人。然而,在僧史僧传中,严格说来,这是未见记载的,只是从上面引文得到一条线索,即元信禅师的老师郢州芭蕉惠情禅师。通过文献检索,此僧也仅见于道京净觉编《宏智禅师广录》卷八之一首诗《拜芭蕉情禅师》:"来谒芭蕉大仰孙,要明圆相识耽源。横山烟雨洗秋骨,掠面溪风吹暑痕。菖蒲叶瘦水石秀,枇杷树密轩窗昏。阿谁床

---

① 《全宋文》第十册,第27页。

65

头柱杖子，乞我款曲寻云根。"① 诗中"芭蕉大仰孙"与前面引文中"情嗣南塔，南塔嗣仰山"信息一致，可见芭蕉禅师实有其人。另据《景德传灯录》卷一二，南塔光涌禅师的法嗣中，有"郢州芭蕉山慧清禅师"，应当就是上文所及之芭蕉惠情，只是法名稍异。据此可以推论，其嗣法弟子元信禅师当亦存在，不然，碑文作者王曙怎么能够言之凿凿。可见，元信禅师因王曙之文得以为后人所知。

实际上，此处所言之元信禅师，严格说来，于僧史僧传几乎未见直接记录，我们通过些微线索，才勉强寻找到他。于史传真正意义上的只存其名者很多，兹举一例：如范仲淹《天竺山日观大师塔记》对天台宗僧善升的记录："师，钱塘人也，姓仲氏，名善升。十岁出家，十五通诵《法华经》，十七落发受具戒。客京师三十年，与儒者游，好为唐律诗……师深于琴，余尝听之，爱其神端气平，安坐如石，指不纤失，徽不少差，迟速重轻，一一而当。故其音清而弗哀，和而弗淫，自不知其所以然，精之至也。予尝闻故谕德崔公之琴，雅远清静，当代无比，如师则近之矣。"② 此僧于佛教文献仅仅出现一次，即四明石芝沙门宗晓编《四明尊者教行录》卷六之《谨吟五言四十字奉寄四明礼公法主》："佛旨妙难敷，唯师解益殊。讲长销海日，名逮动天都。涤钵秋潭净，开禅晓磬孤。几怀云外趣，寒梦过重湖。"③ 善升是此诗的作者，恰与范仲淹之文所言"好为唐律诗"相合。而佛典文献只此一点，未及其他，通过佛教文献，无法得知此僧的详细情况，而范仲淹之文对此僧姓名、法号、籍贯、行履、爱好、志趣，甚至抚琴时的神情状貌，都生动呈现，如在眼前。此种僧录，在宋代寺院碑文中，还有很多，限于篇幅，不复赘述。

其次，有些僧人在僧史僧传中有简约的记载，而在寺院碑文中出现了更

---

① （宋）净觉编：《宏智禅师广录》卷八，《大正藏》卷四八，第89页下。
② 《全宋文》第一八册，第423页。
③ （宋）宗晓编：《四明尊者教行录》卷六，《大正藏》卷四六，第914页中。

第二章　宋代寺院碑文的文献价值

为丰富的信息。例如，徐铉《故唐慧悟大禅师墓志铭》云："大禅师名冲煦，姓和氏。昔者，帝尧光宅天下，我祖世掌天官，保姓受民，冠冕百代。在汉则调鼎之重，在晋则专车之贤。末叶湮沉，徙居固始。先君从郡豪王氏南据闽方，今为晋安人也。大禅师生禀异气，幼挺玄机，年十有五，诣鼓山兴圣国师出家，即具戒品。博览经史，雅好文词，郡多俊秀，咸见推仰。证无为之理，演不言之教，绰为先达，端然妙门……时季唐二叶，像教方兴，嗣君闻其名，召与之语，移晷而罢，眷瞩殊优。命居光睦禅院，复迁长庆道场，俾与储二游处，实羽翼也。后主即位，恩旨加隆，特赐法智禅师之号。"①（徐铉《故唐慧悟大禅师墓志铭》）。对于文中所及之冲煦禅师，《五灯全书目录》卷三，将之列为鼓山晏国师法嗣（X81，343a）。《五灯全书》卷一六之《金陵净德院冲煦慧悟禅师》云："福州和氏子。"另外，有几句法语（X81，551c）。两相比照，不难发现，《五灯全书》对冲煦禅师的记录，只有简单的一句话，道及其籍贯和姓氏，而徐铉之文，则详细叙述其禀赋、出家、修行、弘法、以及与南唐后主之密切关系，所含信息比禅宗典籍丰富得多。又如，余靖《韶州月华山花界寺传法住持记》："石头之入室者，有大小朗，招提为大朗，以其不出招提三十年，故号招提朗焉。其门人刘轲为之碑甚详云。朗，曲江人，俗姓欧阳氏。年十三于州邓林寺出家，二十于岳寺受戒。既而曰：'戒岂律我哉！'乃往龚公谒大寂，得佛无知见之说，遂归于岳。昼探井臼之役，夜与其徒发坼幽键。石头即世，终丧乃去。贞元十一年，将游罗浮，途次曲江之都渚，乃曰：'兹地清气盘郁，亦足以栖神矣。'遂住锡居之。四方学者，寻声而至，无虚日矣。"② 此处所及之"招提朗"，可谓一代龙象，为石头希迁法嗣，《景德传灯录》卷一四本传云："潭州招提慧朗禅师，始兴曲江人也，姓欧阳氏。年十三，依邓林寺模禅师披剃，十七游南岳，二十于岳

---

① 《全宋文》第二册，第378—379页。
② 《全宋文》第二七册，第93页。

寺受具。往虔州龚公山谒大寂，大寂问曰：'汝来何求？'师曰：'求佛知见。'曰：'佛无知见，知见乃魔界。汝从南岳来，似未见石头曹溪心要尔，汝应却归。'师承命回岳，造于石头。问：'如何是佛？'石头曰：'汝无佛性。'曰：'蠢动含灵又作么生？'石头曰：'蠢动含灵却有佛性。'曰：'慧朗为什么却无？'石头曰：'为汝不肯承当。'师于言下信入。后住梁端招提寺，不出户三十余年。凡参学者至，皆曰：'去去，汝无佛性。'其接机大约如此（时谓大朗禅师）。"① 两处叙录经过比较，我们发现，《景德传灯录》侧重于记录慧朗禅师行脚求法的过程中与高僧的对机之语；而寺院碑文则侧重于记载其生平履历。二者可参读互补。

最后，寺院碑文中，有大量的名不见经传的普通僧众，因为这些碑文而名垂后世。兹举数例如下：

1. 公俗姓王，法名殷元，本西河太平里人，自怀橘之年，便□赏俗；佩□之岁，早悟释缘。汲泉烹茗之余，惟精讽诵；扫榻添瓶之暇，更□□□……癸酉岁十月二十八日终于本院也。门人等拊禅床而痛泣，攀繐帐以哀嚎……天长地久，暑往寒来，镌列铭□□□后记。同学僧惠坚、惠真，讲生经讲□□维尘，经僧□□，门人讲上生经僧绍□，院主兼塔主僧经绍嵓、绍□、绍讲、绍逺、绍□、绍雅、绍普，童子僧哥、僧留、□得。（惠坚《大宋西河临泉山圣力禅院故先师和尚塔记》）②

2. 师讳令观，俗姓黄氏，莆田人。生不茹荤，年十三隶广化寺礼师继隆，十八受具戒。略通《易》《孟子》《老》《庄》诸书，已而拨去，听讲大乘经论。他日读《楞严经》，骇然大悟曰："世徒传当年《圆觉》之圭峰，何知不有今日《楞严》之我耶？"未几得寺之安养院，折箠坏户

---

① （宋）道原：《景德传灯录》卷一四，《大正藏》卷五一，第311页上中。
② 《全宋文》第四册，第16—17页。

第二章 宋代寺院碑文的文献价值

而居之。(刘弇《观禅师碑》)①

3. 开宝中,广汉可尚善说修多罗了义,有诗名于蜀。与道士善,尝游于此,爱之。道士亦谓吾教淡泊,依向者少,地方壮猛,非列精庐、会大众、习佛乘、演法义者,莫敢居此,遂以施可尚,易名曰草堂兰若。尚传闻慧,慧传仁映,映传允顺,凡四世增葺……(文同《邛州凤凰山新禅院记》)②

4. 大师号无演,出于天彭张氏。幼童英烈,不甘处俗。年十五,弃家事承天院宝梵大师昭符,符记之曰:"此子它日法中龙象也。"年二十,以诵经落发,受《首楞严经》于继舒。舒没,卒业于惟凤文昭,受《圆觉经》《肇论》于省身,受《华严法界观》《起信论》于晓颜,受《唯识》《百法论》于延庆。凡此诸师,皆声名籍籍,师必妙得其家风然后已。又从诸儒讲学,于书无所不观,于文无所不能,至于曲艺,学则无所不妙解。清献赵公始请师登法席,师于《楞严》了义指掌极谈,席下道俗,如饮醇酒,无不心醉。(黄庭坚《圜明大师塔铭》)③

5. 云门之后,至雪窦重显,最盛于东南,其嗣法门人众矣,而天衣义怀号为偏得其道。自天衣之殁,其法嗣往往出现一方,四方禅学之所折中。比丘载者,学于天衣,既得其道,而隐德晦迹,终始莫得而考,独泉南比丘智轸,问道于载而得法焉。(张耒《智轸禅师塔记》)④

6. 师虽主戒律,而旷达无碍,宗说俱通,尝云:"戒律即心也,戒生定,定生慧,欲最上乘而不始于戒律可乎?南山有言'江南江北求菩提,菩提共行不相识',若推原佛心,从粗入细,特顿、渐之异耳。"师于四大部及《楞严》《楞伽》《法华》等经无不该综,以至《起信》《唯

---

① 《全宋文》第一一九册,第89—90页。
② 《全宋文》第五一册,第141页。
③ 《全宋文》第一〇八册,第95页。
④ 《全宋文》第一二八册,第93页。

识》诸论,《传灯》《宗镜》《祖原》诸录,并绵络旨统,穷其义趣,刊正戒业,两疏章记,尤为精详。平生无长物,衣钵所余,惟赈穷乏、疗疾病,全活者甚众。所蓄惟铁磬,得之耕夫,每以自随,召众讲习,则一鸣之,自号"铁磬老人"。(李光《律师通公塔铭》)[①]

上列诸文献,涉及的僧人,均不见录于僧史僧传,他们之所以为寺院碑文作者所注意,原因是复杂的。有的碑文作者就是当事人,他希望通过文记,使其尊敬的先辈之功德,不至于湮没无闻,而为后世所知晓,故著文以勒石,如上例一;这样的碑文,由于作者并非一定是当代名笔,故虽有记,也难免有漫漶磨灭之虞,因此,通过这样的途径,一些极为平庸的僧众,得以占籍文献,名传后世,实为偶然。与之相类者还有,如:"和尚名惠润,生于太原之平晋……改治平之四年,会绍天皇帝诞节,试天下僧尼童,而师以诵经得度。以是年三月祝发,且从其府之资圣院式坛受戒,自是检身持律,以不见道不足以偿出家之本意,乃趋西都龙门,就真戒大师悟真而学焉。由熙宁庚戌,终丙辰,更七春秋,而尽得其业。所通经论,若唯识之秘言,法华之妙旨,靡不该究,为众所推。盖其警悟开明,精进勇力如此。蒲之普救,知名寺也,师始往升座讲说,后学之徒,听者以百数。复从其郡开元寺法师因公授大乘戒,是为戒师……所度弟子智深而降,凡一十七人……门人智演、智光、智盛、智轮、智宝、智浩、智明、智圆、智淋、智雅、智文、智广、善琮暨师孙、师赞、师敏、智岳、师计、师海、师真、智隐、智岩、师正、海云共建"(尹称孝《芮城县寿圣寺戒师和尚润公塔铭》)[②]。正因如此,宋代以及以前的朝代,寺院碑文多会通过当事人,托当世名家、显宦执笔。这样产生的碑文,不仅因作者的社会影响和尊崇地位使该僧或此寺因文而名,借助

[①] 《全宋文》第一五四册,第260页。
[②] 《全宋文》第一四三册,第194—196页。

第二章　宋代寺院碑文的文献价值

名笔提高其声望，而且，这样的碑文也会以作者的文集为依托，而安全无损地存于世间，如上例二即属于此种类型。余靖为仁宗朝著名政治家，一代明臣，立朝刚正不阿，处事明达干练。虽非虔诚的在家居士，却对佛教具有公正理性的认识，在其《武溪集》中，至少有29篇寺院碑文存世，这个数量在宋代作者中名列前茅。有的碑文作者与其所写对象，有着地缘关系，虽然为宦他乡，但声名昭彰，其家乡的寺院也会不远千里，请其撰文。宋代著名文人居士如苏轼、黄庭坚、陈舜俞、杨杰、张商英、李之仪、史浩等，都有这类的撰文。上例三、例四，均属于文人受请而作。本来邛州凤凰山新禅院，由于住持并非名寺，寺院亦非名寺，如果不是依托文同之笔，恐怕会消失在历史的烟尘里，无人知晓。至于文中所及之可尚、闻慧、仁映、允顺等僧员，自然与寺院同一命运。而一篇碑文就完全改变了寺与僧之命运，其重要性可想而知。例五，此处作者对北宋中后期云门宗雪窦重显一支的兴盛状况，所作的叙述，可与其他相关文献相佐证，如晁说之《高邮月和尚塔铭》云："今之禅宗最盛者天衣之徒，天衣之大弟子曰北京元公、慧林本公、法云秀公，隐然名闻于天子，而累朝耆德大臣暨公卿大夫士，莫不降辞气以礼之。而三公之嗣法者，其盛尚胜计耶！"[①] 尤其值得注意的是，他提及雪窦法嗣天衣义怀禅师的弟子比丘载，以及载之法嗣智輆，在《续传灯录》中均未见录，实可补僧传之遗。比较言之，例六似乎更具文献价值，像惠通律师这样的高僧，戒律精研、学识博洽、志在普济而翛然尘外，却不见录于僧史僧传，其可怪也欤！

应该说，在前面所论的三种情形里，第三种更有史学价值。因为宋代寺院碑文中记录了很多普通的寺院和僧众，其内容要么与僧史僧传互相补充，要么直接填补史传之空白，尤其是一些闻名一时、在某一区域影响甚

---

① 《全宋文》第一三〇册，第350页。

大的僧人，于僧录失载，而在寺院碑文里获得了翔实具体的叙述，就更具意义。

二　对僧史僧传的垂示

如果说寺院碑文对僧史僧传的补充，反映了二者在文献方面的有无关系，那么，前者对后者的垂示，则是二者在话语形式方面的关系。由于中国古代的僧史与僧传，其撰述目的在于建构佛教宗派体系，强化佛教力量，所以在为高僧大德立传时，经常采用修辞性话语，从而具有明确的意识形态性质。而寺院碑文，从时间上看，要早于僧史僧传，是僧史僧传撰写的第一手材料，故书写内容和修辞方面，自然对僧史僧传产生影响。突出表现在对某一僧人，尤其是著名高僧的描述时，寺院碑文通过神秘乃至荒诞的现象，彰显其圣徒性质。根据李熙的研究，僧史僧传对一位佛教之禅师、律师或经师的传写，内容一般包括出生、早年生活与性情、出家为僧与转向宗门、参禅问道、驻锡说法、与世俗政权之纠葛、化灭入寂等几个方面。[①] 基本上可以说，自南北朝以来已经形成了写作模式。兹举宋代以前僧史僧传中的这类文字如下：

> 释昙谛，姓康，其先康居人。汉灵帝时移附中国，献帝末乱，移止吴兴。谛父肜尝为冀州别驾。母黄氏昼寝，梦见一僧呼黄为母，寄一麈尾并铁镂书镇二枚。眠觉，见两物具存，因而怀孕生谛。谛年五岁，母以麈尾等示之，谛曰："秦王所饷。"母曰："汝置何处？"答云："不忆。"至年十岁出家，学不从师，悟自天发。[②]

这是南朝梁代慧皎撰《高僧传》中的记载。昙谛母亲梦见一僧呼己为母，并将麈尾和铁镂书镇寄存于她，醒来发现二物真的存在，随后母亲就生了他。

---

① 参见李熙《僧史与僧传——〈禅林僧宝传〉的历史书写》，中国社会科学出版社2014年版，第70—85页。
② （梁）慧皎：《高僧传》卷七，《大正藏》卷五〇，第370页下。

第二章 宋代寺院碑文的文献价值

这是关于僧人生来异相、非同凡俗的象征。这类神乎其人的修辞手法，在以后的僧传中屡屡出现。又如，"释慧勇，厥姓桓氏，其先谯国龙亢人也。祖法式，尚书外兵钱唐令，因此遁迹于虎丘山，后仍寓居吴郡吴县东乡桓里。父献，弱龄早世。母张氏尝梦，身登佛塔，获二金菩萨，俄育二男，并幼而入道，长则慧聪。勇其次也。初出杨都，依止灵曜寺则法师为和上。"① 这是唐代僧传的内容，对僧人慧勇的出生书写，与前所引如出一辙。五代南唐时期的《祖堂集》，也有与此同类的记载，兹录二例如下：

1. 又曰："吾灭度后，七十年末，有二菩萨从东而来，一在家菩萨同出兴化，重修我伽蓝，再建我宗旨。"师言讫，便往新州国恩寺。饭食讫，敷坐被衣，俄然异香满室，白虹属地，奄而迁化。②

2. 自显庆元年，司空萧无善请出建初寺，师辞不免，乃请众曰："从今一去，再不践也。"既出山寺门，禽兽哀号，逾月不止；山间泉池激石涌砂，一时填满；房前大桐四株，五月繁茂，一朝凋尽。③

《祖堂集》所载与僧人相关的神异现象，主要出现在传主寂灭之际，且均为道行高深的名僧硕德。到了宋代，北宋后期临济宗僧惠洪，所撰30卷的《禅林僧宝传》，"是记载唐宋时期八十一位禅师生平的传记体禅宗史书。此书开创了一种崭新的禅史书写范式"。④ 此书与前代《高僧传》《续高僧传》在写法上存在一脉相承之处，即重视禅僧的神通狂逸之异象书写。兹举例如下：

一日，有老人来拜谒。闻曰："丈夫家何许，至此何求？"老人曰："我家此山，有求于师。然我非人，龙也。以疲堕行雨不职，上天有罚，

---

① （唐）道宣：《续高僧传》卷七，《大正藏》卷五〇，第478页上。
② （南唐）静、筠二禅师编：《祖堂集》卷二《惠能和尚》，中华书局2007年版，第130页。
③ （南唐）静、筠二禅师编：《祖堂集》卷三《牛头和尚》，第138页。
④ 李熙：《僧史与僧传——〈禅林僧宝传〉的历史书写》，中国社会科学出版社2014年版，第1页。

当死，赖道力可脱。"闻曰："汝得罪上帝，我何能致力？虽然，汝当易形来。"俄失老人所在，视座榻旁，有小蛇尺许，延缘入袖中屈蟠。暮夜风雷挟坐榻，电砰雨射，山岳为摇振，而闻危坐不倾。达旦晴霁，垂袖蛇堕地而去。顷有老人至，泣泪曰："自非大士之力，为血腥秽此山矣。"念何以报厚德，即穴岩下为泉，曰："他日众多无水，何以成丛林？此泉所以延师也。"泉今为湖，在半山，号龙湖。①

明人戴良为《禅林僧宝传》作序云："《禅林僧宝传》者，宋宣和初，新昌觉范禅师之所譔次也。觉范尝读唐宋高僧传，以道宣精于律，而文非所长；赞宁博于学，而识几于暗。其于为书，往往如户昏按捡，不可以属读，乃慨然有志于论述。凡经行诸方，见夫博大秀杰之衲，能袒肩以荷大法者，必手录而藏之。后居湘西之谷山，遂尽发所藏，依仿司马迁史传，各为赞辞"（X79，490a.）。可见，惠洪学习前代丛林作家的僧史写法，吸纳司马迁之体例优长，所撰《禅林僧宝传》，可谓青出于蓝。而通过与传主相关的神异事象的采撷，凸显其宗教色彩，则是与慧皎、道宣一脉相承。

从上所作简单的梳理，可以看出，通过想象性的书写修辞，以神乎其僧，是僧史僧传的惯用手法。而这种笔法到了宋代，以惠洪《禅林僧宝传》为代表的宋代僧传书写，一仍其旧。与此同时，我们看到，宋代寺院碑文中也屡屡出现这样的想象性、虚构性描述。兹举六例：

1. 大师，郴人，朱姓，讳道广……唐天宝二年禅坐而终，门人塞而异香满室，乃奉其全体，覆以香泥，龛而藏之，建塔于寺。岁或大旱，民往诚请，则获嘉澍，如远壑之应声也。（余靖《韶州光运寺重修证真照寂大师塔铭》）②

---

① （宋）惠洪：《禅林僧宝传》卷五《邵武龙湖闻禅师》，《卍续藏经》第一三七册，第463页。
② 《全宋文》第二七册，第164—165页。

2. 法智大师名知礼，字约言，金姓，世为明人。梵相奇伟，性恬而器闳。初，其父母祷佛求息，夜梦神僧授一童遗之曰："此佛子罗睺罗也。"既生，以名焉。(赵抃《宋故明州延庆寺法智大师行业碑》)①

3. 众以香木积而化之，开棺发焰，或闻异香。烟散身灰，尽睹奇瑞，舌根不坏，柔润如生，舍利迸流，赤白相间。平居功业，于兹见矣。(元照《华亭超果照法师塔铭》)②

4. 大历七年，忽现瑞相，身坐圆光中，远近花卉变成莲萼，人皆异之（赵嗣业《大唐克幽禅师塔记》第一一九册，第242页)。此克幽禅师善济之塔，非滞名著相之所能了也。幽本唐大历时人，得法于益州无相禅师。东川节度使杜公仰其道业，恳请演法于此。贞元初入寂，建塔寺庭之西。遭会昌毁灭，塔圮成池，白莲化生，人骇其异。山谷之间，光相还绕，红云亘天，地布银色，观音声像，仿佛在中。相国琅琊公掘寻灵迹，得钩锁骨如紫金聚。(冯世雄《遂州广利禅寺善济塔记》)③

5. 雪窦禅师，释迦正宗，仁铣巨派。有嫡子义怀者，温州乐清陈氏，以渔为业。母梦星陨于庭，因而有娠。生而异禀，每求出家。(米芾《天衣怀禅师碑》)④

6. 示化前一日，嘱门弟子曰："吾今将往，信任自缘，汝等壮年，当此佛法陵替，各宜勉力办道，勿违佛戒。"至三月四日，问侍者曰："今日是几者？"曰："初四。"师令备浴水，斋罢沐浴更衣，归方丈熟寝，至昏黄遽起。时执事小师环绕侍立，师顾视左右，敛容端坐。少顷，暴风骤作，丈室摇振，土崩瓦坠。众谓屋摧，四散惊出，惟副院宗舒疑师长往，侍立不动。良久，端然示蜕。傍有闻龙神殿内鸣指嘘声，方丈

---

① 《全宋文》第四一册，第286页。
② 《全宋文》第一一二册，第375页。
③ 《全宋文》第一二二册，第119页。
④ 《全宋文》第一二一册，第63页。

后长崖忽摧，山之四周人望峰顶红光灿烂，皆疑遗火。诘旦登山，始知师逝。（冯檝《净严和尚塔铭》）①

上引例一之照寂大师，为唐代僧人，却于史无考，不见载录。余靖此文所记，不知何据。要么根据传闻，要么出于想象。例二所写法智大师知礼，却是真宗时期天台宗高僧，赵抃此文，当为原创。例三所写超果照法师，与作者元照同为北宋神宗时代（1068—1085）的人，此文也是传写此僧的最早文字。例四对遂州广利禅寺善济塔的叙述，所及克幽禅师虽为唐代僧人，和例一相同，不见录于囊代文献，其所记异象，未知何据，却成了后来关于此僧的文献来源。例五米芾对同时代云门宗僧天衣义怀禅师的传写，亦属原创首发。而苏辙《全禅师塔铭》在这方面的描写，似乎更有代表性："长老利俨禀师遗言，阇维之。薪尽火灭，全身不散，以油沃薪益之，乃化。是日云起风作，飞瓦折木，烟气所至，东西南北四十里，凡草木沙砾之间，皆得舍利如金色，碎之如金沙。居士长者购以金钱，细民拾而鬻之，数日不绝。计其所获，几至数斛。师法名庆闲，福州古田卓氏子也。母梦胡僧授以明珠，得而吞之，觉而有孕，及生，白光照室，幼不近酒肉。"② 全禅师的出生和灭度，均异乎寻常。例六所述，尤其惊心动魄。净严和尚灭度之际，狂风大作，山崖崩颓，闹出了很大动静。

因此，可以说宋代以文人士大夫为作者主体的寺院碑文，多采用僧史僧传的修辞笔法，而僧史僧传的这种书写修辞，则源于早期碑文。早在南朝萧梁时代，寺院碑文中已经出现这种写法："峰颓木朽，波逝江潭。山川若此，人何以堪！亦生亦灭，如壑如舟。千龄俱尽，万古谁留。惟兹大士，才敏学优。幼捐蹈火，早去吞钩。法雷能响，悬河必酬。辩士可匹，妙德难俦"（梁

---

① 《全宋文》第一八一册，第153—154页。
② 《全宋文》第九六册，第249—250页。

简文帝《同泰寺故功德正智寂师墓志铭》）。① 叙述传主出生或灭度时出现的各种异象，以凸显其天赋异禀，迥出寻常，堪当弘法大任，与生俱来。这不仅意味着主流的意识形态话语对佛教的肯定，对高僧大德的举扬，更体现了宋代社会对佛教的多重期待，对真正高僧的呼唤。同样，宋代寺院碑文的这种思想倾向和写作手法，对后来的僧史僧传具有直接的影响。具体表现在以下两点。

首先，寺院碑文关于当代僧人的传写，成为后来僧史僧传的文献依据。如上引例二，其文为南宋后期理宗时代（1225—1264）的《佛祖统纪》所采信：

> 十七祖法智尊者知礼，字约言，四明金氏（世传所居在郡城白塔巷）。父经以枝嗣未生，与妻李氏祷于佛。梦神僧携童子遗之曰："此佛子罗睺罗也。"因而有娠。暨生，遂以为名。②

通过比较便知，《佛祖统纪》中关于知礼法师的出生异象书写，完全采自赵抃之文。又如上文例五关于天衣怀禅师的传写，就成了明代居顶《续传灯录》传写此僧的文献依据：

> 越州天衣义怀禅师，永嘉乐清陈氏子也，世以渔为业。母梦星殒于屋，乃孕。及产，尤多吉祥。儿时坐船尾，父得鱼，付师贯之。师不忍，乃私投江中，父怒笞之，师恬然如故。③

其次，后来的僧史僧传接续寺院碑文的写法，在僧人传记中加入想象性神异情节，从而与南北朝以降的僧史僧传写法衔接起来。形成中国僧史僧传

---

① （清）严可均辑：《全上古三代秦汉三国六朝文》《全梁文》卷一三，第 3028 页。
② （宋）志盘：《佛祖统纪》卷八，《大正藏》卷四九，第 191 页下。
③ （明）居顶：《续传灯录》卷六，《大正藏》卷五一，第 501 页中。

的一个传统。例如，黄庭坚《黄龙心禅师塔铭》对临济宗高僧晦堂祖心灭度这样写道："元丰三年十一月十六日中夜而没，葬骨石于南公塔之东。"① 到了南宋宁宗时期（1095—1124）的《嘉泰普灯录》中，祖心禅师本传则如是说："元符三年十一月十六中夜入灭，命门人黄公庭坚主后事。茶毗日，邻峰为秉炬，火不续，黄顾师之得法上首新禅师曰：'此老师有待于吾兄也。'新以丧拒，黄强之。新执炬召众曰：'不是余殃累及我，弥天罪过不容诛。而今两脚捎空去，不作牛兮便作驴。'以火炬打一圆相，曰：'只向这里雪屈。'掷炬应手而爇。"② 黄庭坚之文，对黄龙祖心禅师入灭之事，写得很简略，也很平实，不带有任何玄秘色彩。且关于黄龙心禅师的文献，黄氏之文是最早的，且黄氏即为黄龙心禅师的法嗣，而主持了其师尸骨的火化与安葬，是第一现场的亲历者，故其文具有无可辩驳的始发性、原创性和权威性。所以，关于黄龙心禅师的生平履历、弘法过程的叙述，《联灯会要》《嘉泰普灯录》《五灯会元》《续传灯录》，一脉相承，均采信于此文。而上面引自《嘉泰普灯录》卷四的文字，在写到黄庭坚主持黄龙祖心禅师的茶毗仪式时，就穿插了一段具有怪诞色彩的叙述：祖心禅师火化之夜，所用的火炬却点不着。黄庭坚感觉，这是祖心禅师因担心法灯不续所作的暗示。于是将此想法告诉祖心禅师最重要的传法弟子黄龙悟新，悟新接着吟诵出一首佛偈，火炬则应声而明。与黄文一比照，自然就知道这是《嘉泰普灯录》编者加进去的，其用心显而易见。而耐人寻味的是，《嘉泰普灯录》这一子虚乌有的神来之笔，连同黄庭坚的平实之文一起，为后来的僧史僧传所采录，而一并见于《五灯会元》《指月录》《佛祖纲目》《宗统编年》《禅苑蒙求》《五灯全书》和《五灯严统》等典籍中。

综上所论，宋代寺院碑文由于其独特的写作维度，笔触所及，均与佛教

---

① 《全宋文》第一〇八册，第90页。
② （宋）雷庵正受：《嘉泰普灯录》卷四，《卍续藏经》第79册，第312页上。

与时代相关，而又往往从微观层面切入，故其内容具有史料性质，而为官修史书和僧史僧传所难以顾及，因此，其所传写之关乎僧人与寺院的内容，具有补白僧史僧传的价值，且与后者形成互文本。与此同时，寺院碑文在宋代的书写，具有历时性变化，其内容与作者身份及当代政治密切相关。而以文人士大夫为主体的写作者，往往通过寺院碑文书写，传递官方与民间不同阶层的思想诉求。随着佛教经由文人学者的锤炼和镕冶，使之成为宋代文化的重要组成部分，士林与丛林之间的关系日趋亲密，即使以批佛著名的李觏、欧阳修、司马光等，也写出了一系列寺院碑文。尽管他们是从儒学的视角，理性地审视佛教，但毫无疑问，他们已然感受到佛教在现实政治文化生活中，具有极强的渗透力，而其积极意义也是不容忽视的。职此之故，对佛教的济世价值的期待，往往在寺院碑文的书写领域，便表现为对道行高深而志存雅道的僧人的赞许和塑造，于是宋代寺院碑文具有修辞性和意识形态性的笔法，就大行其道了，不仅承前代之续余，且对后来的佛教文献以垂示。影响深远。

第三节 对人间佛学话语的承载与传播

寺院碑文撰写的对象，主要涉及相关寺院和僧人，其具体内容常常会记录某僧人的机缘语句，阐述某宗派的佛学思想。而这些内容有的见录于佛教文献，有的则未见录。尤其是后者，其文献价值更为突出，可谓沧海遗珠。本来可能永久性丢失，由于一篇寺院碑文而得以拾遗和保存。就此意义而言，寺院碑文在承载与传播人间佛学话语方面，发挥了不可替代的作用。下面予以申论。

一　对各宗派基本思想的阐述

寺院碑文自魏晋六朝伊始，具有较长的发展历史，前后相承，逐渐形成了基本的写作思路，文章具有一定的结构模式。无论是介绍寺院、讲述历史，抑或传写高僧、颂扬佛德，大部分寺院碑文，都会借此机会，表达作者的佛学见解，为我们呈现了络绎缤纷的阐释话语。主要有以下三种情况。

第一，关于佛教的一般性认识。这里是指不分宗派，作者往往从时代政治经济与文化的角度，对佛教予以审视，表达了关注时世的思想见解。兹举三例：

1. 古圣人立言垂教，皆所以长世而利物也。至若道被幽显而不遗、事见久远而易信者，其惟浮屠氏之法乎？自中国达于蛮夷，自郡县至于乡聚，凡在含识，无有愚智，一闻其说，靡不归诚而信向焉。由汉迄今，千有余岁，虽世教有隆替，而佛事未尝废绝者，以其为道一本于人心。人心欲安乐，则曰积德重者能享之；人心恶罪苦，则曰殖福厚者能去之。故塔庙布于四方，像设备于家户，犹以为奉之未至也。（苏颂《温州开元寺重修大殿记》）①

2. 噫，儒诋佛，未尝为尺寸地，虽童子不肯辄屈，曰，国家当诏四方郡无小大皆立学，本古庠序之法以为教，甫一年，学不幸而废，天下士反无一言复之者。今唯识再毁矣，皆不数年而复，其不顾吝有若七人者，其勿懒有若洪集者，其请而勿禁有若某者，是儒果出佛下甚远也。儒之人视唯识，岂独不愧？其明年五月，院成，洪集以始末来乞予言，遂书之，且以见其心之耻云。（黄庶《复唯识院记》）②

3. 自西方用兵，天子宰相与士大夫劳于议谋，材武之士劳于力，农

---

① 《全宋文》第六一册，第380—381页。
② 《全宋文》第五一册，第249页。

工商之民劳于赋敛。而天子尝减乘舆掖庭诸费，大臣亦往往辞赐钱，士大夫或暴露其身，材武之士或秉义而死，农工商之民或失其业。惟学佛之人不劳于谋议，不用其力，不出赋敛，食与寝自如也。资其宫之侈，非国则民力焉，而天下皆以为当然，予不知其何以然也。今是殿之费，十万不已，必百万也，百万不已，必千万也；或累累而千万之不可知也。其费如是广，欲勿记其日时，其得邪？（曾巩《鹅湖院佛殿记》）①

例一从思想层面分析了佛教因为能深入人心，解答人们精神上的困惑，而具有极强的影响力；例二则将儒教与佛教相比较，指出儒教当下之衰落，突出佛教之兴盛，不难看出作者的无奈感叹。例三则从大敌当前、财力日绌的形势，针对佛教大量占有社会财富，不能给处境危殆的朝廷施以援手，而给予了批判和否定。又如，"儒之心迹，佛之性相，一也。道不以心性为体，故求道于心性而不可得，然所以冥于道者，心性也。迹相亦然，道不存乎迹相，故求道于迹相而不可见，然所以行于道者，迹相也。……释氏自永平迄今，繇天子、公卿、士大夫或信而爱，或诋而斥，或泥而佞，或毁灭而欲其忘，其为更阅多矣。盖周、唐之二武，以君天下之重势尽力而除之，势宜不得复兴。方是之时，桑门蒲塞，涕目洟鼻，相与赍咨愤戚于隐伏之中。居未几，而塔庙之严复兴于天下，而厚费生民之力，不翅膏油之沃炭，虽暂灰死，而卒之逾炽于前也。意者祸福缘报，必有形验，而生民之震畏忻慕，沦浃肌体，所不可得去邪"（侯溥《寿宁院记》）。② 神宗时期的侯溥纵观佛教兴衰演变历程，指出其死灰复燃而愈其炽烈的原因，在于其祸福缘报之说，深入生民之心，对之产生震慑之效。显然这是传统儒家思想难企及的。应该说，这种认识既理性又深刻。

---

① 《全宋文》第五八册，第 147—148 页。
② 《全宋文》第七九册，第 391—392 页。

第二，禅宗方面的话语。禅宗在唐宋及其以后很长的历史时期，于佛教诸宗派一直处于主流位置，名山大刹、高僧硕德，绵延不绝。从数量上看，书写禅宗寺院和禅僧的碑文，也是最多的。因此这方面的佛学见解非常丰富。兹举四例：

1. 众生昧如如之性，住我我之所。执指为月，瞪目成花。不有导师，孰为法眼？若言真于妄，则二妄以斯同；破有归无，则一边而为见。故融其妄法，是名真空。真空不空，斯为妙有。虽扬眉举足，则当体涅盘；三界四生，则为心境界。栖禅于此者，其殆庶几乎！（罗处约《景德灵隐寺记》）①

2. 后学以像设者有为也，滞于名相；禅般者无心也，曾是空寂。着空弃相，此既失矣；从无入有，彼何得哉？我佛所以启顿渐之门，示悟修之路。顿则顿悟，言语文字之俱非；渐则渐修，六度万行之不舍。权实交映，理事互融。无一物不是于真如，尽十方皆归于己用。大千世界，犹若浮沤，无余涅盘，有同昨梦。盖达观之上者，岂常谈之得乎？（王曙《觉城禅院记》）②

3. 堂之成，成既难。三条橡，七尺单。粥则粥，饘则饘。坐则坐，眠则眠。毋求妙，毋求玄。毋谈道，毋参禅。毋将心，求人安。毋将法，求人传。实自实，权自权。顿自顿，圆自圆。夫如是，黄金为瓦，白玉为壁，汝尚堪任，善乎无尽居士之为言。（居简《承天寺僧堂记》）③

4. 宣州宣城县宣义乡官里社居住奉佛弟子朱日初，与母亲胡氏二娘、妻孙汪氏七娘、弟孙妇刘氏四娘、男戬、新妇汪氏三娘、妹隋、新妇李氏九娘、孙炳、新妇孙汪氏五娘，同启诚心，特施净财，诣泾县宝胜禅院，

---

① 《全宋文》第八册，第308页。
② 《全宋文》第一〇册，第26页。
③ 《全宋文》第二九八册，第307页。

建造宝塔第三层,并入舍利佛牙种种珍异,永镇内藏者。切以敬崇巍构,获诸天捧护之功;能使有情,作万劫依归之地。圣时君相仗以答酬,本命星官咸资报谢。然愿日初等仰承慧力,默佑阖家,仓库丰盈,行藏亨泰。儿孙就学,早步青云;祖祢承休,俱超净土。良因毕集,恶趣不沉。荡积世之宿愆,成当来之胜果。菩提路上,得悟真乘;龙华会中,同为善友。虔伸恳款,用勒碑珉。(朱日初《宝胜院造塔记》)①

上面选取的数例,其作者有文人士大夫,有僧人,也有布衣平民。因此他们对于佛教的理解和诉求,表现出不同的维度。如果说士林与丛林中人,其佛学见解往往深刻透辟,表达亦复高屋建瓴,具有理论建构的意义。那么,来自底层民间的声音,他们对佛教的理解却很具体很实在,上面所引例四,即为典型,此文详尽记录了一个普通人家,通过合力集资,在寺院兴造一层佛塔,表达虔诚的向佛之意,而其佛教诉求非常明确具体:求佛保佑,阖家亨泰,仓库丰盈,儿孙仕路通达。

第三,关于天台宗和净土宗方面的话语。此宗认为,大千世界因缘和合,并无实体,故曰空;而世间万物,表象犹在,故曰假;空与假实为世界之两面,无偏无颇,空假相即,空假不二,故曰中。空、假、中合于一念,因俱真实,故曰三谛。彼此融通无碍,是为三谛圆融。修此一念三千之三谛圆融,见空为一切智,见假为道种智,见中为一切种智。故三谛圆融即三智圆融。通过圆修三谛,臻于断灭三惑,圆证三智,是为天台宗之中心理论。对天台宗思想予以描述,也往往见于宋代寺院碑文,如:

善哉,天台氏之建化也,以观心为法,以念佛为宗。观心者观有心以至于无心,念佛者念彼佛以证乎我佛。或升阶纳陛,同践堂奥,或顺

---

① 《全宋文》第一三一册,第7页。

风乘航,横绝苦海,真可谓大乘之渊源,导师之方便者矣。原夫清净本然,无有空假,因缘忽生,万法以起,河沙妙门,一念而足。所以体同寂照,神冥乐域,丘陵坑坎,悉见严净,众鸟行树,皆出法音。用之则然,何远乎尔?佛陇肇基,神化周浃,诸方向风,缘应如响。(陈舜俞《秀州华亭县天台教院记》))①

此文阐述了天台宗的基本思想观念,指出其关心念佛的修行路径,传递出天台宗与净土宗的密切关系。教在天台,行归净土,作为中国佛教的重要思想,对于我们研究天台宗之教义具有积极意义。对于净土宗教义的理解,也能从寺院碑文的相关论述里体现,如神宗时期著名佛教居士杨杰,关于净土宗作如是说:"不愿生净土则已,愿生净土则无不得生;不生则已,一生则永不退转,世尊所谓阿鞞跋致阿惟越致者欤?夫具缚有漏,凡夫初凭信念,得生彼土,而三毒邪见,未能顿忘。何以知其不退转耶?盖以弥陀愿力常所摄持,大光常照,上善常聚,寿命永劫。水鸟树林,风声乐响。演畅妙乘,闻其声者,念佛念法念僧之心,未尝闻断故也……其于念三宝之心,可谓不敢间断矣。入是道场者,观一切相为非相,则能见弥陀之全体;观一切法如幻法,则能入净土之真境;观我身之无我,则能具比丘之正见。故从一如来而见无量如来,入一净土而周无量净土,悟一法身而融无量法身矣。无念而念,无证而证,无修而修,净土果海,岂易量哉!"(杨杰《建弥陀宝阁记》)。② 此文即清晰而生动地阐述了净土宗的基本思想观念。突出其通过念佛而归于净土的修行方法。而对于净土宗思想精髓的阐述,更见于守一之《澄江净土道场记》:"予谓净土之说,经论尚矣,诸师训辨,亦已详矣。报验间发,不吾欺也。世犹有疑焉者,盖以无明自障,理事不融故。按《法华》

---

① 《全宋文》第七一册,第88页。
② 《全宋文》第七五册,第241—242页。

云：'若人散乱心，入于塔庙中，一称南无佛，皆已成佛道。'况复一心不乱，于此求生，何独不然哉？且见善不明，用心不一，则彼虽世间万法，何往而不疑？何修而可至？独吾佛之说也哉！要之唯当信受而已，不应疑其有无也。然则净土果有耶？曰不也；果无也？曰不也；亦有亦无耶？曰不也；非有非无耶？曰不也。是则净土果乌乎在？离此诸见，即名净土，即见如来。若闻是说，不惊不怖不畏，当知是人泝定得生而无所生，以非庄严而庄严也。信心清净，一念华开，全体现前，众相具足。是心即佛，补处何疑，已度生灭，得无量寿。"①

另外，我们也能在寺院碑文中，看到论述华严宗教义的文字："夫华严之为教也，其佛与一乘菩萨之事乎？始终一念也，今昔一时也，因果一佛也，凡圣一性也，十方一刹也，三界一体也，正像末一法也，初中后一际也。当处现前，不涉情解，以十信为入佛之始，以十地为成佛之终。十住、十行、十回向、十地、十一地，谓之五位、六位。具十者，以十波罗蜜为之主也。凡五位之因果各五十，加本位之五因五果，为一百有十，所以成华严世界之佛刹，善财童子之法门。华严世界一百一十而加一，何也？一者，佛之位，万法之因也；五位者，所标之法也；善财者，问法而行之之人也；五十三胜友者，五十则五位也，三则文殊、普贤、弥勒也。此经也，以毗卢遮那为根本智体，文殊为妙慧，普贤为万行。方其起信而入五位也，则慧为体，行为用；及其行圆而入法界也，则行为体，慧为用。体用互参，理事相彻，则无依无修，而佛果成矣，故归之于后佛弥勒。十信以色为国者，未离乎色尘也；十住以华为国者，理事开敷也。十行以慧为国者，定慧圆明也；十回向以妙为国者，妙用自在也。种种名号者，智体之异名也，观其名，则知所修之行矣；种种庄严者，性行之依果也观其果，则知所行之因矣。大悲广济谓之海，

---

① 《全宋文》第九七册，第148页。

除热清凉谓之月，普雨法雨谓之云，包含万象谓之藏，严其上首，谓之宝髻，因果同时、处世不染，谓之莲华，摧邪见正而不动，谓之幢，悲智中道谓之斋，性愿普熏谓之香。无为而成者，天也；无方而应者，神也；无外而大者，王也；飞潜而雨者，龙也；处生死海而不没者，修罗也；搏根熟众生而至佛岸者，迦楼罗也；凡乎圣乎，疑而不可知者，紧那罗也；胸行匍匐，谦恭利物者，摩睺罗伽也；守护伺察者，夜叉也；同乎恶趣，而灭其贫苦者，鸠盘茶也；法音娱乐者，乾闼婆也。金为坚为刚，为黄为白，轮为圆为满，颇梨为莹彻，琉璃为明净。无垢谓之摩尼，瀄沈拯溺谓之网，高显挺特谓之茎干，开敷覆荫谓之华叶，含育利生谓之宫殿，观照之根谓之楼阁，无畏谓之师子，超尘谓之台榭，出俗谓之比丘，入鄽谓之居士长者，同乎外道谓之仙人婆罗门，慈而无染谓之女，以悲生智谓之母。此《华严》事相表法之大旨也"（张商英《太原府寿阳方山李长者造论所昭化院记》）。[①] 此文较为详明透彻地阐述了华严宗的基本教义。它充分体现了居士张商英深湛的佛学修养。

二 对僧人机缘语句的记录

机缘语句，是僧人授徒弘法时，表达自己佛学观念的佛学话语。不同的宗派，不同的道行，会有不同的话语形式。自从有僧史僧传著述以来，历代僧人，尤其是高僧大德，其机缘语句，多见录于佛禅典籍，且为后来者所传播、学习和勘辨。而僧史僧传对僧人法语的记录，具有一定的局限性，那些名不见经传的芸芸众僧，或许有时也电光野火一般迸发出佛性的光芒，诞育出精彩的话头，只是由于未被采录，而消失在历史的深处。所幸的是，寺院碑文在一定程度上，从历史的深渊里打捞起一些佛海遗珠，挽救了一部分这样的对机之语，使我们今天得以看到这些幸存者。

首先，我们还是胪列一些见录于佛禅典籍的法语，这些对机之语，之所

[①] 《全宋文》第一〇二册，第182—183页。

第二章 宋代寺院碑文的文献价值

以两见于史传和碑文，就因为他们具有极为鲜明的个性色彩，不仅寓意深刻，而且语言形式非常精彩，甚至成为某一高僧的标志性法语，或者是丛林锋辩的共同语。兹举四例：

1. 禅师法号休梦，姓韩氏，京兆万年人。时宣宗兴复像教，乃应诏诵经，对御落采，配终南山之捧日寺。具大戒于律师神佑，悟般若于石霜庆诸，参法要于百丈怀海，契心于洞山良价。初至洞山，洞山问："近离何处？"曰："湖南。"又问："途中还见异人否？"曰："若是异人，不涉途中。"价深器之。后领旨寓蜀，始立一大寺，辟甘露门。开堂日，僧问："净名大士入不二法门，旨趣如何？"曰："山僧未敢举明。"又问："若是，即事理不分。"答云："扁舟已过洞庭湖。"凡言峻机悟，亦复如是。(李畋《重修昭觉寺记》)①

2. 迪平生布衣蔬食，怡怡如也。法传云门，启道明切，尝答问佛者曰："日出东方卯。"再乞指道。师曰："三日后看。"又僧问："诸佛未出世时如何？"师曰："富嫌千口少。""出世后如何？"师曰："贫恨一身多。"(侯溥《寿量禅院十方住持记》)②

3. 洞山悟本禅师价公游方时，与密师伯者偕行，尝经阳陂，迷失道路，见溪流菜叶，知有隐者。并溪深入丛薄间，有茅茨，僧出迎，貌癯而老，索尔虚闲，谓价曰："此山无路，阇黎自何而至？"价曰："无路且止，老师自何而入？"曰："我不曾云水。"价曰："住此山多少时？"曰："春秋不涉。"价曰："老师先住耶，此山先住耶？"曰："不知。"价曰："何以不知？"曰："我不从人天来。"价曰："得何道理，便尔歇去？"曰："我见泥牛斗入海，直至于今无消息。"于是，价班密师伯之下拜之，

---

① 《全宋文》第九册，第266页。
② 《全宋文》第七九册，第399页。

拜起，问："如何是主中宾？"曰："青山覆白云。"问："如何是主中主？"曰："长年不出户。"问："宾主相去几何？"曰："长江水上波。"问："宾主相见，有何言说？"曰："清风拂白月。"价心异之。求依止，僧笑曰："三间茅屋从来住，一道神光万境闲。莫作是非来辨我，浮生穿凿不相关。"即焚其庐而去，莫知所终。（惠洪《重修龙王寺记》）①

4. 及其在梅阳，有僧传师垂示语者，妙喜见之，极口称叹。后以偈寄归宗，云："坐断金轮第一峰，千妖百怪尽潜踪。年来又得真消息，报道杨岐正脉通。"其归重如此。（李浩《天童应庵昙华禅师塔铭》）②

例一之昭觉休梦属于大鉴下第六世，历参律师神佑、石霜庆诸、百丈怀海、洞山良价诸大德。洞山"近离何处"之问，是一个著名的话头，多见于禅宗典籍，如："智问：'近离何处？'师云：'江西。'智云：'马大师安乐否？'师叉手。"③ 又如："又问僧：'近离何处？'曰：'襄州。'曰：'夏在何处？'曰：'洞山。'念曰：'还我洞山鼻孔来。'僧曰：'不会。'念曰：'却是老僧罪过。'又问僧：'近离何处？'对曰：'广慧？'曰：'穿云不渡水，渡水不穿云。离此二途，速道。'曰：'昨夜宿长桥。'"④ 这一话头，还见于《南宋元明禅林僧宝传》《五灯会元》《增集续传灯录》《指月录》《教外别传》《续灯正统》等文献。例二之"富嫌千口少，贫恨一身多。"也是多见于丛林的对机之语。例如，"进云：'德山道："我宗无语句，亦无一法与人"如何？'师云：'杀人刀，活人剑。'进云：'临济道："赤肉团上，壁立千仞"又作么生？'师云：'富嫌千口少，贫恨一身多。'"⑤ 此语还见于《虚堂和尚语录》《宏智禅师广录》《佛祖统纪》《佛祖历代通载》《续传灯录》《建中靖

---

① 《全宋文》第一四〇册，第218页。
② 《全宋文》第二一一册，第44页。
③ （明）居顶：《续传灯录》卷三六《杭州灵隐悦堂誾禅师》，《大正藏》卷五一，第713页上。
④ （宋）惠洪：《禅林僧宝传》卷三《汝州首山念禅师》，《卍续藏经》第七十九册，第497页下。
⑤ （宋）崇岳了悟等编：《密庵和尚语录》卷一，《大正藏》卷四七，第970页中。

国续灯录》《嘉泰普灯录》等典籍。例三所举"我不从人天来"云云，是关于洞山良价禅师与龙山和尚的对机语，见录于《筠州洞山悟本禅师语录》《联灯会要》《五灯全书》《指月录》《教外别传》等文献。"我见泥牛斗入海，直至于今无消息"一句则见录于《筠州洞山悟本禅师语录》《宏智禅师广录》《景德传灯录》《联灯会要》《五灯全书》《佛祖纲目》等书，只不过"我见泥牛斗入海"一句，在这些文献里都是"两个泥牛斗入海"，稍有变化。与此类似的丛林名句，在宋代寺院碑文中还有很多，兹不赘述。这些话头的实质在于，它们均属于活句，学人不可在其字面上逗留，否则即死于句下，万劫不复。因此，虽然看来生动鲜活，其实空灵虚幻，没有实意。但是，恰恰是这样的语句，成为禅门宗派尤其是云门宗接机应人、弘法授徒的手段，于波光云影之间、兔起鹘落之际，显刀剑杀活之力。例四所举一首佛偈，为临济宗大德大慧宗杲禅师对天童应庵昙华禅师的称叹之语，享誉丛林。值得注意的是，这篇写于南宋孝宗隆兴元年（1163）的寺院碑文，则成为丛林僧史僧传的文献来源。例如，《续传灯录》卷三一此僧本传云："蕲州江氏子，生而奇杰。年十七于东禅去发，首依水南遂禅师染指法味。因遍历江湖，与诸老激扬无不契者。至云居礼圆悟禅师，悟一见，痛与提策。及入蜀指见彰教，教移虎丘，师侍行。未半载，顿明大事，去谒此庵，分座连云，开法妙严。后迁诸巨刹。住归宗日，大慧在梅阳，有僧传师垂示语句，慧见之，极口称叹。后以偈寄曰：'坐断金轮第一峰，千妖百怪尽潜踪。年来又得真消息，报道杨岐正脉通。'其归重如此。"[①] 因此，不仅在丛林广为流传，也为士林所称赏，寺院碑文在相关寺院和高僧的撰写文字里，记录这样的话语，不仅具有史料价值，还反映了文人士大夫的欣赏与接受态度。

其次，更为重要的是，那些不见录于佛禅典籍的丛林语句，因寺院碑文

---

① （明）居顶：《续传灯录》卷三一，《大正藏》卷五一，第679页中。

的载录，得以传流后世，可谓是法海遗珍。现举五例如下。

1. 方缘盛道广，七年丁酉春，示有微疾，三月十日忽谓侍僧曰："勿复进药，时将至矣，安可久留！"翌日书偈云："来亦无言，去亦无说。无后无前，一轮明月。"是夜五更，僧正觉至问讯，师乃云："我当自在去矣。"良久，端坐而逝。（韩韶《随州大洪山十方崇宁保寿禅院第四代住持淳禅师塔铭》）①

2. 蜀人号鹁鸪为连点七，华阳隐士田逍遥访师于山而见之，问师曰："如何是连点七？"师曰："屈指数不及，地上无踪迹。"此《景德传灯录》之所遗者。（侯溥《寿量禅院十方住持记》）②

3. 本曰："吾畴昔梦汝异甚，汝不勉则死。"师茫然不知所谓。常志南岳思大口吞三世诸佛语，一日为僧伽作礼，醒然而喻。即见本，具道所以然。本曰："汝得之矣。吾梦汝吞一世界、一剃刀，知汝自今始真出家也。"（苏辙《逍遥聪禅师塔碑》）③

4. 无相即授以心要，师亦灵根宿植，言下顿悟。无相谓师："汝如香象渡河，深通我愿，付法之最，当在汝也。"……尝曰："汝等诸人勿学凡夫，三乘外厌诸相而不了知，相逐相生，相继无穷，流浪生死。凡受法者，须具福、智二门，行住坐卧，不离此心，即六识清净，妙周沙界。故经云：所见色与欲等，所闻声与响等，但心不生，则诸法空寂。"其示人略如此。（赵嗣业《大唐克幽禅师塔记》）④

5. 师名义明，俗姓王氏，世为龙兴人……常曰："身非我有，乌用利？生非我欲，乌用名？数尽即行，了无一物。"（李芬《汝州岘山乾明

---

① 《全宋文》第一三七册，第25页。
② 《全宋文》第七九册，第398—399页。
③ 《全宋文》第九六册，第276—277页。
④ 《全宋文》第一一九册，第242—243页。

禅院住持明师预建塔铭》）①

例一所举徽宗时期（1101—1125）随州大洪山十方崇宁保寿禅院第四代住持淳禅师临终之言，佛教的终极意义，就在于将生与死打成一片，消解对生的偏执、对死的恐惧。此处所引曹洞宗著名高僧丹霞子淳之语，即表现了超然洒脱的精神境界。虽然此僧法语见录于《嘉泰普灯录》《五灯会元》等禅籍，但上所引语却未见录，故尤其珍贵。例二记录的华阳隐士田逍遥与洪杲禅师的对机之语，非常富有个性，也为僧史僧传所未录。例三所述净大本禅师的法语，极其险峻尖新，具有鲜明的云门宗风。作为一代龙象，大本禅师一生存世法语甚多，泽被后世，影响深远，但在《续传灯录》及其他佛禅文献，均未见这几句，可见其文献价值。四、五二例，似无甚特异之处，然而表达了明确的佛学见解，并未见录于佛禅文献，因而具有一定的史料价值。比较言之，在佛教诸宗派中，宋代寺院碑文记录的民间佛学话语，于禅宗为多。这从一个角度说明了禅宗的影响力更为广泛。另外，值得注意的是，一些文人作者，尤其是文人居士，由于他们广泛涉猎佛典禅籍，对丛林掌故公案颇为熟稔，并有独特深刻的领悟，因此，他们不仅会在寺院碑文中信手拈来名僧话头，还能在此基础上予以论究，发表新见。譬如："予尝怪世之学禅者，自药山不许人看经之后，妄生疑情，不知药山为人破执，欲人言下，一决而悟，由不二法门直入无等正觉，反以口耳所闻，纵横辨捷，自谓见性，弃经破律，荡无所守。譬如操舟之人，不信柂楫，流浪江海，安能到彼岸耶？由闻之药山，尝自看经，或有问者，药山云遮眼。此善忘其指者也"（罗适《定海重修妙胜禅院记》）。②

---

① 《全宋文》第一二九册，第 169—170 页。
② 《全宋文》第七五册，第 321 页。

第三章　碑文凝聚的僧侣佛学期待

佛教的一切思想和实践，均建基于成佛的终极期待。对于普通世人而言，成佛似乎是遥不可及的目标。因而，佛陀以及后世的高僧硕德，便成为信众学习的榜样，并且为其面对修行的艰辛提供足够的精神动力。马克斯·韦伯说："先知也可以是个模范人物，他以身作则，指示其他人宗教救赎之道，如佛陀那样。这种先知在传道时完全不提神圣的使命或伦理义务之服从，他只是诉诸那些渴求救赎之人的自身利益，向他们推荐自己所走过的路途。"[①] 即此言之，佛教三宝之一的僧，则毫无疑问是佛法的载体和布道者，是佛教得以存在与发展的全部根据。僧人如何，以及僧人应该如何，既是俗世之人关注的问题，也是丛林中人必须时刻自省的问题。宋代寺院碑文，经由不同文化身份、社会阶层的作者，多维度地阐明并回应了这一问题，凝聚了僧侣的全部佛学期待。碑文通过对一方寺院的兴衰隆替、一位僧人的修行弘道，在一个特定的历时性空间，呈现中国僧人在自度度人、修身济世的践履中表现出的宗教精神：对佛教精神的阐扬与坚守，对佛陀境界的追求与修为，普度众生的慈悲情怀，苦心经营的淑世思想。因此，那些为中国佛教的良性发展、

---

① [德] 马克斯·韦伯：《宗教社会学》，康乐、简惠美译，广西师范大学出版社2011年版，第73页。

为社会的和谐稳定做出贡献的高僧，获得了人们的缅怀与礼赞。他们不仅为中国佛教发展，指明了正确的方向，也为宗教参与社会实践的方式途径，提供了成功的经验。

第一节　对佛教精神的阐扬与坚守

应该说，无论是何宗派，一个僧人的一生，其主要内容包括修行与弘法两个方面。就顺序而言，修行在前，志在自度；弘法在后，志在度人。而修行则是终身奉行之事。宋代寺院碑文无论是叙述寺院的命运兴衰，还是传写僧人的生命旅程，往往都会对相关僧人的宗教精神和生命态度予以关注，从中不难发现作者的期待。那就是，真正意义上的修行者，就应该奉行并坚守佛教精神。所谓奉行，即以佛教的规条戒律约束自身，也教育学人，时时刻刻，念兹在兹，稍无懈怠；所谓坚守，就是不忘初心，无论在怎样的困境中，无论面对怎样的尘世诱惑，都能够心怀秋霜，正道直行，以身体道，因心存道，不彷徨，不动摇。

一　对佛教精神的阐扬

宋代寺院碑文往往有为僧人树碑立传的意识，尤其是那些道行高深、有影响力的僧人，其流风余韵为作者所敬仰，其行履事迹为作者所重视，因此，在这样的碑文里，我们能够读到关于僧人成长、修行和传道的叙述，一个虔心向道、终得开悟者的形象，历时性地呈现出来。下面分三部分予以论述。

第一，对僧人的成长方面的描述，作者侧重于传主之禀赋淳素，向道之心与生俱来。兹举五例。

1. 大禅师名冲煦，字大明，姓和氏……大禅师生禀异气，幼挺玄机。（徐铉《故唐慧悟大禅师墓志铭》）①

2. 后唐故明悟大师、赐紫惟课，瓯闽之良族也，籍本温陵，俗姓林氏。生既殊禀，幼且不群；殆至成童，卓然秀异。每或出侍游览，必旷望岑寂，若有所待也；入承训教，必凝淡窗户，若有所奉也。举止娴雅，为宗族所异。（王嗣宗《佑国寺记》）②

3. 师讳法一，字贯道，开封府祥符县人。祖俨，朝奉大夫；父某，某官。方在其母也，夜梦一老僧梵相奇古，如世间所画罗汉像，而师以是夕生。比成童，见群儿嗷枣栗、跨竹马、为喜弄，皆不顾。（孙觌《长芦长老一公塔铭》）③

4. 师名道昌，俗姓吴氏，湖州归安县宝溪横洋人。母初孕，梦梵僧至门，谓母曰："某夙禀善戒缘，当托化。"语已不见。及诞夕，有白光满室，家人异之。既卅，聪慧超出伦辈，绝不为儿童嬉戏，喜听僧讲经论，便相诘问。母谓曰："汝欲作僧耶？"师即合掌欣答曰："是所愿也。"六岁投鹿苑，礼澄公为师。（曹勋《净慈道昌禅师塔铭》）④

5. 师讳处严，字伯威，姓贾氏，温州乐清人也。父靖，居乡以长者称。母万，方娠，一夕梦黑龙自天跃而下，俄化为道人入其家。及产，师有异相，幼警悟不凡，经史过目辄成诵。舅东平先生规，邑之名儒也，试以对，随口应答，大奇之。少长，稍不茹荤，母强之，卒不从。一日游精舍，归白其母曰："儿蔬食居俗非所宜，愿出家学佛，惟夫人割爱。"（王十朋《潜涧岩阇梨塔铭》）⑤

---

① 《全宋文》第二册，第378页。
② 《全宋文》第五册，第407页。
③ 《全宋文》第一六〇册，第453页。
④ 《全宋文》第一九一册，第121页。
⑤ 《全宋文》第二〇九册，第165页。

第三章 碑文凝聚的僧侣佛学期待

此类书写，多见于宋代寺院碑文，这些僧人，虽然分属不同的宗派，但其共同的特点即在于：生来即与常人不同，聪明、安静、食素。有的孕带异兆，有的生成奇相。总之，他们天赋异禀，宿有佛缘。这为其后来的修行悟道埋下了伏笔，奠定了基础。

第二，是对僧人修行过程的叙述。如以下六例。

1. 今传法沙门元信禅师，俗姓昝氏，本郡华阳人也。幼龄颖悟，脱落嚣尘，辞亲出家，寻师访道。不远千里，行诣百城，飘然沅、澧之间，遍游江汉之域。肀来旧楚，乃契宿缘，得法于郢州芭蕉惠情禅师。情嗣南塔，南塔嗣仰山，先仰山嗣沩山，沩山嗣百丈，百丈嗣江西，江西嗣南岳，南岳嗣曹溪。即禅师于曹溪为八代嫡孙，于释迦如来为四十一代法孙。（王曙《觉城禅院记》）①

2. 师讳法宝，姓王氏，遂州小溪人。九岁，舍家师兴圣院主从简。二十，落发为比邱僧。二十三，学法于四方，所见非一，如泉山之栻，黄檗之南，云居之宝，禾山之才，世所谓大善知识者，师皆历问焉。有所未达，废食与寝，必通而后已，得其道则顾而之他。（徐振《善觉寺住持赐紫宝师塔铭》）②

3. 十七出家，事本觉法真守一禅师。落发受具戒已，即从一公，问安心法，参究累年，至忘寝食。去之四方，初抵庐山罗汉英公，执侍久之，历东林觉照、泐潭真净、翠岩新、沩山喆、云盖本、夹山龄公之室，盖十有九年。最后至随州大洪山。时芙蓉道楷禅师道誉闻天下，师亲炙累月，根尘迥脱，大用现前，如朗月，空了无证取。于是命师唱导西堂，衲子接迹。楷公他日叹曰："会禅者多，悟道者少。吾宗不坠，是子亲得

---

① 《全宋文》第十册，第27页。
② 《全宋文》第四九册，第224页。

矣。"（程俱《宋故焦山长老普证大师塔铭》）①

4. 年十七，试太学为诸生，被服诗书，侃侃然寒士。从其翁仕淮南，大夫公欲任以官，不就，请诣长芦，事慈觉赜公为比丘。其翁难之，母曰："此宿世沙门也，勿夺其志。"未几，赜公没去，礼灵岩通照愿公。得度，受其具足戒，是岁大观元年也。愿公徙徐之琅琊，又从之凡十年。迷闷不能入，益刻苦奋厉，刳心练形，至不知寒暑之变。时圆悟勤公住蒋山，见师书一偈，以大法炬许之。圆悟奉诏住京师天宁，师又持钵而往。会靖康之乱，圆悟还蜀。闻江西草堂清公坐疏山道场，间关兵火，徒步数千里而至。一语之投，忽有所得，如金篦刮膜，表里洞然。（孙觌《长芦长老一公塔铭》）②

5. 七岁礼庆善寺元辨为师，又十年披剃，即遍历丛林，求文字言语外法。首参净慈本，本可之，不留；再参明祖圆，圆如本也，又不留；三参佛光正，正如圆，又不留；四参梁山会，会如正也，又不留。四参识超绝，门庭穿穴，纵横微眇，老禅宿德，有不能屈者，印证许可，前后相继。而师心不自欺，故未几而舍去，谒尊宿凡五六十人。最后参普照英，得法于法云秀，而见保宁勇……自此高视四海，藐焉无人。（张九成《惟尚禅师塔记》）③

6. 和尚讳盛勲，本姓谢氏，不书其得姓之本末，从释氏也……遍学衡湘鄢郢老禅硕师，而独大尽玄旨于德山远和尚。初以云门语句请决于远师，虽叩问勤至，垂三月，远未尝稍辩，尽欲其自契耳。一旦悟已，诣远质之。远师一见即谓之曰："汝已彻矣。"当此，和尚顿觉身超虚空，不觉屋庐为阂，复其立处，即遍体雨汗。（契嵩《秀州资圣禅院故和尚勲

---

① 《全宋文》第一五五册，第412页。
② 《全宋文》第一六〇册，第453页。
③ 《全宋文》第一八四册，第176—177页。

第三章　碑文凝聚的僧侣佛学期待

公塔铭》)①

对僧者问道修行方面的叙述，是以传写僧人为主要内容的寺院碑文所重视的，作者之所以不惜笔墨，对一位僧人游方参学过程，详加缕述，是为了让后来者知道，此僧之诚笃精勤，悟道之不易。只有苦心孤诣、旷日持久、实证实悟，不欺人，不自欺，超然物外，才能够迥脱根尘，终成正果。这不仅是对得道高僧的褒扬，也为后来者指明了路径，在砥砺其意志、坚定其信念方面，也会产生积极影响。

第三，是对其传道弘法活动的叙述。如以下五列。

1. 缘师，兴元南郑人，本府出家受具，得大乘之要于汉东祚师，遂振锡至于南岳，郡将邦伯，悉钦其名，乃于唐兴、南台、云盖三启禅师，称为岳中之冠。及被朝旨，乃克归绍本统而肯其基构，六祖之道由是中兴矣。（余靖《韶州曹溪宝林山南华禅寺重修法堂记》）②

2. 源公以浩博之才，力扶祖训，集注大经，著述疏记，无虑数十万言。始建教藏于苏之报恩、法华，秀之密印、宝阁、普照、善住。今惠因虚席，又偶当世名公相与协力而兴之，阐扬尤盛，学者如归……宜乎名流天下，化行东表，俾世之言佛法者，知贤首之为正宗。（章衡《大宋杭州惠因院贤首教藏记》）③

3. 韶阳老人得道于黄龙祖心禅师，被褐怀玉，隐约山间，二十余年矣。自言山野不解世事，无出山为人意。邑中贤士大夫及其耆宿商度曰："欲兴云岩法席，必得本色道人，若是则莫宜韶阳公。"于是逼致之。韶阳公幡然受请，入居方丈之东死心寮中。居数月，粥鱼斋鼓，隐隐铉铉，

---

① 《全宋文》第三六册，第382—383页。
② 《全宋文》第二七册，第84—85页。
③ 《全宋文》第七〇册，第183页。

97

闻者动心，升堂入室，肃肃雍雍，观者拱手。(黄庭坚《洪州分宁县云岩禅院经藏记)①

4. 大观三年，潭帅曾公孝蕴闻之，曰："沩山，南国精庐之冠，非道行信于缁衲，名誉重于缙绅者，莫能振兴之。吾闻天衣怀禅师，在嘉佑、治平之间，五迁法席，皆废残荒寂处，而怀能幻出宝构，化成禅丛。今空印禅师轼公者，盖怀四世之孙，而吴江法真之嗣，方说法于庐山之下，学者归之如云，挺然有祖风烈，当能整大圆真如已坠之纲。"于是厚礼遣人致之。越明年三月，空印来自归宗，山川改观，丛席增气。(惠洪《潭州大沩山中兴记》)②

5. 在熙宁元丰间，圆照、圆通道行，当世巨公要人咸所严事。而师实出其门。丛林学者尊之，皆以讷叔称焉。住芜湖吉祥院、江宁能仁寺，继迁华藏，皆当路以师道价敦请之，非师志也。尝曰："比丘辞亲割爱，出离世网，当以因缘果报为念，讵宜俯仰世权，执事住持，为人役耶？"故所至未几，辄辞去。隐居于宣之泾县，邑人王文谊为筑室金峰以居，凡十有六年。宣和辛丑，龙图阁学士毗陵钱公即来镇是邦，会广教住持虚席，公曰："此唐相国裴公隐地，断际禅师道场也，宜得道行为众钦信者居之，无如讷者。"辞老且病，公卒以礼致之。师虽久于自晦，一旦复出，四方释子抠衣问道，云集辐辏。(李弥逊《宣州昭亭山广教寺讷公禅师塔铭》)③

作为僧人，其存在的真正意义，固然在于自我解脱，而更在于自度之后的度人。因此，从某种意义上说，一个僧人其人生前半段的修行，都是为了后来的住山弘法，普度众生。寺院碑文也就多见这一方面的叙述。其实，僧

---

① 《全宋文》第一〇七册，第188页。
② 《全宋文》第一四〇册，第215页。
③ 《全宋文》第一八〇册，第365页。

人的弘法活动具有丰富的佛教文化意义。其一，一方寺院会因为一位高僧的到来，而兴衰起废，重焕生机。因此，往往一座名寺古刹，为了实现复兴，会对某位大德虚位以待。如上面所举例三、例四，均属于这种情形。其二，一位得道高僧的莅临，可能续接了一个宗派的命脉，使之得以薪火相传，慧命不绝。如例一即属于此种情况。其三，僧人的传道途径因宗派家风不同而各异。禅宗各派虽然具体作略有别，但都秉承不立文字、教外别传、见性成佛之宗旨，因此诞生了异彩纷呈的公案、话头、语录；而对于华严宗僧而言，其传法活动则不离文字，讲论佛经、著书立说，则成为其弘法的重要方式，如例二即属此类。另外，寺院碑文也为我们描写了高僧硕德高远旷迈、翛然尘外的精神风貌。在作者看来，他们才是真正意义上的修行者，也是真正有资格有能力度脱世人的布道者。正是这样的僧人，作为理想的住持僧，常常为各大寺院争相聘请。

二　对佛教精神的坚守

众所周知，佛教发展到宋代，已经日趋世俗化。随着寺院经营范围的日益扩大，寺院经济的不断膨胀，穿着袈裟的僧人，其心灵的尘埃也渐渐拂之不去，以佛法之名，招摇过市，沽名钓誉，集揽钱财，无异乎市井贾客，从而和佛教精神渐行渐远；而到了南宋，由于外族入侵，战争频仍，许多寺院毁于兵燹，致使僧众处境艰危。在此形势之下，坚守佛教之精神，似乎更为不易。因此，呼唤本色道人，坚守佛教精神，就成为宋代寺院碑文的重要内容。具体说来，对佛教精神的坚守，包括如下两个方面。

首先，对寺院的苦心经营。寺院是佛教得以存在与发展的现实依托，是僧众修行悟道的安身之处。唐宋以降，随着佛教的日益兴盛，许多寺院规模宏壮，因坐落于红尘市井或山水之间，也成为世人尤其是文人士大夫游览安心之所。一座寺院的兴衰嬗变，往往也是佛教在某一区域命运流转的标志。因此，虔心向佛、志在人天的高僧大德，会非常重视寺院的经营。而由于各种原因，寺院的损坏乃至毁灭，也是常有的事。因此，兴衰起废，化无为有，便意味着耗资巨大、颇费时日的寺院修复工程，是对僧人笃诚佛教之志意的严重勘验。兹举三例以明：

1. 遂宁府东北去城四十里，夹于蓬溪，道左有寺曰净戒，乃唐乾宁间所建，昔号大轮，今名之所赐，实自本朝始。有大佛与五百罗汉二殿，基构规模，依山附险，才避风雨而已。然地之所占，殊为胜概，林茂峦秀，周覆密郁，环荫于下，古藤盘绕，垂结乔木之间，掩映满目，真若图画，使善绘者有不能也。人一到之，无不惋爱，以为绝景佳处，往往留连徘徊，忘其去而不能舍尔。前有僧德修及见管勾祖善，慨然有志，出于诚心，惜其舍庑未广，供事未尽，欲兴完而增大之。于是夙夜匪懈，奔走水陆，未始敢已，务在缘化，以毕其愿。孳孳始终相继，逾三十年，方得就绪。取院之上岩，依广阔形势为释迦、弥勒二大石像，随其高下，设层阁三层以严奉之，又置大部经四列于阁之左右。则二僧先后积力之勤，真可谓不负其志矣。(李孝端《遂宁府蓬溪县新修净戒院记》)①

2. 于是初经建炎兵火之后，寺宇焚荡，瓦砾填委，蒿艾萧条，春禽昼呼，鼪鼯夜啼，已为榛莽之墟。僧徒休足之地，皆编茅以避风雨。三年癸丑，剔朽锄荒，惟法堂首事经营，以为焚诵二时粥饭之地。自后上下同心协力，营干大佛殿，塑造像设，洎法轮宝藏、三门库司、庖湢、忏殿、洪钟，下至厕溷，咸克有成。迨方丈、寝堂、廊庑、混室，众莫能举，遂于二十有二年，僧徒檀越再请圆明讲师觉遂住持。公亦以寺宇营缮未备，即翻然喜从众役，乃以平生缩衣节口、铢积寸累之资，有事斧斤，于是积年之废，一旦而举。凡十四馀间，不丰不陋，回环表里，不加藻饰，已焕然矣。非公之力，莫能有成也已。而功成不居，退归先

---

① 《全宋文》第一七三册，第148页。

第三章 碑文凝聚的僧侣佛学期待

人之垒,杜门却扫,秋霜律身,妙愿居质,经行宴坐,惟以净土一门为之轨导,昼夜专注,老而不衰。(希颜《重建圣寿教寺记》)①

3. 有僧智卿发广大愿,办具足心,布褐而衣,麻麦而食,出为众曰:"上圣既宅有四海,抚存八纮,暂以千乘万骑巡幸浙右,可无佛乎?朝钟暮鼓,讲如来妙旨,为有众之归依,则三乘既传,六用可警。"乃以平日所讲学,谈真空,论真谛,喻幻质,涉幻事,不有戒经,莫传正受……力陈详说,俾善性观妙者,无不心悦诚服。因草立舍宇,四教获存,如谷答响,不坠于渊深。于是梵侣听徒,日相谘扣。又念必立法筵,乃扬教迹。方袍之士,足可摄受。有右武大夫蔡通舍地一段,及御带杨公恕、大夫司邦宪等诸大檀那,皆裒长材,积土木,毂击肩摩,水航陆聚,云蒸雾委,莫可数记,不约而集。凡心许意诺者,各出力以营建,悉心于督护,自绍兴十有三年创为三门、佛殿、药师殿、法堂、佛阁、戒坛、寝室、方丈、僧堂、厨库、廊庑、钟楼、磨坊、病院、选僧、浴厕,无一不备,以昔之榛苇之地,易而为化城之所……至绍兴三十年落成,上悯其劳,特赐"仙林慈恩普济教寺"额以宠之。(曹勋《仙林寺记》)②

寺院的草创或修复,其难易程度因经营者所具财力薄厚而不同。尤其是那些了无资材、抟虚为实的寺院修建工程,更见主持僧之精诚。例一所举遂宁府蓬溪县净戒院,其新修过程历时30余年,最终完成,全得力于德修、祖善二僧,几十年如一日,坚持不懈,历尽千辛万苦。没有对佛教的极度虔诚,万难成办如此浩大工程。其苦心与笃志可昭日月。例二所举,小溪镇圣寿教寺毁于战火,在讲师觉逵住持的努力下,劫后重建,艰辛备尝。觉逵对佛寺经营的苦心和秋霜律身之志向,展现了真正的修行者之风貌,令人敬仰。而

---

① 《全宋文》第一八三册,第377页。
② 《全宋文》第一九一册,第85—86页。

例三为我们讲述了僧人智卿,为实现弘扬佛法之大愿,凭着其普度众生之高志、道行精深之风标,赢得了广大信众的信赖与支持,使一座从未存在过的寺院,由无到有,化虚为实,历时18年,终成雄踞一方的名寺大刹。虽然这些寺院的命运历程不同,但都经由某些僧人的苦心经营,而走向兴盛与壮大,反映了这些僧人的宗教虔诚与坚定信念。

其次,对佛教精神的奉行不息。抵制世俗之风对丛林的侵蚀,保持纯净淡远的心境,存养高雅闲放的情志,是奉行佛教精神的基本表现。具有这种操持的丛林中人,才算得上本色道人,也只有这样的角色,才是佛教的担纲者。寺院碑文每每对这样的僧人流露出高度赞赏之情。如以下五列。

1. 有晓遵禅师者,家本宜春,幼捐俗累,从师访道,历抵湘沅。探幽洞微,得圣人之宗旨;清心炼行,踵前作之风声。向道之徒,靡不宗仰。(徐铉《大宋舒州龙门山干明禅院碑铭》)①

2. 镇海军云门山大云寺主僧守忠,本贯沂州沂水县颜温保刘田社胡家庄,俗姓霍。自大中祥符六祀夏四月初,父母听许出家,遂游斯地,聆惠一上人,礼行清廉,性宗严洁,山门秉志,纯顶安禅,经业精研,性情勤肃,守忠方礼为师,头陀苦行,跣足数年,历尽艰辛,曾无疲倦。(志来《云门山僧守忠碑》)②

3. 就其佳处,有院曰罗汉。昔有头陀德钦,戒操甚严,岁腊居久,其徒委散,是身独在。常惧其所将底堕落,愿择高行,属以香火,得永康军大中祥符寺僧义海者付之。至惟简师,凡五世也。惟简性巅洁,所趣端慎;守僧律,作佛事,癯形晦面,不避风雨。远近四众,咸宗仰之。(文同《茂州汶川县胜因院记》)③

---

① 《全宋文》第二册,第357页。
② 《全宋文》第五〇册,第334页。
③ 《全宋文》第五一册,第142—143页。

4. 院僧怀恭特发宏愿，揆日测景，重建于坤位……师作功德之缘，固无□□□侣怀玉、怀宝二人协力以助之。恭师俗姓程，世为农业，既落发，秉性淳谨俭约，不事浮华，轻财利，好施舍。(赵复圭《大宋赵州高邑县乾明院建塔记》)①

5. 长老了如，少年学道，得出世间法，事佛斋众，严整如官府。会方丈遇陨石震坏，众议相与出力鼎新之。了如曰："寺有僧堂，岁久腐桡，蛇鼠所穿，日星下入；风雨之夕，违湿五迁，卧不安席。公等将筑室馆，我孰若营此堂与众共之？"于是杂然称善……自佛法入中国至宋兴逾千年，衡岳、庐阜、钱塘、天台佛僧之盛甲天下。靖康夷狄之乱，一变为茨棘瓦砾之场，僧尼周走道路，怅怅无所向，而偏州下邑，山崖水浚，仙佛所庐，尚有存者。又惧众至不能容，则嗾两夫制挺立其门以拒绝之。甚者营资聚，畜妻子，牧鸡豚以自封殖，俯而啄，仰而四顾，惴惴然恐户外之屦入也。了如独不然，癯身若志，不择所安，更为深檐大屋，会其徒而食之。(孙觌《抚州曹山宝积院僧堂记》)②

真正的得道高僧，是知行合一的。上所举例，诸如"清心炼行""性情勤肃""头陀苦行，跣足数年，历尽艰辛，曾无疲倦""性颛洁，所趣端慎""守僧律，作佛事，癯形晦面，不避风雨""秉性淳谨俭约，不事浮华""癯身若志，不择所安"云云，均从僧人的宗教态度和精神境界层面，突出其本色道人之品质。这些僧人的清心净性、淳素俭约、不避艰辛和勇猛精进，并非有意为之，而一切出于自然、发乎本心；在俗人看来，他们的存在状态枯寂单调、毫无生气，但对于得道的僧人而言，这却是生命的本然状态，其中的快乐是无以言说的。也正是这样的僧人，以其纤尘不染、俊迈洒脱的风神，

---

① 《全宋文》第一四六册，第66页。
② 《全宋文》第一六〇册，第355页。

感染着、影响着后学者，对净化丛林风气、弘扬佛教精神，无疑具有垂范和引领作用。

第二节　对佛陀境界的追求与修为

悟道成佛，是佛教修行者的终极追求。在走向自我解脱的道路上，不同的僧人有着各自不同的经历。宋代寺院碑文全方位、多角度切入僧众的精神世界，为我们描述了他们丰富多彩的心路历程。佛教各支脉在宋代的发展，呈现出不平衡的态势，其中禅宗占绝对主流地位，而以临济、云门二宗为盛，曹洞宗次之；禅宗之外，天台宗、华严宗、净土宗、律宗在宋代都有一定的发展。本节即从宋代寺院碑文切入，对佛教四大宗派僧侣的终极追求境界及其修为，予以分疏。

第一，禅宗。禅宗亦即佛心宗，主张不立文字，见性成佛，修行者通过内省，发现自我，从而获得大解脱。而禅宗之悟，亦非绝待悬空之冥想，而是实证实悟，权实相应，理事一体。诚如王曙所言："后学以像设者有为也，滞于名相；禅般者无心也，曾是空寂。着空弃相，此既失矣；从无入有，彼何得哉？我佛所以启顿渐之门，示悟修之路。顿则顿悟，言语文字之俱非；渐则渐修，六度万行之不舍。权实交应，理事互融。无一物不是于真如，尽十方皆归于己用"（王曙《觉城禅院记》）。[①] 而这种自我观照的悟道方式，是一种极为微妙的心理过程，无有时限，难期成日，有的如电光石火之迅疾，故有"一宿觉"之顿悟；有的如漫漫长夜之暗昧，故有托钵游方数十载，依

[①]《全宋文》第一〇册，第26页。

然无果。因此，禅宗僧人悟道之妙，实出言相。一旦颖脱，获大自在，见大光明，则脱胎换骨，触处成春。兹举七例。

1. 和尚讳盛懃，本姓谢氏，不书其得姓之本末，从释氏也。象郡之寿阳人也。童真出家，北面事象之白容山惟齐禅师。祥符中，以诵经中试，遂得落发。其年，纳戒于桂笼之延龄寺，还白容……遍学衡湘、鄢郢老禅硕师，而独大尽玄旨于德山远和尚。初以云门语句请决于远师，虽叩问勤至，垂三月，远未尝稍辩，尽欲其自契耳。一旦悟已，诣远质之。远师一见即谓之曰："汝已彻矣。"当此，和尚顿觉身超虚空，不觉屋庐为閡，复其立处，即遍体雨汗。（契嵩《秀州资圣禅院故和尚勤公塔铭》）①

2. 师讳德聪，姓仰氏，姑苏张潭人也。七岁舍家，入杭州慈光院，十三受具戒于梵天寺。既而志乐禅寂，参求知识，密契心印。（灵鉴《重迁聪道人墓志铭》）②

3. 咸平中终父母丧，诣益州普安院仁铣师，落发为弟子。大慈寺僧元莹，讲《定慧圆觉疏》，师执卷质问大义。至心本是佛，由念起而漂沈，伺夜入室请益，往复数四，莹不能屈。乃拱手称谢曰："子非滞教者，吾闻南方有得诸佛清净法眼者，子其从之，彼待子之求也久矣。"师于是东出襄阳，至石门聪禅师之席。居三岁，机缘不谐，聪谕之曰："此事非思量分别所解。随州智门祚禅师，子之师也。"师乃徙锡而诣之，一夕问祚曰："古人不起一念，云何有过？"祚招师前席，师摄衣趋进，祚以拂子击之，师未晓其旨，祚曰："解么？"师拟答次，祚又击之，师由是顿悟。（吕夏卿《明州雪窦山资圣寺第六祖明觉大师塔铭》）③

---

① 《全宋文》第三六册，第382—383页。
② 《全宋文》第三一册，第101页。
③ 《全宋文》第六〇册，第157页。

4. 师本绵州盐泉王氏，幼事剑门慈云海亮师，年二十三，诵经得度。始游成都，从讲师。舍之，南至吴越，见净慈大本禅师，久而不悟。本曰："吾畴昔梦汝异甚，汝不勉则死。"师茫然不知所谓。常志南岳思大口吞三世诸佛语，一日为僧伽作礼，醒然而喻。即见本，具道所以然。本曰："汝得之矣。吾梦汝吞一世界、一剃刀，知汝自今始真出家也。"（苏辙《逍遥聪禅师塔碑》）①

5. 礼灵岩通照愿公。得度，受其具足戒，是岁大观元年也。愿公徙徐之琅琊，又从之凡十年。迷闷不能入，益刻苦奋厉，刳心练形，至不知寒暑之变。时圆悟勤公住蒋山，见师书一偈，以大法炬许之。圆悟奉诏住京师天宁，师又持钵而往。会靖康之乱，圆悟还蜀。闻江西草堂清公坐疏山道场，间关兵火，徒步数千里而至。一语之投，忽有所得，如金篦刮膜，表里洞然。（孙觌《长芦长老一公塔铭》）②

6. 七岁礼庆善寺元辨为师，又十年披剃，即遍历丛林，求文字言语外法。首参净慈本，本可之，不留；再参明祖圆，圆如本也，又不留；三参佛光正，正如圆，又不留；四参梁山会，会如正也，又不留。四参识超绝，门庭穿穴，纵横微眇，老禅宿德，有不能屈者，印证许可，前后相继。而师心不自欺，故未几而舍去，谒尊宿凡五六十人。最后参普照英，得法于法云秀，而见保宁勇……自此高视四海，藐焉无人。（张九成《惟尚禅师塔记》）③

7. 师江氏子，蕲之黄梅人。生而奇杰，骨目耸秀。童稚便厌世，故具决定志津济群品。年十七，出家于邑之东禅。明年，为大僧。又明年，杖锡参访，首谒随州水南遂和尚，染指法味，欢喜踊跃。遂遍历湖南北、

---

① 《全宋文》第九六册，第276—277页。
② 《全宋文》第一六〇册，第453页。
③ 《全宋文》第一八四册，第176—177页。

江东西，所至与诸老激扬，无不投契。然师根器远大，不肯得少为足，要求向上钳锤，透顶透底。诸佛列祖，罗笼不住，一著厌满初愿。(李浩《天童应庵昙华禅师塔铭》)①

上举诸例，关于禅僧悟道的描述，诸如"密契心印""醒然而喻""一语之投，忽有所得，如金篦刮膜，表里洞然""染指法味，欢喜踊跃"云云，均道出了禅僧悟道的共同特征，迷与悟即在一念顷、一刹那。迷则流浪生死，如堕雾，似醉酒；悟则云开见日，如醍醐灌顶，似柳暗花明。尤其值得注意的是例一，作者生动准确地描述了秀州资圣禅院盛懃禅师开悟时的心理体验：身超虚空，遍体雨汗。与之类似的描述多见于僧史僧传。兹不赘。例六所谓"高视四海，藐焉无人"，其实就是照见自家本来面目之后的精神境界！

第二，天台宗。所有的佛教宗派，其宗旨都是指向精神的绝对自由。而不同的宗派，各有修行方面的特征。天台宗作为最早诞生的中国佛教宗脉，具有鲜明的个性。从其源流演进来看，其思想源于《大智度论》，经由北朝以来一系列僧人诸如慧文、慧思、智𫖮、灌顶、智威等前后相继的努力，终于形成了一个独具特色的佛学流派。由于此派的思想体系最终形成于智𫖮，而智𫖮的修行弘法之地在浙江台州天台山的国清寺，故谓之天台宗。天台宗教义之主要依据是《妙法莲华经》，故亦有法华宗之别称。基本思想是"一念三千"和"三谛圆融"。一心具有十法界，三千种世间，心之一念，即观三千世界诸法之境；故一切事物均为因缘和合，无有实体，是为空；而其具象宛然无疑，实为虚幻不真，故曰假；空与假是考虑诸法的两个维度，彼此相依，不容偏废，空即假，假即空，空假相即，空假不二，故曰中，是为三谛，三即一，一即三，一三相即，融通无碍，是为三谛圆融。可见，天台宗观照世界，其思维方式，充满精粹的佛教智能：诸法虚幻，万法平等。天台宗僧常

---

① 《全宋文》第二一一册，第42—43页。

常通过诵经讲论的方式，实现悟道成佛之目标。兹举四例：

1. 善由凤植，行无缁磷。及年二十一，尝诵《法华经》。一日，耻乎口道其言而心晦其旨，倏然有学焉之志。而闻天台教法会同一性，主盟群宗。是时，有大法师讳源清者，传此道于同郡奉先寺，遂北面事之。服勤左右者凡十七年。茂名俊业，颖拔侪辈，奉先捐代，而阇梨嗣之，讲道诲人，有父师之风，故后进归之者众矣。（智圆《故梵天寺昭阇梨行业记》）①

2. 师，钱塘人也，姓仲氏，名善升。十岁出家，十五通诵《法华经》，十七落发受具戒……康定中，入天竺山，居日观庵，曰："吾其止乎。"不下山者十余年，诵《莲经》一万过。（范仲淹《天竺山日观大师塔记》）②

3. 法师讳义通，字惟远，德业详诸行状。本海国高丽君族，尹姓……及冠染具，传《华严》《起信》，彼尤仰止。殆壮，游中国，晋天福时也。至，始访云居契悟，嗣业螺溪寂师，了天台宗……会漕使顾承徽舍宅为传道处，第乞额宝云，昭其祥也。既而日扬教观，逾二祀。知礼、遵式，子矜之高者，其余升堂及门，莫可胜记。凡诸著述，并逸而不传。嗟夫！君子曰："天台之道，勃然中兴，师之力也。"（宗正《巨宋明州宝云通公法师石塔记》）③

4. 真宗天禧中普度天下僧尼，法师乃获剃染。明年即具戒品，严奉彝范，深乐圆乘。闻天台之教大振于江左，遂投天台东掖山神照法师而求学焉。昼探妙义，夕奉忏摩，三业翘勤，寸阴不废，故同学辈以"道人"称之。复诣四明广智之门，旁求异闻，博究精义，一坐十载，大有

---

① 《全宋文》第一五册，第280—281页。
② 《全宋文》第一八册，第423页。
③ 《全宋文》第七〇册，第150—151页。

第三章 碑文凝聚的僧侣佛学期待

所成,乃曰:"大师所得,我亦得之。"遂升堂请益,为众激扬,四方向风,群学畏服。复自思曰:"大师所授,吾不复疑矣。若夫圆顿绝待之旨,非深造自得,吾窃不敢自许。"乃优而柔之,积而思之,忽于智者祖师言下廓然自悟,涣如冰释。(元照《秀州超果惟湛法师行业记》)[①]

上所举诸例,涉及的天台宗僧,其修行的过程均以诵经为主,所诵之经以《妙法莲华经》为核心内容。例四所谓"优而柔之,积而思之",终于"廓然自悟,涣如冰释",指出了天台宗僧由修行到开悟的过程,实际上是渐修而顿悟的过程。

第三,华严宗。作为中国佛教八大宗派之一,华严宗因其以《大方广佛华严经》为最高经典而得名。这是一个具有严密繁复思想体系的佛教宗派,故此宗僧人须通过经律论的诵读、参悟而得道。此宗的基本思想为法界缘起,认为宇宙万法互相依存、相即相入、圆融无碍。有四法界:事法界,理法界,事理无碍法界、事事无碍法界。在此基础上形成三观:真空观,无碍观,周遍含容观。神宗时期的章衡在《大宋杭州惠因院贤首教藏记》中云:"昔者无上法王出现于世,以空化执,以福利化欲,以缘业化妄,以地狱化愚,故五蕴九识十八界胶固循环,回复于生老病死之中者,咸归度门。至于妙用无迹,真空无体,本源清净,觉照圆明。即《华严》海会称性极谈,无大无小,同证菩提,恢恢焉,炳炳焉,不可得而思议也。息乎能仁灭而法网散,宗途异而诤辩兴,马鸣菩萨乃造《起信论》,发明大乘,以摧邪说。龙胜得之,开章释义,又入龙宫,诵《华严》,以传于世。帝心尊者应迹终南,挟论集观,以授云华。于时机感尚微,法雷未振,于是,贤首菩萨统一心,宏五教……清凉、定慧二大士又从而演之通之,如贯意珠,圆融无尽……源公以浩博之才,力扶祖训,集注大经,著述疏记,无虑数十万言。始建教藏于苏之报恩、法

---

① 《全宋文》第一一二册,第363页。

华，秀之密印、宝阁、普照、善住。今惠因虚席，又偶当世名公想与协力而兴之，阐扬尤盛，学者如归……宜乎名流天下，化行东表，俾世之言佛法者，知贤首之为正宗。①"此文屡述了华严宗从马鸣、龙树开始，一直到中国华严宗历代高僧的相继嬗演过程，彰显了华严宗的基本思想和教派特征——"集注大经，著述疏记"，对《华严经》作深入整理与研究，在此基础上著书立说，研习教理，弘扬佛法。可见，此宗是通过读经而求取解脱之道。而宋神宗时期（1068—1085）著名文人居士张商英，对华严宗的精神主旨做了非常详明的阐述，他说：

> 夫华严之为教也，其佛与一乘菩萨之事乎？始终一念也，今昔一时也，因果一佛也，凡圣一性也，十方一刹也，三界一体也，正像末一法也，初中后一际也。当处现前，不涉情解，以十信为入佛之始，以十地为成佛之终。十住、十行、十回向、十地、十一地，谓之五位、六位。具十者，以十波罗蜜为之主也。凡五位之因果各五十，加本位之五因五果，为一百有十，所以成华严世界之佛刹，善财童子之法门。华严世界一百一十而加一，何也？一者，佛之位，万法之因也；五位者，所标之法也；善财者，问法而行之之人也；五十三胜友者，五十则五位也，三则文殊、普贤、弥勒也。此经也，以毗卢遮那为根本智体，文殊为妙慧，普贤为万行。方其起信而入五位也，则慧为体，行为用；及其行圆而入法界也，则行为体，慧为用。体用互参，理事相彻，则无依无修，而佛果成矣，故归之于后佛弥勒。十信以色为国者，未离乎色尘也；十住以华为国者，理事开敷也。十行以慧为国者，定慧圆明也；十回向以妙为国者，妙用自在也。种种名号者，智体之异名也，观其名，则知所修之行矣；种种庄严者，性行之依果也。观其果，则知所行之因矣。大悲广

---

① 《全宋文》第七〇册，第182—183页。

第三章 碑文凝聚的僧侣佛学期待

济谓之海，除热清凉谓之月，普雨法雨谓之云，包含万象谓之藏，严其上首，谓之宝髻，因果同时、处世不染，谓之莲华，摧邪见正而不动，谓之幢，悲智中道谓之斋，性愿普熏谓之香。无为而成者，天也；无方而应者，神也；无外而大者，王也；飞潜而雨者，龙也；处生死海而不没者，修罗也；搏根熟众生而至佛岸者，迦楼罗也；凡乎圣乎，疑而不可知者，紧那罗也；胸行匍匐，谦恭利物者，摩睺罗伽也；守护伺察者，夜叉也；同乎恶趣，而灭其贫苦者，鸠盘茶也；法音娱乐者，乾闼婆也。金为坚为刚，为黄为白，轮为圆为满，颇梨为莹彻，琉璃为明净。无垢谓之摩尼，漉沈拯溺谓之网，高显挺特谓之茎干，开敷覆荫谓之华叶，含育利生谓之宫殿，观照之根谓之楼阁，无畏谓之师子，超尘谓之台榭，出俗谓之比丘，入鄽谓之居士长者，同乎外道谓之仙人婆罗门，慈而无染谓之女，以悲生智谓之母。此《华严》事相表法之大旨也。（张商英《太原府寿阳方山李长者造论所昭化院记》）[1]

通过上所举例，不难看出，华严宗僧比其他佛教宗派，尤其是禅宗，要具有更高的文化修养。它要求此宗僧人，不仅深入探究以《华严经》为主的佛教经典，而其理论体系宏大而细密，名相概念如满天繁星，令人目眩神迷，华严宗僧即须从此悟入，以至于获得大自在的境界。这实在不是一般的修行者所能企及的。此宗高僧多为佛学学者，著书立说，讲论不辍。如："师字宁道，姓王氏，世为绍兴山阴人。幼岁，从钱清保安院子尧道人得度，出游四方，从道隆、师会、景崇三师，授《华严》义，尽得其说。至超然自得，出入古今、不妄随，不苟异，三师盖莫能屈也。众请住戒珠省院，未几弃去。时大慧禅师宗杲说法阿育王山，师慨然往造其居，所闻益广，学者宗之。起住妙相，徙观音，复还省院，皆萧然小刹，羹藜饭豆，人不堪其枯槁，然著

---

[1] 《全宋文》第一〇二册，第182—183页。

111

书不少辍。若《金刚般若经解》《法界观图会》《三归一章》《庄岳论》已盛行于世，余在稿者犹数十百篇"（陆游《定法师塔铭》）。① 大概这也是华严宗盛行于唐，而很快趋于式微的主要原因。

第四，与华严宗相比较，净土宗在宋代的发展，却呈现出更旺盛的生命力。这主要由于其修行方式的简便，适合于任何人群，没有华严宗那种繁缛精深的思想体系。此宗因源于大乘佛教之净土信仰而得名，以《无量寿经》《观经》《阿弥陀经》为正典依据，以东晋慧远大师为初祖，专修往生阿弥陀佛净土法门。其主要的修行方法是称念佛名，故亦谓念佛宗，其终极追求在于凭借一念诚心、弥陀愿力，往生西方极乐净土。宋代寺院碑文在叙及净土宗僧时，传达了此宗之修行状况。兹举三例如下。

　　1. 弥陀教观载于大藏，不为不多，然佛化东流，数百年间，世人殆无知者。晋慧远法师居庐山之东林，神玑独拔，为天下倡，凿池栽莲，建堂立誓，专崇净业，号为白莲社。当时名僧巨儒，不期而自至，慧持、道生，释门之后彦，刘遗民、雷次宗，文士之豪杰，皆伏膺请教，而预其社焉。是故后世言净社者，必以东林为始……呜呼！明教观孰如智者乎，临终举《观经》、赞净土而长逝矣；达法界孰如杜顺乎，劝四众念《佛陀》，感胜相而西迈矣；参禅见性孰如高玉、智觉乎，皆结社念佛，而俱登上品矣；业儒有才孰如刘雷、柳子厚、白乐天乎，然皆秉笔书诚，而愿生彼土矣。以是观之，自非负刚明卓拔之识，达生死变化之数者，其孰能信于此哉！近世宗师公心无党者，率用此法诲诱其徒。由是在处立殿造像，结社建会，无豪财、无少长，莫不归诚净土。若观想，若持名，若礼诵，若斋戒，至有见光华、观相好，生身流于舍利，垂终感于

---

① 《全宋文》第二二三册，第267—268页。

善相者，不可胜数。净业之盛，往古无以加焉。（元照《无量院弥陀像记》）①

2. 不愿生净土则已，愿生净土则无不得生；不生则已，一生则永不退转，世尊所谓阿鞞跋致阿惟越致者欤？夫具缚有漏，凡夫初凭信念，得生彼土，而三毒邪见，未能顿忘。何以知其不退转耶？盖以弥陀愿力常所摄持，大光常照，上善常聚，寿命永劫。水鸟树林，风声乐响。演畅妙乘，闻其声者，念佛念法念僧之心，未尝闻断故也……其于念三宝之心，可谓不敢间断矣。入是道场者，观一切相为非相，则能见弥陀之全体；观一切法如幻法，则能入净土之真境；观我身之无我，则能具比丘之正见。故从一如来而见无量如来，入一净土而周无量净土，悟一法身而融无量法身矣。无念而念，无证而证，无修而修，净土果海，岂易量哉！（杨杰《建弥陀宝阁记》）②

3. 阿弥陀佛石像者，哀男清孙之所刻也。清孙始二岁，予游宦巴蜀，于马上抱持之。凡过神宫佛庙，必叩其首以礼焉，知其夙习宗尚神理佛事远矣。六岁，见官寺壁有书大字者，则以甲画地而摹焉。因授以短卷，使习之。常至子夜，寐熟笔落，乃肯就寝，十余岁，已学缀文，通诵《书》《易》，而尤喜浮屠说。一旦书门屏曰："花外月常满，林间叶自凋。"予读之，以为不祥。其明年，改元元丰，七月，补广文生，将就试开宝寺。九月七日，以疾殁于东都，年二十二。哀哉吾儿！……以其平生所游，最乐香山之胜，故龛□于佛室之前，镂其容于旁，以追荐之，冀其□生复寻兹境。（常景《造像记》）③

上引例一追溯了净土宗的历史源头，叙述最初时期的发展状况，陈说净

---

① 《全宋文》第一一二册，第344—345页。
② 《全宋文》第七五册，第241—242页。
③ 《全宋文》第八四册，第341页。

土修行的诸多形式如若观想、若持名、若礼诵、若斋戒。而以《观经》《佛陀》等为典据,以结社念佛为途径,以归诚净土为鹄的。唐代以来,诸多文人儒者如柳子厚、白乐天等虔心皈依,尤其是到了北宋晚期,净土宗日趋兴盛。文人居士杨杰在《建弥陀宝阁记》一文中,对净土宗的修行,从理论层面做了透彻的阐述,指出念佛之实质在于"无念而念,无证而证,无修而修"。例三则以一具体个案,反映民间社会对净土宗的接受和实践。作者作为一介寒士,游宦巴蜀,浪迹萍踪,因其爱子早逝,而伤痛不已,于是通过雕造阿弥陀佛石像,供奉于佛室,以追荐爱子之亡灵,希望他永离苦境,受佛护佑。

综上所论,虽然佛教各宗派秉持的基本信念相同,其终极目标皆在于现世人生苦难之超越,对绝对的精神自由之追求,亦即对佛陀境界的神往与趋近。但由于修行方式各个不同,不仅为我们呈现了丰富多彩的思想观念,更为重要的是,让我们认识到,修道成佛何以可能,其途径如此多样,从而为世人走向佛陀之境,提供了多向度的自由选择。

第三节 对高僧大德的缅怀与礼赞

马克斯·韦伯说:"经验的现实世界(基于宗教性要求而形成的)与视此世界为一有意义之整体的概念之间的冲突,导致了人的内在生活态度及其与外在世界之关系上最强烈的紧张性。"[①] 这种紧张关系,即彰显了宗教启蒙者的意义和使命。对于佛教而言,得道高僧便是帮助世人消解此种紧张的关键

---

① [德]马克斯·韦伯:《宗教社会学》,康乐、简惠美译,广西师范大学出版社2011年版,第77页。

角色。他肩负着引导芸芸众生穿越必然走向自由的重任。因此，对于渴望摆脱俗世枷锁，获得精神解放的世人而言，高僧大德总是其景仰的导师和楷范。宋代寺院碑文对此内容多有涉及。从作者角度考察，对境界高远、冰霜其姿的本色道人之礼赞，大致可分为丛林和世间两个方面。本节即循此思路予以分疏。

一　丛林视角的高僧面相

在佛教中人的心中，究竟具有什么样的精神面向，才是他们肯定和礼赞的对象，这是一个很值得研究的问题，它不仅意味着一般僧侣对得道高僧的期待，也意味着其自我理想形象的期许和形塑。兹举四例如下。

1. 长老乃曹溪一派，雪岭一人。折雪里一朵梅，移来海峤；分曹源几滴露，下波嵁峰。人既去，而名长存，塔且在而灵尚俨。今斯大德，乃禅派子孙也……无名利而片衣片食，有钱财而一功一德。（法珍《大宋国登州牟平县归化乡铁山里敕赐存留玉林院殁故院主大德碑幢记》）[①]

2. 师讳法灯，字传照，成都华阳王氏子也。自幼时则能论气节，工翰墨，逸群不受世缘控勒。年二十三剃落于承天院，受具足戒。即当《首楞严》讲，耆年皆卑下之。时黄太史公谪黔南，与圆明游相好，每对榻横麈，师必侍立，看其谈笑。公抚师背，谓圆明曰："骨相君家汗血驹也，他日佩毗卢印，据选佛场者，必此子也。"常夜语及南方宗师，公曰："今黄龙有心，泐潭有文，西湖有本，皆亚圣大人，曹溪法道所在。或欲见之，不宜后。"……师乃伏膺庀止，承颜接辞，商略古今，应机妙密，当仁不让。师资相欢，不减沩山之与寂子，赵州之与文远也。大观之初，楷公应诏而西，三年，坐不受师名敕牒，缝掖其衣，谪缁州。师胼足随之，缁之道俗高其义。太守大中大夫李公扩，虚太平兴国禅院以

[①]《全宋文》第九册，第291页。

居之。于是，洞上宗风盛于京东。（惠洪《鹿门灯禅师塔铭并序》）①

3. 公磊落人，天资夙与道合。余尝执其手与之登高临深，虽千仞之渊，无极之崖，婆娑其间，不见其颠阾悸栗之状。识度深远，不妄与人交，交则示人以肺肝。精通内外书，出语奇峭，亦不以介意。惟衲子不堪其淡泊，望望然去之。公谈笑自如，尝谓余曰："我岂以佛祖为奇货而求售于今人也！"（宝昙《雪林彦和尚塔铭》）②

4. 公名达观，号息庵，婺之义乌赵氏子。高曾皆衣冠。年十二，喜佛书，勇舍世俗家，父母成其志。受业于县之法会寺僧正觉，欲超大方，凡鼎望利养非本色衲子住处，往往过门则掉头。若正因保社，穷乡退徼，越岭海，犯霜露，跰足糇粮，寻访不惮远。（居简《天童山息庵禅师塔铭》）③

上所举例，皆为对已灭度之禅宗僧人的传写。在丛林中人看来，受人敬仰、值得礼赞的僧人，一般具有如下品质：不慕名利，虔心向道；以弘传佛法为己任，敢于面对一切艰难；内外兼修，宁静淡泊，志在高远；襟怀洒落，识度深弘，有操持，不媚俗。尤其值得强调的是，本色、超然、坚定，是寺院碑文之丛林作者对禅僧的精神期待；大凡具有这种品质的僧人，都能获得肯定和礼赞。其实，不同宗派的丛林作者，对此有不太一样的观点和认识，与禅宗相比较，丛林作者对天台宗僧的期待，具有其独到之处，兹举两例如下：

1. 师讳羲寂，字常照……年十九受具，业律于会稽……自唐武宗焚毁，微言暂污，传持中废。而能苦心研味，在处宣通，制科考文，诲人

---

① 《全宋文》第一四一册，第2—3页。
② 《全宋文》第二四一册，第192页。
③ 《全宋文》第二九八册，第408页。

第三章　碑文凝聚的僧侣佛学期待

无倦。居山四十五载，禀学二百余人。(澄彧《净光大师塔铭》)①

2. 师永嘉人……少厌俗，礼常宁寺尚能为师，能即天台十三世之祖师。自剃染禀戒，四出游学，投足于钱唐天竺慈云之门。敏锐超伦，美声外溢，先达晚进，慑然敬服。其次历叩诸方，道不我合，卒诣天台东掖山，遇神照法师，服勤北面，遂嗣其居焉。自是磨砻所业，优柔至理，凤植既深，豁有所发，乃掷去浮末，研几根底，统宗会异，一其指归。五时之教，权衡于《法华》；一家祖乘，梗概于《止观》。故其所韫不可测，其所学不可究，其辩论不可穷。每一临座，发言有诣，举事炳焕，听者莫不惊耳动目，扬声称善。缙绅先生、博雅论士，求之讲道，终夜竟日，莫知所诣。师虚以待物，慈以容众，青青子衿，憧憧而奔，踵门扣道，若大旱之望云霓，婴儿之慕母乳，未足为喻。(元照《杭州南屏山神悟法师塔铭》)②

寺院碑文常以塔铭、墓志铭、碑铭等形式，为一位已经灭度之高僧传写其修道弘法之行履，可谓盖棺之论。于此可见作者对此僧之评价，亦可借此揆度其佛教伦理、价值观念。上所引例，关涉天台宗僧，作者澄彧、元照均为此宗名僧，尤其后者，作为天台宗重要人物，声名显赫，著作丰硕，影响巨大。在天台宗僧看来，作为僧人，应该苦心探研经律之论，究竟其底里精蕴；在此基础上，虔心弘化，诲人不倦；与此同时，能够身体力行，虚以待物，慈以容众，为引渡世人之津梁。与天台宗关系密切的净土宗，则对心怀诚意的僧人拳拳服膺："师云：'事贵在诚，傥真诚一发，尚能关感诸佛，何檀信而不能动耶？况汝亦能创建妙触宣明之室，使人咸悟水因成佛子住，此得非诚之所致乎？'清润一闻斯语，拳拳服膺"(清哲《延庆重修净土院

---

① 《全宋文》第七册，第53页。
② 《全宋文》第一一二册，第371—372页。

117

记》）。① 又如，"凡遇知法有道之士，钦羡敬服，避席请教，一有所闻，则忻然顶受，拳拳不敢忘。于是经律论藏、戒定慧学，皆薄知其梗概。中年闻净土教观决能超绝诸有，至无退转，自是专勤礼诵，凝神系想，日无虚度。师天资质直，不喜巧言谄容，迎合人意。历掌众事，而公白廉慎，上下悦伏。身无妄为，语不轻发，道俗往还，止以因果死生之理以相警励。由是闾里向风，率从善诱"（元照《东林禅慧大师行业录》）。② 其他如华严宗、律宗等所记甚略，兹不赘述。

二 士林角度的高僧形象

毫无疑问，中国佛教的发展，向来与文人士大夫阶层的扶持分不开。无论从个人的精神皈依层面，还是从主流意识形态的考虑，对得道高僧的期待和礼赞，都是士林关于佛教的核心话题。宋代寺院碑文中，由文人执笔撰写的相关作品，反映出他们对这一问题的持续性关注，透过文字描述，文人士大夫心中理想的僧人形象，逐渐清晰而丰满。兹举四例予以分析。

1. 佛日益盛，徒日益繁，则当其异行之士奋臂而出，力树塔庙，以广弼其法之兴。就其实而言之，则隆塔庙，诚佛事之末；苟以时观之，能恢赫显灼，使人见之，起恭生信，则无如塔庙助佛之大。故虽穷远僻阻、川涂所在，必有佛之塔庙以瞻向于俗也……永昌绍成师志，罔有暂懈，悉心募力，未几而阙饰云具。其范铁涂银、颖然而擢立其端者，是曰相轮；其栋石甍瓦、翼然而周蔽其址者，是曰散水。计二事役费，于浮屠亦三之一焉，皆永之为也。永其可谓善继师之勤矣。较三四释之功，是则肇于志而基于荣，克成于微而大备于永，虽经始营为，殊先后巨细，其因作之迹，则皆有力于塔者，其所谓异行之士欤！（穆修《蔡州开元寺

---

① 《全宋文》第二四一册，第 289 页。
② 《全宋文》第一一二册，第 361 页。

第三章　碑文凝聚的僧侣佛学期待

佛塔记》》)①

2. 禅师讳自宝，庐州合肥人，姓吴氏。生有奇相，幼不同俗，弱龄出家寿州普宁禅院，智柔大师授以经律。初具戒腊，已抱出群之见。蹑履游方，遍参知识，蕲州五祖山戒禅师、驸马都尉李公遵勖，素所友善。……寻至筠州洞山，自唐而来谓之洞上，长老晓聪，有名江左，匙师通悟，堪嘱后事，乃白于州，愿以法度传之。……江南号为江山佳丽甲于天下，其岩岫峻拔，磅礴千里者，庐阜为最。梵刹相照，其间名古道场者，山之阳则曰归宗，据云水之都要；山之西则有云居，览泉石之幽邃。皆学佛之所辐辏，统领苟非其人，则去者半矣。今丽正直院祖君无择、河东部宪程君师孟，并著好贤乐善之名，继守南康军，祖召师临归宗，程徙师主云居。咸率群官列名而邀之。……后二十岁，凡四徙禅席，而终于归宗。乃知有才德者，无意于隐显，而人自归之，名自从之。观师之出处，真无求于人，古之有道者也。初以驸马李公荐其名而赐紫方袍，皇佑中，特恩赐号妙圆大师。（余靖《庐山归宗禅院妙圆大师塔铭》）②

3. 师讳法宝，姓王氏，遂州小溪人。九岁，舍家师兴圣院主从简。二十，落发为比邱僧。二十三，学法于四方，所见非一，如泉山之栻，黄檗之南，云居之宝，禾山之才，世所谓大善知识者，师皆历问焉。有所未达，废食与寝，必通而后已，得其道则顾而之他。后所参师，不知师之常有得也。所与众处，不见师之少有异也。平居常宴坐，计昼夜之分，寝才十之二三，不解衣，左右胁未尝贴席，如是者终其身。师三游洛阳，始至洛，人不知其禅者也，再至则洛人知有般若波罗者矣，三至则又知有不得般若之为般若波罗密者矣。然其应世之密用，观机之普诱，则莫得而拟议也。洛中贤士大夫从师游者甚众，未必尽师之道，但爱其

---

① 《全宋文》第一六册，第37—38页。
② 《全宋文》第二七册，第162—163页。

119

行高而气和，言简而理尽耳。太师文潞公表其行，赐紫方袍，然退居但衣坏色而已。（韩维《善觉寺住持赐紫宝师塔铭》）①

4. 当是时，天下之士学为古文，慕韩退之，排佛而尊孔子，东南有章表民、黄聱隅、李泰伯，尤为雄杰，学者宗之。仲灵独居，作《原教》《孝论》十余篇，明儒释之道一贯，以抗其说。诸君读之，既爱其文，又畏其理之胜而莫之能夺也，因与之游。遇士大夫之恶佛者，仲灵无不恳恳为言之。由是排者浸止，而后有好之甚者，仲灵倡之也。所居一室，萧然无长物。与人清谈，亹亹至于终日。客非修洁行谊之士不可造也。（陈舜俞《明教大师行业记》）②

寺院碑文中对禅僧的传写最多，上所举例，比较典型地表达了士林的态度。在他们看来，值得肯定和礼赞的禅僧，应该具有这样五种品质：其一，勤于修行，务求自得；其二，志在弘法，心无旁骛；其三，经营寺院，殚精竭虑；其四，安贫乐道，悠然尘外；其五，终身行道，从不懈怠。这样的僧人，才称得上是真修行，能担荷，才能洁身自好，自度度人。宋代许多文人不仅与禅僧过从甚密，而且与其他佛教宗派的僧人有丛林之游，或者接受其思想，如华严宗。例如，曾旼《宋杭州南山慧因教院晋水法师碑》云："法师名净源，字伯长，自号潜叟……年二十三，依东京报慈寺海达大师，以泛恩得度。明年，受具足戒。自是朝夕佛事，无复异念，负笈求法，百舍重趼。初受《华严》经观于华藏大师承迁，次受李通玄《华严论》于横海明覃……法师遍参兼听，本末全尽……所诣讲席，闻一知十，得意象外，游刃无间。旧德叹仰曰：'此教海义龙也。'圆融一宗，经观论章，与其疏记钞解，凡数百万言"（曾旼《宋杭州南山慧因教院晋水法师碑》）。③ 作者叙述了华严宗著

---

① 《全宋文》第四九册，第224页。
② 《全宋文》第七一册，第98页。
③ 《全宋文》第一〇二册，第283页。

名高僧晋水法师淹贯浩博的佛学修养，以及融通为一的华严境界。由此可见，华严宗僧当深入论究以《华严宗》为主的相关佛典，并能融会贯通，形成圆融无碍而且博大精深的华严思想体系。所谓"得意象外，游刃无间"，即对华严宗高僧的精神境界之礼赞。

对天台宗高僧的礼赞，同样见录于文人所撰的寺院碑文。例如，吕益柔之《胜果寺妙悟大师碑》云：

> 师讳希最，族姓施，世为湖州人。其母感异梦而生，乳中遇相者曰："是子骨法异常，勿染于俗。"因舍之出家，依郡之广化寺僧宝新为师。四岁遇天禧霈恩，祝发受具足戒。十五岁学天台教于钱唐名师慧才，尽得其学，悉明奥义。慧才善之曰："天台教门又得人，宗风益不坠矣。"擢居上首，缁流竞名者爱而畏之，号曰义虎……呜乎，怪哉！余尝读《高僧传》，至于法兰精勤经典，山中神祇皆来受法，人谓德被精灵，余窃疑其诞。及观此，则知佛慧神通，足以斥阴妖之灵响，拔重泉之沉魂，明暗两途，各获安利矣。夫怪者圣人所不语，将为后世好诞者戒也。然孔子尝谓"敬鬼神而远之"，又曰"幽则有鬼神"，是岂以鬼神为无哉？[①]

此处借胜果寺天台宗妙悟大师念动佛咒、伏鬼祛魅之神通，彰显天台教息念静心之功力，从而肯定妙悟大师的道行之高深。与天台宗关系密切的净土宗，其高僧之景行美德，同样获得士林文人之青睐，如晁说之在《宋故明州延庆明智法师碑铭》中云："元祐间，高丽佑世僧统义天者，聪明瑰伟之士，初为嘉兴源公而来，才际海岸，见师升堂，闻未尝闻，咨嗟失色，且叹曰：'中国果有人焉。'既而义天接谈，辩者累夕，倾其所学，欲折其锋，竟不得毫发。主客杨次公多之，为师作真赞，以师为玉池莲中之人。盖师每以

[①]《全宋文》第一二九册，第289—290页。

净土法门诱进学者，欲使人人知释迦有净土，弥陀来秽土。"① 此处晁说之生动讲述了明州延庆明智法师，以其通脱的净土思想，折服高丽僧统义天的历史事实，礼赞之意，洋溢在字里行间。

三 平民视野的高僧影像

在宋代寺院碑文的作者序列，布衣平民很少，只占到大约6%，但仍然能够从相关文章中，看到这部分作者笔下的高僧影像。无疑，这样的文字为我们了解民间对佛教及其布道者的态度和期待，提供了重要信息。兹举六例：

1. 岁月寖深，炎凉迭换，严风之所击，暮雨之所摧，柱石不支，栋宇将桡。宝元元年春，常院住持二人巨发大誓愿，且曰："诚不至，则功不立，功不立，则殿不成；殿不成，则为佛弟子能无愧乎？"由是遍历乡间，广募檀越，拳拳善诱，恳恳勤求。日往月来，积微至著，遂度财命匠，揆日庀徒。离娄炫艺而督绳，班瑜效能而挥斧。经始于戊寅季夏，告成于己卯孟秋。（曾孝基《广严院记》）②

2. 废兴有时乎？吾不敢知，而理存焉；行为在人乎？吾不敢知，而义见焉。知其可而进之，能尽其力与心，以不堕于悖。夫然，故事得而道顺，顺斯行，行斯立矣。戛戛之诚，自我茫茫之数。自彼未之至，而不忘于图前，惟其分之循耳……熙宁之季，院之尊宿相继迁寂，今仔扶师独主梵呗，年少刻苦，以戒律为己任，民之佛事待师而足，于是院有昌新之势矣。元丰六年七月己巳，院南居人姜君惟积初为之建殿，凡土木丹青石甓所集，费钱四十万，其规剑之雄，工巧之妙，皆绝常手。殿之成，香像亦从而具矣。是岁十月辛酉，又为之起僧堂，起外门，其财用不在四十万中。普安为院，壮丽垂全矣……谓姜君之为善，仔扶师之

---

① 《全宋文》第一三〇册，第346页。
② 《全宋文》第二三册，第55页。

第三章 碑文凝聚的僧侣佛学期待

持教各能尽其心力，以相遭于此时，使普安为院，勃焉兴且盛，是岂特人谋之至，殆亦理之会欤！（吕南公《普安院佛殿记》）①

3. 师名清则……是春久旱，捐己衣资□天齐会，炷香七枚于顶，为四民忏念。寂坐寺□，不食七日，阴云弥布，乃自剽手一指以祷。雨既大降，且广且足，□是缘行有声，豪侠贡士皆钦服其德。（怀素《宋禅师清则塔记》）②

4. 师讳惠清，俗姓周氏，世为河内赵□村人。凤植善本，幼喜佛宗，聪悟过人，加之谨愿，年二十六岁解《百法论》得度出家，与法弟惠普、惠显共居兹院，而师主之。焚修精勤，迥越伦辈。凡有赈废，众目睥睨而不敢措手者，悉力营饰。仍凿石崖，创起重阁，广严崇奉，缁徒云会，檀施莫给。师因捐家田之膏腴者二百七十亩，充院常住，迄今俱存。值岁大旱，乃遣善知识诣龙州谷，去曼殊室□水瓶挈归院道场供养，甘泽浦洽，百谷以成。后置水溪峡，俾福斯民，疾病雨旸，有祷辄应，无异曩昔。（李世美《净安禅院祖师清公和尚塔记》）③

5. 遍游诸方，至洛京，精搜华严教旨。犹以为未也，遂捐弃□□□□陈言，入不二门，求无上旨。凡名蓝胜刹，不怠寻访，高行大士，莫不信礼……振锡西归。未几，属报恩禅寺，久之，住持。郡守刘公□说之，请为国开堂。天人普筑，敷畅法音，洗涤尘垢。无贵贱小大，咸叹□□得未曾有……铭曰："师之过来，与人为徒。敷道演法，祛蒙觉愚。师之过去，与化为人。四通八达，无在不真。生耶死耶？天乎人乎？片月澄水，孤云太虚。"（黄觉先《弘法沙门海禅师塔铭》）④

6. 以杲天资谨愿，善自植立，足堪传法之嗣，乃为经营度牒，岁在

---

① 《全宋文》第一〇九册，第305—306页。
② 《全宋文》第一二五册，第200—201页。
③ 《全宋文》第一六七册，第112页。
④ 《全宋文》第二一四册，第203页。

庚申，敕下，遂得篦圆顶方袍列，自是镕冶俗障，内照反观，知与一劫人结欢喜缘，一毫不与比比者较，故知院事。时朝廷用兵，调度日迫，凡释道度牒悉责其直，悟杲内竭诸己，外资于人，乃得一，而遽为师兄道晓者诡谋取之，以度其门徒智谦，遂忍为其取，不以为憾。至本院更造不一，皆能发勇猛心，以赞厥事，建藏宇，修钟楼，庄塑彩绘无不与焉，其费甚剧，皆所不吝。凡佛迹所寓，尤不敢坐视其败，一日，忽叹曰："侄保义苟宏建观音堂于东嵫之上，日久渐骧，当修旧起废，力为一新。"既而告成，因语人曰："僧非俗比，一文以上不可吝其藏，盖将以无尽力，与佛结无尽缘也。"吁，持心如是，悟杲真无负于释氏教哉！（苟申《法济寺僧悟杲碑》）[①]

一般说来，普通的民间百姓很难与著名的高僧正面接触，并且普通民众对精深的佛教教义不易理解，也未必感兴趣。因此，宋代寺院碑文中，平民笔下的僧人，常常并非声名籍籍的大德，而多半为名少见经传者，但一定是值得一书的布道者。当然，同样为民间作者，由于文化水准不同，对佛教的认识有异，平民视角的僧人形象呈现出了丰富的立体面向。从上所举诸例可见，为老百姓所肯定和礼赞的僧人，大致具有如下三种品格：其一，对寺院的兴旧起废不辞辛劳，多方奔走，长期不懈，如例一、例二、例三和例六；其二，为解除民间百姓由于自然灾害造成的疾苦，而不遗余力，如例四；为修成正果而历游诸方，遍参硕德，自度之后，弘扬佛法，慈悲度人，拳拳于斯，无有稍息，如例五；其三，超尘脱俗，断灭名利，本色虔诚，如例四和例六。比较言之，民间作者对佛教和僧者的期待，更倾向于形而下层面，具体而务实。换言之，就是寄希望于当下物质层面问题的解决，而较少关注精神的终极栖泊与安顿，从而彰显了民间佛教诉求的文化特征。

[①] 《全宋文》第二八七册，第185页。

综上分析，宋代寺院碑文对高僧的礼赞，因作者的文化身份不同，对佛教的理解和期待相异，而呈现出多元化面向，从而为我们理解佛教与中国社会的融合，形成多维度多层次的话语形式，提供了一个独特的视角。

第四节 普度众生的慈悲情怀

《大智度论》云："大慈与一切众生乐，大悲拔一切众生苦。大慈以喜乐因缘与众生，大悲以离苦因缘与众生。譬如有人，诸子系在牢狱，当受大罪。其父慈恻，以若干方便，令得免苦，是大悲；得离苦已，以五所欲给与诸子，是大慈。"[①]《涅盘经》亦云："大慈大悲，名为佛性。何以故？大慈大悲，常随菩萨如影随形。一切众生，必定当得大慈大悲。是故说言一切众生悉有佛性，大慈大悲者，名为佛性，佛性者名为如来。"[②] 可见，佛教面对芸芸众生之际，其文化价值即在于慈悲，且是大慈大悲，绝非小恩小惠，从根本上解除世人的精神枷锁，使之获得心灵的解放。正如南宋高宗时期的冯檝所言："今世之所谓高僧者，莫大乎阐扬教典，传授祖灯，护戒精严，存心慈忍，禅定不乱，精勤匪懈，身不衣帛，囊无积财，力兴丛林，善荷徒众，长斋不昧，坐脱立亡，有一于此，号曰名德"（冯檝《净严和尚塔铭》）。[③] 慈悲情怀是考虑佛教中人精神境界的基本元素。但实际上，唐宋以降，随着佛教的世俗化，丛林已非净土，僧人在精神面貌上也在分化。大致可以分为这样的三个层次：

[①] ［古天竺］龙树造《大智度论释初品大慈大悲义》第四二，鸠摩罗什译，《大正藏》卷二五，第 256 页中。

[②] （宋）慧严等依泥洹经加之《大般涅盘经》卷第三〇，鸠摩罗什译，《大正藏》卷一二，第 802 页下。

[③] 《全宋文》第一八一册，第 155 页。

一是毫无修为，仅仅是披着僧衣的俗人，这是最低的一个层次；二是仅停留于自度阶段，不忘初心，自持自适，超然世外，罔及其余，这是属于中级层次；三是自度度人，在始终坚持佛教立场的前提下，致力于布道弘法，唤醒世人，身体力行，终身不怠，此为最高层次。本节主要着眼于弘法度人层面予以论究。

宋代丛林常感叹佛教于当时已然处于末法时代，因此，在滚滚红尘之中，人们格外期待得道高僧能够力挽狂澜，拯济日趋痿痹的丛林。从寺院碑文中，我们也能深切地感受到这一点。例如，高宗时期的曹勋就非常明确地表达了这种认识，他说："佛者非特示其徒草衣木食，从事枯槁，蹈虎狼之区，与物外为友而已，盖将使修身八戒，传持三学，续佛慧命，作新人天。若但守赤轴梵呗，冥行愚接，不造诸佛境界，亦非其徒也。惟师苦身灭性，死心忘生，夙于贤劫会中尚志而出，遂与天子宰相讲论至要，廓然大观，以己之天开人之天，骞然高举，出于其类而拔其萃，一意愿力，铺张宗乘，修六度，备万行，止作观以明空幻之法，俾本性灵承，安静无住"（曹勋《天竺荐福寺忏主遵式敕赐师号塔名记》）。[①] 曹勋认为，僧人的意义不仅仅在于修行中的能吃苦、耐寂寞、常避世，更重要的是能够体悟佛教之真谛，续佛慧命，开人之天。职此之故，真正的本色道人，都能够勇猛精进，普济人天，且但凡在救度世人方面表现突出的僧人，总能获得肯定。例如：

> 政和八年夏五月乙未，芙蓉禅师以偈示众，书遗诫，付嘱门人，沐浴更衣，吉祥示寂。越三日丁酉，荼毗，收灵骨。秋九月甲午，塔葬芙蓉湖。后七年，住持大洪山慧照禅师庆预，师之受业高弟、嗣法的孙也，念湖山远在海隅，奉塔庙之礼常缺，喟然叹曰："吾昔尝侍老师住大阳，迁居此山凡五年，天下衲子辐辏云萃，不远千里而来。当时升堂入室者

[①]《全宋文》第一九一册，第75页。

第三章 碑文凝聚的僧侣佛学期待

散之四方，皆续佛寿命，为人天师。今住世者如焦山成、大隋琏、鹿门灯、石门易、宝峰照，即其人也。(王彬《随州大洪山崇宁保寿院十方第二代楷禅师塔铭》)[1]

此处所及之芙蓉道楷禅师，为北宋后期曹洞宗著名高僧。因道行高深，历住大刹，引得天下衲子，辐辏云萃；并且高徒辈出，各住道场，而成四方丛林，使得曹洞一宗呈现中兴气象。可见，高僧之普度众生，其第一层意义，即在于僧徒众多，龙象辈出。其第二层意义在于，影响广大，成为天下学人向慕与问道的目标，也是天下僧众修行的楷模，他的存在就是现身说法，为后进晚学指明了切实可行的方向。芙蓉楷作为一代高僧，其普度众生之贡献自不待言，而那隐没在历史深处的无名者，往往仅仅通过一篇寺院碑文，亦能彰显其修行弘道之功德。例如，宋徽宗时期的尹称孝在《芮城县寿圣寺戒师和尚润公塔铭》一文中写道："和尚名惠润，生于太原之平晋……改治平之四年，会绍天皇帝诞节，试天下僧尼童，而师以诵经得度。以是年三月祝发，且从其府之资圣院式坛受戒，自是检身持律，以不见道不足以偿出家之本意，乃趋西都龙门，就真戒大师悟真而学焉。由熙宁庚戌，终丙辰，更七春秋，而尽得其业。所通经论，若唯识之秘言，法华之妙旨，靡不该究，为众所推。盖其警悟开明，精进勇力如此。蒲之普救，知名寺也，师始往升座讲说，后学之徒，听者以百数。复从其郡开元寺法师因公授大乘戒，是为戒师……所度弟子智深而降，凡一十七人……门人智演、智光、智盛、智轮、智宝、智浩、智明、智圆、智淋、智雅、智文、智广、善琮暨师孙、师赞、师敏、智岳、师计、师海、师真、智隐、智岩、师正、海云共建"(尹称孝《芮城县寿圣寺戒师和尚润公塔铭》)。[2] 又如，高宗时期（1127—1162）的曹勋亦云：

---

[1] 《全宋文》第一五四册，第 320 页。
[2] 《全宋文》第一四三册，第 194—196 页。

"师年八十有二,僧腊六十九夏,住十一刹,所度小师逾二百人。嗣其法者二十人尔"(曹勋《净慈道昌禅师塔铭》)① 都属于此种情形。

无论是声名远播者,还是默默无闻者,大凡具有普度众生精神和情怀的僧者,有怎样的具体表现呢?兹举四例予以分析。

1. 法智大师名知礼,字约言,金姓,世为明人。梵相奇伟,性恬而器闳……偶岁大旱,师与遵式、异闻二法师同修金光明忏,用以祷雨,三日雨未降。于是撤席伏地,自誓于天,曰:"兹会佛事,傥未降雨,当各然一手以供佛。"佛事未竟,雨已大浃。……尝偕十僧修妙忏三年,且日以忏罢,共焚其躯,庶以激怠惰,而起精进。(赵抃《宋故明州延庆寺法智大师行业碑》)②

2. 青识其法器,师一日凌晨入室,青问:"天明未?"师曰:"明矣。"云:"明则卷帘。"师从之,顿尔开悟,心地洞然。遂以所得白青,青题之,留侍巾匜,颇有年数。逮青顺世,又从圆通、圆照二禅师游,二公甚器异之……师普施法雨,远迩悦服……师志尚闲远,安于清旷,恳还林泽,朝廷重违其请,听以意径诣嵩山,旋趋大阳……师勤于诲励,晨夕不倦,缁徒辐辏,几三百人。既遐振宗风,而自持戒律甚严。终身坏衣,略不加饰。(范域《随州大洪山十方崇宁保寿禅院第一代住持恩禅师塔铭》)③

3. 冬十一月,塔成。明年冬,彬谒慧照于山中,慧照喜谓彬曰:"吾芙蓉老师法海舟航,佛门梁栋,三十七年与大地众生作阴凉,机缘在世,不独衲子能言,搢绅士大夫咸知之。今新塔未铭也,敢以为请。"

---

① 《全宋文》第一九一册,第 123 页。
② 《全宋文》第四一册,第 286—287 页。
③ 《全宋文》第一四二册,第 133 页。

(王彬《随州大洪山崇宁保寿院十方第二代楷禅师塔铭》)①

4. 珂师言于众曰:"吾以诸法一味,离去世间染净,忻厌一切差别境界,无有少法可说,乃能入于如来难思智地。然而一切诸善,皆由信起,不有庄严,何能起信?若寂然无营,则陷于因任止灭之病矣。"众闻是语,翕然从风,其堂皇殿闼,庑序营库之不如制者,一皆新之……无有远迩,宾到如归。其徒之至者,寝于斯,食于斯,闻于斯,思于斯,觉于斯,夫见宗祊而起孝,睹墟墓而生哀,视塔庙而增信,其理一也。
(余靖《江州庐山重修崇胜禅院记》)②

真宗、仁宗时期的天台宗著名僧人知礼,宿有佛缘,既出家,精勤不息。为解除地方旱情,修忏祷雨。因降雨未能及时,即自誓于天,焚指以表精诚。终于诚感沧旻,甘霖普降。不仅如此,他还与僧众相约修妙忏三年之后,自焚"以激怠惰,而起精进";随州保寿禅院恩禅师,心地澄澈,"志尚闲远","安于清旷"。"普施法雨",而"远迩悦服";他"勤于诲励,晨夕不倦",乃至于"缁徒辐辏,几三百人"。芙蓉楷禅师数十年如一日,与大地众生作阴凉,而被誉为"法海舟航,佛门梁栋";庐山崇胜禅院珂禅师不仅以法语开示学人,而且尽力经营僧众修行之环境,至于"无有远迩,宾到如归","寝于斯,食于斯,闻于斯,思于斯,觉于斯",使之"见宗祊而起孝,睹墟墓而生哀,视塔庙而增信"。由此可见,高僧大德之慈悲情怀,主要指向形上层面对修行者的启迪与引导,表现出的精诚不息和平等忘我之境界。不过,在特殊的历史境遇之下,这种悲天悯人的大爱襟怀,会在异样的领域和状态中呈现出来。如以下两例。

1. 傥卒然临之祸患忧危之变,鲜有其心不摇夺者,而师于众善则兼

---

① 《全宋文》第一五四册,第320页。
② 《全宋文》第二七册,第77页。

宋代寺院碑文书写研究

而有之，而又为高尚者之所难能。粤若逢时厄运，群盗四起，德安大府，环绕几遍，师乃入城创庵居之，与众同患，米贵如珠，不忍散众，阖郡惊惶，师无惧色，提振祖令，宛若平时。声传贼耳，自唱言城破但存净严一人，师虽闻此，惟以利众为心，誓与阖城俱存亡。既以道德保护一方，贼遂攻击不利，而曰城中果有异士。（冯楫《净严和尚塔铭》）①

2. 妙智大师美公，少年学医，法造三昧；稍壮则事潜庵，求西来意。精进敏惠，便为一时名僧。若肯降志以悦当路，则巨刹名寺，当尽付之。师乃恬然曾不介意，是故求医之人布施山积，师尽捐之，以作佛事。尝托迹太平寺，适遭回禄，尺椽不具。二十年间，栋宇轮奂，冠于一邑，师之力盖居其半。（邓肃《一枝庵记》）②

例一所及之净严和尚，于北宋末钦宗靖康之年，金兵大举南犯，国朝危殆，城池为凶寇所困，民众逃命之不暇，该僧却入城创庵，传道不辍，以安抚世人；米贵如珠，人心惶惶，而净严和尚心静如水，了无惧色，一如既往，弘法如常；不仅如此，净严和尚抱必死之心，誓与阖城共存亡，终以精诚震慑凶顽，一城又安。净严和尚以其外生死、抗凶暴、济众生的当下实践，生动诠释了佛法之慈悲、硕德之勇猛。在发挥佛教的济世价值方面，无疑具有示范意义。而例二则叙述了妙智大师以精湛的医术辅助佛事，却又能淡泊名利、超然物外，从另一个角度充实了慈悲之内涵。

综上所论，佛教之高僧硕德普度众生的慈悲之心，实在是深广无涯的大爱情怀。它向世人传达的是无我、无欲、无惧、无偏、无量之爱；诚如仁宗朝名臣余靖所言："释氏之为道也，兼济于人不待乎达，独善之乐不专于穷，以悲智为修者也。悲之为言，仁之端也。能与众多作大饶益、去大患难、获

---

① 《全宋文》第一八一册，第154—155页。
② 《全宋文》第一八三册，第186页。

大安稳，视物之累，如身之忧，建功而不祈赏，益善而不祈报，此悲者之为也。智之为言，介之徒也。守静默、舍欣厌，居市朝而非显，宅山林而非晦，身同梦幻，性等空虚，离五蕴，超三有，此智者之为也"（余靖《韶州开元寺新建浴室记》）。[1] 如果世人都能够理解、向往并追求这种精神境界，那么我们的人间将是怎样的宁静祥和而美好！

第五节 苦心经营的淑世思想

众所周知，佛教的基本倾向是出世的，按道理讲，它不会也不应关注人间俗事。并且从中国佛教文献僧史僧传的记录，也多见僧人避世逃世的存在方式。尤其是南北朝至隋唐五代时期，这种方外生存，基本是一种常态。然而，中国僧人本来源于俗世，出家之后依然与人间保持着错综复杂、千丝万缕的人伦关系，这就注定了僧侣们不可能彻底弃绝俗世社会，尤其到宋代以后，随着佛教的日趋世俗化，丛林、士林与民间具有多维度的立体关联和接触。除了佛教寺院不断从俗世吸纳新的僧员，向人间弘传其道，灌输解脱观念，我们分明能够从相关文献的记录中，感受到佛教的淑世精神，即丛林通过诸多途径和方式，给人间社会予以帮扶和拯济。其实，佛教的发展之所以历经坎坷终成大道，其原因即在于，佛教教义与中国主流意识形态儒家思想存在相通之处，文人士大夫不仅从中获得出世之想，而得以进退裕如，而且佛教发展过程中趋附于俗世政治权力的态势，及其对人间俗世现实诉求的呼应，使其形成了淑世品格，从而更易获得士林的青睐。本节拟从如下三个层

---

[1] 《全宋文》第二七册，第72页。

面予以分析。

第一，佛教基本教义与儒家济世思想的相通性和互补性。关于这一点，宋代文人有着深入的思考，他们常常将儒家思想作为佛教精神的参照，予以比较，从而揭示此二者相斥而相依之关系。例如，侯溥在《寿宁院记》中说："儒之心迹，佛之性相，一也。道不以心性为体，故求道于心性而不可得，然所以冥于道者，心性也。迹相亦然，道不存乎迹相，故求道于迹相而不可见，然所以行于道者，迹相也……释氏自永平迄今，繇天子、公卿、士大夫或信而爱，或诋而斥，或泥而佞，或毁灭而欲其忘，其为更阅多矣。盖周、唐之二武，以君天下之重势尽力而除之，势宜不得复兴。方是之时，桑门蒲塞，涕目洟鼻，相与赍咨愤戚于隐伏之中。居未几，而塔庙之严复兴于天下，而厚费生民之力，不翅膏油之沃炭，虽暂灰死，而卒之逾炽于前也。意者祸福缘报，必有形验，而生民之震畏忻慕，沦浃肌体，所不可得去邪"（侯溥《寿宁院记》）。① 他认为，儒教所谓心迹，与佛教所谓性相，在实质上具有一致性。故从天子、公卿到士大夫，对之"信而爱"者，历代皆然；至于"诋而斥"或"泥而佞"者，亦有之。这种复杂关系，一直存在于文人士大夫的相关言论中。南宋高宗时期的儒者吕本中说："佛之为说，与孔子异乎？不异也。何以知其不异也？以其为教知之。孔子以知止而后有定，定而后能静，静而后能安，安而后能虑，虑而后能得也。孔子传之曾子，曾子传之子思，子思传之孟子矣。而佛之教由戒生定，由定生慧，盖与《大学》之说无异者。孟子以万物皆备于我，反身而诚，乐莫大焉。而佛之说以天地万物皆吾心之所见，山河大地皆吾身之所有，正与孟子之说同，吾是以知佛之说与孔子不异也"（吕本中《仙居县净梵院记》）。② 吕氏从哲学本体论高度，对儒家思想和佛教观念予以比较，认为二者精神之实质具有相通性。

---

① 《全宋文》第七九册，第391—392页。
② 《全宋文》第一七四册，第84页。

第三章 碑文凝聚的僧侣佛学期待

之所以如此,是因为士林发现了佛教之实质,确有补于世,尤其在化育人心方面,似乎比儒教更有优势。上所引例已经证明这一点,又如神宗时期的苏颂曾说:"古圣人立言垂教,皆所以长世而利物也。至若道被幽显而不遗、事见久远而易信者,其惟浮屠氏之法乎?自中国达于蛮夷,自郡县至于乡聚,凡在含识,无有愚智,一闻其说,靡不归诚而信向焉。由汉迄今,千有余岁,虽世教有隆替,而佛事未尝废绝者,以其为道一本于人心。人心欲安乐,则曰积德重者能享之;人心恶罪苦,则曰殖福厚者能去之。故塔庙布于四方,像设备于家户,犹以为奉之未至也"(苏颂《温州开元寺重修大殿记》)。① 苏颂认为,圣人立言垂教,志在济世化人,但往往肤廓不切,难入人心;佛教恰恰能在这一点上,为中国儒教所不及。故历经千载,世教隆替相沿,而佛教未尝废绝,原因即在于其能够深入人心,具有发蒙解惑、警醒世人之功效。

对此,神宗时期的王安国如是说:"世之儒者以百氏出于道术散裂之余,而佛尤后出,自西域数译而至中国,上古之人不道也,《诗》《书》无有也,遂肆意诋斥,以为与杨、墨、申、韩等,为诡驳之说。虽然杨、墨、申、韩能行于一时,而终无抗儒者之辨。独佛法之旋废旋兴,而山海荒忽之俗,闻佛则瞻仰赞叹,与儒者并出而牢不可坏者,岂非其道神妙得于人心之自然耶?故虽不远万里,迹绝形殊,其言不可算数,而理则一也。彼以上古诗书求之者,特见其粗耳,孰知其精之在人而不自悟耶?方其因皈依之感于外,而使人之内有以发其信心,则侈其事以报之,奚曰不宜?"(王安国《治平禅寺记》)。② 他将佛教与中国传统之杨、墨、申、韩等学说相比较,突出佛教作为外来文化,其影响力竟然超越了本土之诸说,独能与儒学分庭抗礼。究其因乃在于佛教能抓住人心,而深入人心。

---

① 《全宋文》第六一册,第 380—381 页。
② 《全宋文》第七三册,第 55 页。

不仅如此，佛教在济世方面，似乎与儒教互相呼应。黄庭坚说："儒者常论一佛寺之费，盖中民万家之产，实生民谷帛之蠹。虽余亦谓之然。然自余省事以来，观天下财力屈竭之端，国家无大军旅勤民丁赋之政，则蝗旱水溢，或疾疫连数十州，此盖生人之共业，盈虚有数，非人力所能胜者耶？然天下之善人少，不善人常多。王者之刑赏以治其外，佛者之祸福以治其内，则于世教，岂小补哉！"（黄庭坚《江陵府承天禅院塔记》）。[①] 作为儒者的黄庭坚就认为，朝廷现实之刑赏，只能制约世人之身，而佛教却能征服世人之心，二者并不相悖，实为相互呼应之关系。

第二，高僧大德的济世思想和济世能力。晚唐五代以来，中国著名高僧，尤其是那些开宗立派者，多半是内外兼修、学识渊博、襟怀宽广而志在远大的佛学思想家，他们道行高深，风度洒脱，志行旷迈，游走于尘世与丛林之间，纤尘无碍，不留朕迹，而所到之处，要么使人心灵开悟，要么神通变现，扶危济困。宋代寺院碑文中，对于这一方面，也有相应论述。例如，北宋前期柳开在《桂州延龄寺西峰僧咸整新堂铭》中云："桂州西峰僧咸整，淳化元年，不下山十二年矣。整之师洎祖师，悉如整。开与赞善大夫张测，为整作新堂以居之。有问整之行何为奇者，对曰：若时入阵战贼，勇能进，不顾死者，足为善将矣，况如孙、吴乎！交朋间，视其友无欺者，足为义士矣，况如管、鲍乎！为政廉以平，足为良吏矣，况如龚、黄乎！入朝事君直，能言必尽诚者，足为贤臣矣，况如伊、周乎！父兄在，视其室无私者，足为孝子矣，况如曾、颜乎！为文理胜辞者，足为大儒矣，况如荀、孟乎！"[②] 同样是儒者的柳开，在此对桂州延龄寺西峰僧咸整做了极为精彩的论断，他认为作为僧人的咸整，入战阵则为良将，交朋友则为义士，事父兄足为孝子，论文辞足称大儒。有如此才具，无论其身在何处，都能有补于世。与此类似者还

[①] 《全宋文》第一〇七册，第201—202页。
[②] 《全宋文》第六册，第387—388页。

第三章 碑文凝聚的僧侣佛学期待

有:"月华善山西堂琳禅师,曲江都渚人,姓邓氏。少学儒,能谈王霸大略,已而学佛,以诵经披剃,乃游方,犹以诗名往来江淮间,博览广记,推为文章僧"(余靖《韶州月华禅师寿塔铭》)。①

对于佛僧的济世价值,仁宗时期著名文人政治家余靖说:"栖山林以遂其高,遁江海以安其闲,幽人奇士,所以击节而争往也。又况有栋宇以资其偃息,有菽畲以奉其饘粥,果能择得闻人以付之,俾其发扬佛事,开导氓俗,奉行诸善,共避众恶,此乃因高闲之适,成兼济之利者也"(余靖《韶州乐昌县宝林禅院记》)。② 很显然,余靖对丛林硕德的济世价值,给予了明确的表述:"发扬佛事,开导氓俗,奉行诸善,共避众恶。"佛教经由高僧布道于民间,使百姓避恶从善,从而实现社会的和谐与稳定。无疑,这是政治家对佛教高僧济世意义的现实期待。

丛林高僧虽然有济世之志,但很少见之于其具体言说,而从文人士大夫的视角和相关载录,我们分明能够感受到这一点。

第三,丛林中人的济世实践。如上所言,高僧大德之淑世思想,集中体现在其现实实践中。而其实践的方式,多种多样,且具有鲜明的方外特色。正如秦观在《庆禅师塔铭》中所云:"其为人法,或以经论,或以老庄,或以卜筮,或以方药,下至种种一切俗谛之事,随其根器,示大方便,不独守古人言句而已。"③ 虽然秦观此处之本意,是说僧人弘法途径与手段的多样性和差异性,但根据文献记载,这些方式也恰恰是丛林济世之现实践履。兹举一例:

> 浮屠师曰可栖,居建昌之交阳山,善持其佛之法而言行不妄,且长于医,故士大夫礼之。庆历三年秋八月,来抵予曰:"栖,临川人,母固

---

① 《全宋文》第二七册,第163页。
② 《全宋文》第二七册,第71页。
③ 《全宋文》第一二〇册,第175页。

无恙，而异父弟亦学佛，今住菜园院曰智宾者是也。兹院之废，数十年矣。宝元中，其乡人请于邑大夫，愿得智宾居之。宾之来，则四顾梗莽，无一瓦尺木之业。栖告之曰：'吾常患吾佛之徒将游吾州而未能进，必休于近郊之逆旅，乞钱炊食，杂于博徒倡女之间，甚污吾法。吾兹院与城相望，果能兴之，以舍吾徒，岂不满志？矧吾弟主之，而吾母居其旁，足以躬晨夕之养。外张吾教，内便吾家，是不资他人，吾力可为。'由此尽散橐中，凡医之所得者给之……"予曰：浮屠人尽心于塔庙，固其职耳。能不以祸福诱胁、殚吾民之力者，盖未之见。今栖以医售，其得财，乃自奉其法而不掠于人，且厚其弟，以安乎母，不离吾孝友之道，言乎其党，抑可尚已。故书以授之，使揭诸石云。（李觏《抚州菜园院记》）①

作为儒者，李觏对可栖禅师予以肯定，不在于其道行之高深，而是其凭借精湛的医术为世人治病，医之所得，尽舍之以修建菜园院；与此同时，他担负起周济其弟、赡养其母的责任，反映了他具有中国传统儒家伦理的孝悌之道，并认为，这一点值得倡导于丛林之间。毫无疑问，僧人可栖之举，体现了丛林之淑世情怀。

除此之外，僧者的淑世实践，常常还表现为祈雨禳灾、解民倒悬如以下两例。

1. 咸平三载，四明郡大旱，郡人资以祈雨。法师用请观音三昧，冥约若三日不雨，当自焚也。期果雨，其郡苏。（契嵩《杭州武林天竺寺故大法师慈云式公行业曲记》)②

2. 隆兴元年冬十有一月己丑，江南西路转运副使臣安行言：去年夏六月不雨，至于秋八月，苗且尽死。州县惧无以应贡赋，分告秩祀，各

---

① 《全宋文》第四二册，第324页。
② 《全宋文》第三六册，第378页。

即其封抚之。宜黄白土山有唐异僧所宅，其身犹在。方有请焉，需泽周被……越明年夏四月，大水，雨昼夜不止，且及县治。其先县官有和籴所储峙数万斛，吏民周章，于是命书自至行在所，亟祷之，乃霁。将告于其祠，万人咸会，声容隐訇，若闻鬼神。是岁无枯旱愁霖，谷果胥熟。（黄希《白土寺普惠大师碑记》）[1]

每逢大旱，直接威胁到当年收成之际，僧人应民间百姓和地方官吏之吁请，祈祷念佛求雨。有时甚至不惜生命，以自焚的方式，企求诚达于天，以感动上苍。这种精诚之心，无论结果如何，都足以警顽起懦、感发人心。在战争的背景之下，僧人的淑世精神，往往会以一种特殊的方式，呈示于世人："倪卒然临之祸患忧危之变，鲜有其心不摇夺者，而师于众善则兼而有之，而又为高尚者之所难能。粤若逢时厄运，群盗四起，德安大府，环绕几遍，师乃入城创庵居之，与众同患，米贵如珠，不忍散众，阖郡惊惶，师无惧色，提振祖令，宛若平时。声传贼耳，自唱言城破但存净严一人，师虽闻此，惟以利众为心，誓与阖城俱存亡。既以道德保护一方，贼遂攻击不利，而曰城中果有异士"（冯檝《净严和尚塔铭》）。[2] 净严和尚身处乱世，而志意弥坚，不仅弘扬佛法，护持佛寺，而且以其高旷无惧的慈悲情怀，使一座城池的生灵免于异族侵略者的蹂躏，有力彰显了佛教度人济世之价值。

值得注意的是，高僧硕德的淑世精神，不仅体现在其直接现身当下的实践行为，而且常常通过影响士林，进而经由文人士大夫的政治文化实践，服务于当世。这种来自丛林的影响，并非意味着高僧为俗世官吏出谋献策，而是从精神层面对士林予以塑造与引领，从而使得宋代文人涵养心灵，具有丰富润泽的精神世界，因此而能够以出世的心态做入世的事业。那么，丛林的

---

[1] 《全宋文》第二二三册，第348—349页。
[2] 《全宋文》第一八一册，第154—155页。

什么精神为士林所景慕呢？兹举三例以说明。

1. 予与真师游非一日矣，是时予尚幼，方肄业为科举之文，挟策读书，穷日夜之力为进取计，盖未知有亡羊之忧也。师每曳锡过堂下，释椎凿而议之数矣，予亦莫之省也。然见其神宇泰定，不以世累撄其心，虽未能尽知其所有，亦窃以其非凡僧也。（杨时《含云寺真祠遗像记》）①

2. 平居以道自任，不从事于务，尝曰："长老但端居方丈，传道而已。"与士大夫游，不为势利屈。苟道合，则欣然造之；不尔，虽过门或不得见。公卿大人高之。枢密邓公洵武闻其风，奏锡紫衣师名。（李弥逊《和州褒山佛眼禅师塔铭》）②

3. 元符初归故山，诛茅结庐，循除蓄流，自号潜涧，赋诗鼓琴以自娱，有古人林下风。师有辞辨，长于讲释，乡里巨室欲屈师讲经，莫能致，因具法筵，集广众，预设巍座，俟师至，与众迫之。师匆遽就席，阐扬奥旨，缘饰以文，音吐鸿亮，听者惊悦。明庆自创业几七百年，无文迹可考，师首为撰记并书之，时称二绝。郡守张公平闻其名，以礼致之，躬受《楞严》大义。初以僧正命师，又命主禅席，皆力辞之。每诣府，手提一笠，未尝肩舆。人以师为府座所厚，因属以事，师正色峻拒。府政有不便于民者，委曲以告，守改容听之。瑞安令吕公勤自号湖海道人，邂逅师，喜甚，与俱还邑，筑庵于厅治后园，命师居之，为留三宿而去。邑令丁公湛，每访师谈道，终日忘返。晚景绝人事，惟精修净业，喜讽诵《楞严》《圆觉》《维摩》《光明》《法华》等经，精熟如流，静夜孤坐，焚香暗诵，琅琅之声出于林表。尝手书《法华》《光明》二经以报母德，又书《华严经》八十卷，首末不懈，字法益工。（王十朋

---

① 《全宋文》第一二五册，第15页。
② 《全宋文》第一八○册，第363页。

《潜涧岩阇梨塔铭》)①

　　北宋后期著名理学家杨时年轻时候，曾苦读于佛寺，虽心无旁骛，致力于科举，但庆真禅师超然尘外的风神，已经给这位青年士子留下了可敬的印象。和州褒山佛眼禅师平居以道自任，屏除俗事，与士大夫之游，仅以道义相交，绝不趋炎附势，合道，则处之欣然，反之，则避之坦然。正因如此，才获得士林之赏接与尊敬。天台宗僧潜涧岩阇梨，学识渊博，道行精深，心地纯粹，风神飘逸，使得亲炙其教的文人士流，甘之若饴，如沐清风，而终日忘返。

　　综上所述，由于中国佛教与现实俗世有着剪不断理还乱的关系，本应该超然与逍遥的丛林，却在世出世间肩负起济世之责。虽然总体上看，僧团及僧众个体直接参与拯济俗世的现实行为，并不是十分频繁与普遍，但这种实践也确实存在，并且常常通过高僧硕德影响士林，进而经由文人士大夫的政治文化实践，对当下俗世产生广泛而深入的效力。即此言之，佛教在关注人的终极问题之外，也附带着关注人的形而下生存。正因如此，佛教获得了中国社会普遍的认同和接受。

---

① 《全宋文》第二〇九册，第166页。

第四章　碑文敞开的文人佛学诉求

　　作为宋代寺院碑文写作的主要力量，文人作者视野的佛教、僧人和寺院，无不体现了这一文化阶层多维度的精神诉求：山水之旅的寺院发现，寺院之游的山水流连，将山水与寺院融于一体，营构独特的审美时空；寺院之游的心灵自省，暂时放缓宦途的脚步，卸却争竞的倦怠，寻求精神的安放之地；儒学语境的儒释之辨，反思儒学衰落之原因，追索佛教兴盛之根由，探究儒释融摄之路径；撰文勒石的教化之思，以及会通儒释的致政之念，为我们描绘出文人士大夫丰富多彩的内心世界，既有面向自我、寻求自由的言说，又有立足当世、辅政化民的思考。由此不难寻绎宋代文化的时代性征。

第一节　山水之旅的寺院发现

　　自然山水真正作为审美对象，进入文人士大夫的视野，是从魏晋六朝时期开始的。它意味着以自然为参照的人自身的觉醒。对自然之美的欣赏，实质上是对人本身的肯定。罗宗强先生说："自南朝始，中国士人对山水的接受，逐渐由理入情，以情之所需，情之所好，来体貌山川""以玄对山水，和以审美的眼光对山水，这两种态度之间也没有一个截然的标志，只不过侧重点的变化而已。在侧重点的变化中间，它往往是并存的。这一点在山水与佛教的关系中表现得更为明显。"① 因此，自然山水不仅为文人士大夫心向神往、流连忘返，而且成为其心之所系、情之所托。

在一般诗文作品中呈现山水形态之美的同时，中国寺院碑文中开始出现这种文字。由于中国的寺院，是由城市都邑向山陬水滨逐渐发展起来，故寺院碑文也以此为序，起初注重勾勒寺院建筑群之体貌，稍后便出现对寺院周边山水风光的描绘。例如，梁王僧孺《中寺碑》云："中寺者，晋太元五年会稽王司马道子之所立也。斜出旗亭，事非湫隘，傍超壁水，望异狭斜。天监十五年，上座僧慈等更揆日缔架，赫然霞立，信以填金，可埒引绳。斯拟写妙金楼，模丽琼阙。岩巇偃蹇，故三休而可至，窈窱周流，方中宿而斯尽。万楶百栱，合沓相持，绣桷玉题，分光争暎。烛龙夭矫，将举复宛，威凤铿锵，如鸣更戢。旁攀镂槛，斜登钿砌，煜爚金铺，玲珑绮構。无风自响，不拂而净。耽耽肃肃，信息心之胜地；穆穆愔愔，固忘想之嘉所。"② 此文即着重于寺院建筑之宏壮，尽态极妍，绘声绘色。而王中《头陀寺碑文》则出现了新的内容："头陀寺者，沙门释慧宗之所立也。南则大川浩汗，云霞之所沃荡；北则层峰削成，日月之所回薄。西眺城邑，百雉纡余，东望平皋，千里超忽。信楚都之胜地也……因百姓之有余，间天下之无事，庀徒揆日，各有司存。于是民以悦来，工以心竞，亘丘被陵，因高就远。层轩延袤，上出云霓；飞阁逶迤，下临无地。夕露为珠网，朝霞为丹雘。九衢之草千计，四照

---

① 罗宗强：《魏晋南北朝文学思想史》，中华书局 1996 年版，第 186—187 页。
② （清）严可均辑：《全上古三代秦汉三国六朝文》之《全梁文》卷五二，中华书局 1958 年版，第 3251 页。

之花万品。崖谷共清，风泉相涣，金姿宝相，永藉闲安。"① 这里既有对寺院本身的状貌，又有对周边环境的绘图。这种写法，基本奠定了寺院碑文的内容框架，为后来历代作家所继承。

到了唐代，寺院碑文中的山水描写，更为具体细腻。例如，王勃《益州绵竹县武都山净慧寺碑》云："净慧寺者，梁大清年中之所建也。名山列岳之旧，仙都福地之凑。黄龙负匣，著宝籍于经山；紫凤衔书，荫荣光于井络。须弥峰顶，仍开梵帝之宫；如意城中，即有经行之地。尔其盘基跨险，列嶂凭霄，日月之所窜伏，烟霞之所枕倚。飞泉瀑溜，荡涤崩崖，绿树元藤，网罗丘壑。飞尘作气，被万吹于中岩；帝琰司寒，宅千霜于北谷。丹梯碧洞，杳冥林岫之间；桂虎松槛，寂寞风尘之表。是称英镇，实瞰崇冈。间阎当四会之街，城邑辨三分之地。绵碛锦溇，下浸重峦，玉阜铜陵，旁分绝磴。山川络绎，崩腾宇宙之心；原隰纵横，隐轸亭皋之势。"② 王勃以优美整饬的骈体之文，对武都山净慧寺作了神采飞扬的渲染，情辞绚烂，气势飞动。而中唐白居易之文，另开新境，别有风味："沃洲山在剡县南三十里，禅院在沃洲山之阳，天姥岑之阴。南对天台而华顶赤城列焉，北对四明而金庭石鼓介焉。西北有支遁岭，而养马坡、放鹤峰次焉；东南有石桥溪，溪出天台石桥，因名焉。其余卑岩小泉，如子孙之从父母者，不可胜数。东南山水越为首，剡为面，沃洲天姥为眉目。夫有非常之境，然后有非常之人栖焉。晋宋以来，因山洞开，厥初有罗汉僧西天竺人白道猷居焉，次有高僧竺法潜、支道林居焉……"③以空间为序，用散文之笔，纡徐委备，从容道来。

可见，寺院碑文对寺院及其周边环境的描绘，自魏晋六朝至唐代，已经出现相当数量的作品，并积累了比较丰富的经验，为宋代寺院碑文在此方面

---

① （清）严可均辑：《全上古三代秦汉三国六朝文》之《全梁文》卷五四，中华书局 1958 年版，第 3271—3272 页。
② （清）董诰等编：《全唐文》卷一八三，中华书局 1983 年影印本，第 1863 页。
③ （清）董诰等编：《全唐文》卷六七六，中华书局 1983 年影印本，第 6905—6906 页。

的发展，打下了基础。

一　山水之间的寺院

　　魏晋六朝以后，随着佛教的不断发展，寺院逐渐从城市向山水之间延伸，故有"天下名山僧占多"之说，李觏亦云："天下名山水域，为佛地者十有八九。其次一泉一石，含清吐寒，粗远尘俗处，靡不为桑门所蹈藉"（李觏《修梓山寺殿记》）。① 魏晋以来，文人士大夫开始亲近山水，并行诸笔墨，书写逸情雅趣，开启山水文学之风。寺院与山水的结合，构成独具中国传统文化特色的人文景观。这样的自然地理区间，不仅为虔信佛教的平民百姓所乐趋，更是文人士夫所无远弗届、流连忘返之地。无论是领职一郡，还是旅途所及，但凡可能，他们都会欣然前往。寺院成为文人墨客山水行旅的重要内容。因此，无论是何种机缘，只要一方寺院在山水之间，赫然呈现于他们的眼前，都会引起其强烈的兴致，并成为一篇关于寺院的文字之由来。除了畅论佛理、觊述机缘，对寺院建筑群的远眺近视、仰观俯察，往往便成为文章之重要内容。

　　以自然山水为背景，对寺院建筑群的轮廓、规模、布局等，进行多角度观察、欣赏和描绘，为我们展示中国佛教的物质载体之面貌，往往是寺院碑文中溢彩流光的部分，具有鲜明的审美意义。由于寺院所处的具体区间及其周边环境的差异，不同作者笔下的寺院，千姿百态，风光迥异。游走于宋代文人的寺院碑文之间，不啻为一次精神之旅和审美历程。兹举例如下：

　　　　夫经像之所居，苾馨之所荐，必将据郡国之形胜，袭川原之气像。斯郡也，总楚、越之都会；斯院也，浸章、汝之清流。逸少、康乐，江左名士，而墨池经台介乎比间；麻姑、南真，丹台上列，而仙坛闲馆峙乎封域。闾阎相望，钟磬交音，神灵之所依凭，烟霞之所韬映。尔其栋

---

① 《全宋文》第四二册，第325页。

宇之状也，则赫赫乎显敞，眈眈乎深严。黼藻成文，磨砻尽妙。层楼对峙，修廊四通，列讲肆于崇堂，安众士于奥室。动有击蒙之益，静有宁体之娱。（徐铉《抚州永安禅院记》）①

宋初徐铉对江西抚州永安禅院的描绘，先从其自然环境和人文气象落笔，突出其据川原之形胜，濡人文之风雅；然后正面展现寺院建筑群之状貌，彰显其高敞靖深、黼藻华妙之特征。透过声色交映的文字，一座端然闲旷、静穆庄严的大刹，赫然呈现于山水之间，令人油然而生向慕归往之意。为了充分展示寺院碑文中这一内容的丰富性，兹举六例如下。

1. 未几堂成，高明静深，万象俱发，宏丽雄特，为一方丛林之冠。俯视畴昔，无异发覆破暗，如出云霄之外。（李之仪《天禧寺新建法堂记》）②

2. 四明山与天台并高，东接沧溟，西连禹穴，穹窿盘礴，几数百里。尝有云气蒙覆其顶，仙书以为洞天，殆不妄。其间崇冈秀岭，深林穷谷，多昔人结茅之地。岁月浸久，易以层构，往往金碧相望于烟云杳霭之间。（周锷《四明山宝积院记》）③

3. 是年冬，余在东阳罢归，过其门，而环庑翼然，丹楹曲槛，雕栾镂磶，渥彩焜耀，如入化人之宫。峙二阁于东西序，虚明深靓，豁如疣抶而翳去也。（杨时《干明寺修造记》）④

4. 是院隐然介众山之中也，虽无崇岩巨壑盘亘千里，高插云天，雄压地轴，而嘉巘苍岫，周遭映带，卑相附，远相揖，亭然起，崒然止，而朝阳暮霭，露花霜竹，出没于空旷有无之间，恍然若图画中见也。（刘

---

① 《全宋文》第二册，第240页。
② 《全宋文》第一一二册，第191页。
③ 《全宋文》第一一七册，第234页。
④ 《全宋文》第一二五册，第13页。

第四章　碑文敞开的文人佛学诉求

谓《蓬莱山寿圣寺记》)①

5. 东南名山，如所谓四明、天台、衡岳、庐阜，号为瑰伟秀绝者，多为浮图氏所居。名蓝巨刹，绵亘相望。至于下州小邑，一岩一壑，搜奇择胜，亦靡遗者。推原其端，必有开士法眼清净、道行高洁，为一方之所信仰，乃能披榛棘，创道场，肇基开迹，以贻后人，非偶然也。邵武军泰宁县，山水之胜，冠于诸邑。出县西门二十里，曰瑞溪，有山焉，三峰秀峙，岩洞相联，西曰丰岩，东曰瑞光岩，中曰罗汉岩。岌嶫嵌空，鼎足而列，皆有兰若，建于其下。不涂塈茨，而风雨之患除；不凿户牖，而日月之光入。堂殿楼阁，窈窕玲珑；泉石草木，幽奇芳润。叠嶂屏其前，层峦拥其后。山回路转，岩洞乃出。谓造物者融结无意，吾不信也。(李纲《邵武军泰宁县瑞光岩丹霞禅院记》)②

6. 诺矩罗居震旦东南，山名雁宕，最为造物所惜，秘于万古而显于本朝。山中绝境皆庐于佛子，开辟经营，必其徒之有道力者驱龙蛇虎豹魑魅魍魉而有之，权舆数椽，侵寻万柱。如全了之庵于芙蓉，今为能仁；行亮谷于安禅，今为灵岩；文吉庵于碧霄，今为灵峰是也。山之内外招提，无虑二十余所，问其经始与废而复兴，无非有道力者焉。(王十朋《雁荡山寿圣白岩院记》)③

上所举例，对于寺院的描述内容和视角各有不同。有的是着眼于寺院建筑群之某一部分，如李之仪的《天禧寺新建法堂记》，专记法堂，法堂作为高僧弘法、学人悟道的主要场所，在寺院中具有很重要的位置，宋代以前的寺院即以法堂作为建筑群的核心。作者突出天禧寺新建法堂高明靖深、宏丽雄壮的特征。有的则将整座寺院建筑群，置于辽阔的空间背景之下，大笔勾勒，

---

① 《全宋文》第一三三册，第59页。
② 《全宋文》第一七二册，第216页。
③ 《全宋文》第二〇九册，第122页。

145

强调其分布之广、体貌之弘，如周锷《四明山宝积院记》。这样的描写，视野必然高远。而有的则是作者置身其间，近距离观察审视的感受，如杨时的《乾明寺修造记》，作者会注意到建筑物细部的结构、色彩等特征，并予以生动描绘。而李纲《邵武军泰宁县瑞光岩丹霞禅院记》尤其值得注意，作者从宏观、中观到微观，将寺院与山水融于一体，全方位地予以呈现，使二者互相渗透、彼此映照，产生多层次的立体之美。

民间寺院多以山体为依托，而其空间位置又多在山腰到山顶部分，故其视觉效果常常是高壮雄伟，"如出云霄之外""相望于烟云杳霭之间""如入化人之宫""以为天宫化城"（陆游《重修天封寺记》）① 等语句，则常见于寺院碑文之中。毫无疑问，山水之间、烟云之际，那一座座形态各异、规制不同的寺院，千百年来已经成为文人心中一道道不褪色的风景。

二　寺院周遭的山水

在寻访寺院的途中，文人士大夫所经眼的山水，可谓千姿百态，无不具有洗心饰视之效，故寺院周遭的山水，便络绎奔会于文人的笔底，活泼泼地呈露在我们眼前。有的寥寥数语，便将我们带到远离尘嚣之地："远公莲社，绝顶相望；渊明栗里，高风接秀。左泉漱玉，可以涤纷烦；前林蔽空，可以乐闲旷，真遗世观空者宴息之境也"（余靖《江州庐山重修崇胜禅院记》）。② 有的则纡徐委备、山环水复，极尽纵游探幽之逸趣："括苍三岩距城一里余，据西山之垠，土人不之奇，官于是者迹罕到。皇祐初，余因治事暇，同幕僚韩伯纯遍访近郭溪山之胜，寻幽索奇，因而得之。始出左渠北，缘民田数百步，转小山，循方塘两岸狭径入。茂林修竹间，有岩焉，却负叠巘，广如十楹，景物萧然，疑在方外，遂目之曰'清虚'。自清虚南过石径，直上磴道十

---

① 《全宋文》第二二三册，第110页。
② 《全宋文》第二七册，第76页。

第四章 碑文敞开的文人佛学诉求

余级,又有岩,广阔高大,复倍于前。洞门面巨石,势若壁立,方正山椒。有飞泉洒落石外,帘栊水晶,掩映屏障,寒暄之气,变于跬步,目之曰'白云'。由白云侧转两石间,下有方沼,上渡横石如小梁,复有岩如高屋,深袤五丈,广逾六寻,面势向东,如城如圮,可以开饮帐,设宴豆,目之曰'朝曦'。其北有石谷如大窦,钟成深溪,燧火而入,邃如房宇,但见积水清激,不复穷其远近。山岩前有池,不啻数亩广,水光山色,高下相激,夺人目睛。前记谓括苍有成德隐元之洞天,乃仙人灵真之宫者,此其地也乎?昔谢公为永嘉守,极山水之观,有石门、石岩之游,至今风人流咏不已,较于是远所不及。何数百年不能遇一人之称道者,得非地物亦系穷通耶?嘉平月既望,丁腊接,因率同僚,命驾而来,高会聚饮。清歌揭林籁之外,箫鼓发云霞之端,精神超然,不复有人间思虑。盘桓夕景,跃马而归,乘兴援笔,题于洞壁,且识一时之胜耳"(李尧俞《广福寺三岩记》)。①

由于不同的作者介入一方山水的时节因缘不同,故其笔下呈现的山水样态随之而有异。有的是枕暇出游,时间充裕,从容闲适,能优游不迫,纵情徜徉于山水之间。例如,毛维瞻《明果禅寺记》云:

> 炎宋元丰二年冬十月十四日,维瞻陪资政殿大学士、太子少保致仕赵公去浮石,如宣风,宿五花峰下。诘旦,入项山,晨饭,来咸通兴善院,遂入果寺源,抵明果,瞻谒大彻禅师真身殿塔。寺距城仅七十里,僻在层云乱峰之外。樵途坞径,车马之迹不能到。山有铜刀涧、猪掊泉、贞证塔,杨光弼记,皆名存而迹亡,不可寻究。介源之半山,兴善寺则有巨石,极高峻,众指为舍身台,言禅师昔来此,欲自毁于台上,有神物捧护,竟不能陨。山四面回合,至之者宛如别造一世界。迫而望之,

---

① 《全宋文》第二七册,第 226—227 页。

山转近转高，溪转深转清，实真人开士栖遁之域。①

毛维瞻，仁宗庆历二年（1042）进士，衢州江山人。与致仕还乡的赵抃相友善，为山林从游之乐。二人相伴于神宗元丰二年（1079）冬十月出游，他们至少用了两三天的时间，寻访距城七十里的明果禅寺。沿途经行，或山或水，有塔有记，观自然风光，访名胜古迹。移步换形，层转层深，直至步入复绝人寰之佳境。所以如此，是因为作者以闲游的心态，走进山水之间，无挂碍，无目的，故从容不迫。而有的则是因遭贬谪，途经某地，忙里偷闲，以惶惶不安之心涉足一方山水，如：

元丰三年，余得罪迁高安。夏六月，过庐山，知其胜而不敢留。留二日，涉其山之阳，入栖贤谷。谷中多大石，岌嶪相倚。水行石间，其声如雷霆，如千乘车行者，震悼不能自持，虽三峡之险不过也。故其桥曰三峡。渡桥而东，依山循水，水平如白练，横触巨石，汇为大车轮，流转汹涌，穷水之变。院据其上流，右倚石壁，左俯流水。石壁之趾，僧堂在焉。狂峰怪石，翔舞于檐上。杉松竹箭，横生倒植，葱蒨相纠。每大风雨至，堂中之人疑将压焉。问之习庐山者，曰：虽兹山之胜，栖贤盖以一二数矣。（苏辙《庐山栖贤寺新修僧堂记》）②

苏辙于元丰三年（1180），因受乃兄苏轼的牵连，而被贬高安。途经庐山，虽早闻那里奇山异水，独绝于天下，但忧谗畏讥之心，使之无意流连于此，只能作短暂的逗留。而置身于庐山的作者，面对水石相激、声如雷霆之景，非但没能激动和快乐，反而心生震悼、惶恐之意，良有以也。当然，最为惬意的山水之游，当为与好友三五人，在合适的时间相伴而行，

---

① 《全宋文》第四六册，第153页。
② 《全宋文》第九六册，第178页。

如以下两例。

  1. 元丰建元之仲夏，予与昭武虞君用晦、暨阳刘君季朴，自郡联镳来访是山。依半壁不坠之朽崖以行，盘垂圮之峻岭而下，蹈落潮之沙，涉溢涧之水，步枯彴，憩荒馆，凡经日而后至焉，则其来之勤也可知已。及瞻其山，则虽苍翠屏颜，然无与他山异也；行其寺，则虽栋宇轮奂，然亦与他寺等也。而山有二穴焉：一破山骨，面天如突，习习清风，欻嘘而出。一在山麓，下阺如屋，玲玲清泉，源源相续。则是山之盛，在此二穴而已。方是时也，火云流空，炎辉方酷，居以烦愠，行以暍毒。而予三人方披襟乎风岩，颒面乎水谷，侧耳以聆风之清声，拭鼻以纳风之芳馥，玩水之清浅而濯缨，激水之潺湲而置足，盖不知夫天地之有时燠也。东南营营，杭为大城，水陆所会，舟纵车横。陌中之尘，常鼓而不尽；渠中之流，无时而暂清。而是山也，盘石不动，群峰无声，松竹转白日之清阴，禽鸟依茂林而和鸣，音迹既远，恬无所惊，盖不知夫城市之有纷争也。(曾旼《显亲庆远院记》)①

依朽崖以行，盘峻岭而下。蹈沙涉涧，步彴憩馆。放足人迹罕到之地，忘情山重水复之间。披襟风岩，颒面水谷，濯缨清浅，激水潺湲。习习清风，嘤嘤鸟韵。横放身心于斯，顿失人世之争竞。这是怎样翛然尘外的存在体验啊！与这种热闹迥异其趣的，则是幽人独往来的行走和探胜：

  2. 真悟老禅脱乌龙之缚，结茅于其山之西冈，以为宴休之地。余一日访之，行新田间，泱泱水流，可掬可溉。入其径，松杉青润色，欲染人衣袯。未到三数步，小童候门，一犬吠嗒嗒，应竹作声，自是一山川

---

① 《全宋文》第一〇二册，第 276—277 页。

149

风物。(江公望《唯庵记》)①

可见，在宋代文人的笔下，与寺院相关联的山水风景，或尺幅千里，一望空阔；或重峦叠嶂，绵延不绝；或山高水深，惊心动魄；或幽人独往，曲径丛竹，可谓千姿百态，各呈异彩。在这灵动活泼的文字中间，氤氲着雅人深致、悠然远韵。

三 在山水与寺院之间

南朝作家吴均在《与朱元思书》中云："鸢飞戾天者望峰息心，经纶事务者窥谷忘返。"此语虽非出自寺院碑文，却极为准确地道出了置身于山水之间的文人，在大自然的怀抱里获得的超然闲放之心境。在后来的寺院碑文书写中，大凡关涉山水者，我们都感受到这种特有的文人气质和文人情结。自从孔子以来，"仁者乐山，智者乐水"已然成为中国文人的文化心态。而魏晋以降，随着玄学的兴起、玄佛合流思潮的影响，文人阶层对山水的认识，更趋深入，不仅以玄理对山水，更以情怀对山水。因此，山水之游就成了文人不可或缺的精神生活。而山水与寺院的结合，不仅为文人提供了审美的空间，也为其提供了玄思的契机。可以说，跋山涉水，寻访寺院，是魏晋六朝以来文人士大夫乐此不疲的精神之旅。兹举四例予以分析。

1. 仆守官临安，抗尘走俗，殊为倦游。虽有湖山，公冗见驱，不能极旷览之适，常慊然于怀。思得闲静处，与道人衲子辈或围坐谈笑，或携筇细履，开眼得林泉之胜，坐卧有云霞之气，萧然徜徉，不知老之将至。偶去城一水，获德清下渚湖中小山，约五十余亩，因栽柳岸，峙松檐，植竹坞，作屋数椽，俾前住何山祖纯居之，复能增眠云钓月之区，广扪腹步武之地。每梅雨霏空，断霞照晚，清风拂衣，白月在波。樵歌

---

① 《全宋文》第一二一册，第344—345页。

第四章 碑文敞开的文人佛学诉求

渔唱,连发于烟云之中;轻帆短棹,往来于菰蒲之末。至若中霄月好,微澜不兴,湛若琉璃,碧浸百里,不知身世在尘埃间也。虽孤山擅武林之名,校之似不我过。噫,物外佳游,孰能以智力穷?惟有志于物外者方得之,因榜为清隐,以识仆素心。(曹勋《清隐庵记》)①

2. 余少读唐孙职方《龙多山录》,思至其处,登降岩巘,为徜徉浩荡之游。绍兴己卯,行年五十九,被命守沉黎,道由兹山,始获一至。所谓龙多山者,于时大雨险滑,攀缘进退,一僵一起。上不五里,始晓而登,过晡乃至。云路晦黑,跬步莫睹。私自念少而闻,老而游,昧无所见,中心慊然,若有负于兹山。已而岚昏解剥,四野开霁,廓然千里,尽入指顾。缙云清居,云顶醮坛,若可攀挽。摄衣杖屦,拥以仆夫,下鹫台,过至道观,憩佛惠寺。又循岩至灵山寺,从容徙倚,意满神惬。复还鹫台,俄顷晦冥,雨复大霆。(冯时行《龙多山鹫台院记》)②

3. 明智以有道者之故栖,学佛者望之如仲尼之徒于阙里,其气象景物又盖境内。自于潜十有三里至山之麓,未及之五里,上松旁涧,与道委蛇,仰可以荫,俯可以鉴,循环曲折,乃得平直。两峰屹然,如立长人,如获居迎来,五老、九峰未易伯仲。泉涌西岩之址,盛暑常寒,筒引错落,遍于百室。是以居者忘出,游者忘归。(秦湛《于潜县明智寺记》)③

4. 一山凡四寺,寿圣最小,不得与三寺班。然山尤胜绝,游山者自淳化历显圣、雍熙,酌炼丹泉,窥笔仓,追想葛稚川、王子敬之遗风,行听滩声而坐荫木影。徘徊好泉亭上,山水之乐,餍饫极矣。而亭之旁,始得支径,逶迤如线,修竹老木,怪藤丑石,交覆而角立。破崖绝涧,

---

① 《全宋文》第一九一册,第48—49页。
② 《全宋文》第一九三册,第345—346页。
③ 《全宋文》第一五七册,第443—444页。

151

奔泉迅流，喊呀而喷薄，方暑凛然以寒。正昼仰视，不见日景。(陆游《云门寿圣院记》)①

　　无论是抗尘走俗、倦怠于仕宦，还是宿结佛缘、羁身于俗务，抑或受人之托、有志于斯文，作者一旦置身于山水与寺院之间，无不意满神惬、憺然忘归。因为这是一个远离尘世的所在，久陷浮世的人们，在此接受山水的洗涤，抖落风尘，获得暂时的清凉。走出眼下的苟且和喧嚣，真正感受诗意与远方。这是亦真亦幻的生命体验，这是回归自我的心灵召唤。因此，文人笔下的山水与寺院，总是那样充满生气而超然世外，也总是那样宁静悠远而纤尘不染。迫于世务，步履匆匆，而慊然于心间，裹足于道路。无疑，每一次的到来，都是一次心灵的仪式；每一次的离去，都是一次精神的洗礼。文人士大夫与山水寺院的相遇和交接，使他们获得了游走人间的力量与方向。

　　如果说，文人置身于山水寺院之间，产生了宁静而愉悦的审美体验，那么，与此同时，他们也不可避免地获得了达观而超越的生命憬悟。例如，罗适在《永乐教院记》中云：

熙宁初，余以赴泗水令，去乡凡二十有五年。元祐六年，始按刑二浙。明年春，抵乡曲，智贤已谢世，惟禹昭师迓余于王爱岭。师虽雪眉松骨，老瘦成翁，其神清气静，俨然若昔时。叙别话旧，伤往而感来，遂相与泫然流涕。师且告余曰："此去东南三里，即蒋山，其院名永乐，老身之故栖也。愿公临之。"因与之踏云躡翠，入长松之径，登堂皇，卷帘四顾，美乎哉，前岩后峰，左冈右陇，流泉若蛇，盘屈而东注。东北有峰最高曰石柱，师曰："以多大楞名之也。"是时春色在物，夕阳满山，野花开而百鸟啼，微风起而白云乱，幽芳可撷，逸兴俄生。于是与师扶

---

① 《全宋文》第二二三册，第81—82页。

第四章 碑文敞开的文人佛学诉求

栏握手,相顾而笑,论无生之法,尽涤有虑之尘缘,言皆投机,默而心喻,何必须过虎溪然后称陶潜、远大师之忘形也与?①

羁身宦途,暌别乡国,及至归来,已然物是人非。其间人生之况味,最易引发作者对生命存在的思索。置身寺院与自然之间,山重水复,花开鸟啼,微风习习,白云悠悠,与老禅师执手扶栏,相视而笑,妙然心会,脱略形骸,尘缘尽涤,而顿悟无生之法。又如,杨万里《永新重建宝峰寺记》:

> 安福之南垂,永新之北际,介乎其间,有山孤秀,其高五千尺,其袤数十里。远而望之,俨乎如王公大人弁冕端委,秉圭佩玉,坐于庙堂之上,使人一见而敬心生焉。迫而视之,澹乎若岩壑幽人被薜荔,带女萝,餐菊为粮,纫兰为佩,呼吸日月,授掌云烟,使人一见而尘心息焉。故老相传,其名曰万宝峰云。距山不远,有浮屠氏之宫曰宝峰寺,饮山之翠,纳山之光,领山之要,里之人乐游焉。而乐之尤者,槎江居士朱君讳戬也。始游而爱其幽邃,昕而来,夕而返,超然有会于心,久而忘归。②

作为南宋高宗、孝宗时期著名的政治家、理学家、文学家,杨万里以诚立身,忠正为国,堪称乱朝柱石。虽然《宋元学案》谓之"为人刚而褊",③但从其关于寺院的书写文字中间,我们依然能够感受到,其内心深处也有向往超然的一面。当然,作为理学家的杨万里,和一般文人的不同之处在于,他仅仅将这种超然物外的生命状态,作为一种精神向往安放在心中,以缓解由现实政治与时代使命带来的焦虑和压力,偶或探访山林,也绝不沉迷其间,

---

① 《全宋文》第七五册,第322页。
② 《全宋文》第二三九册,第349页。
③ (清)黄宗羲著,全祖望补修:《宋元学案》,陈金生、梁运华点校,中华书局1986年版,第1427页。

表现出理性的超然和宁静的达观态度。

  综上所述，从宋代文人的寺院碑文中，从那些关乎自然山水与寺院建筑的描写里，我们分明能够感受到宋代文人多维度的精神空间，体察其温润摇曳的生命情怀。游走在山水与寺院之间的他们，不仅看到了滚滚红尘之外的自我，而且增加了转身进入茫茫尘世的底气和力量。

第二节　诉诸碑文的佛学省思

  自从佛教东渐以来，对佛教精神的接受和传播，其途径日益多元化，这是佛教历久弥兴的动力所在。而文人士大夫阶层在这一异质文化与本土文化的融会过程中，其发挥的作用是不可替代的。因为士林从来都是一个时代文化核心价值的代言者和诠释者。在多元文化的对话与碰撞中，知识阶层以其独特的文化优势，居中斡旋，上达朝廷，下及民间，以思想之光照亮不同文化之间的暗昧之区，最终使之由眈眈相向转为握手言欢。毋庸置疑，宋代佛教思想参与宋型文化建构的过程中，宋代文人通过其佛学书写，承担了传递、解释和镕冶的历史文化角色。从宋代文人撰写的寺院碑文中，我们读出了丰富的内容，反映了他们借助这一表达形式，对佛教在当时的文化价值，所作的多维度省察和问思。主要有以下五点。

  第一，是对佛教教义的理解和思考。虽然晚唐五代以来，中国佛教流派纷呈，即使禅宗一脉，就有了所谓的五家七宗之说，遑论尚有天台宗、净土宗、华严宗、唯识宗等。但无论怎样枝叶婆娑，其基本精神是一致的。不同宗派间的区别，仅仅在于主张修行佛道的路径和方法不同而已。故在此限于篇幅，不拟依照不同宗派的观点而条分缕析，下面仅举五例，对宋代文人的

第四章　碑文敞开的文人佛学诉求

佛教思想阐释，做大致说明。

1. 释氏之为道也，兼济于人不待乎达，独善之乐不专于穷，以悲智为修者也。悲之为言，仁之端也。能与众多作大饶益、去大患难、获大安稳，视物之累，如身之忧，建功而不祈赏，益善而不祈报，此悲者之为也。智之为言，介之徒也。守静默、舍欣厌，居市朝而非显，宅山林而非晦，身同梦幻，性等空虚，离五蕴，超三有，此智者之为也。（余靖《韶州开元寺新建浴室记》）①

2. 昔如来以一大事因缘，见于五浊恶世，与其初学十地之徒，敷衍微密之教。及其究竟成就，则遍满十方，各从五体，同放宝光，交加相罗，犹如宝网。盖道至于融，则光无不照；义至于了，则神无不通。（张商英《普通寺记》）②

3. 人人身中有如来相，结加趺坐，俨然不动，如石中金，如木中火，如琴中声，如井中泉，如云中日，湛然具足，无欠无余，何假外求？弟以众生从无量劫来，无明覆蔽，不能觉照，沉迷三界。譬如真金堕不净处，隐没不见，卒难语以无漏圣道，示佛知见，是故由事入理，须假建立兰若，崇梵容饰，使之睹相生善，皆为最上一乘。（贾廷佐《宋婺州东阳县昭福院殿记》）③

4. 佛以大智慧，独见情性之本，将驱群迷，纳之正觉，其道深至，固非悠悠者可了。若夫有为之法，曰因与果，谓可变苦而乐，自人而天，诚孝子慈孙所不能免也。（李觏《修梓山寺殿记》）④

5. 或称离一切相，是之谓法；依十方佛，是之谓宗。予曰，不也。

---

① 《全宋文》第二七册，第72页。
② 《全宋文》第一〇二册，第179页。
③ 《全宋文》第一九四册，第341页。
④ 《全宋文》第四二册，第325页。

155

夫舍妄求真，必有二体；摈外修内，则立中间。是扰扰之群生，执种种之差别。弃大海之水，误认一沤；舍如意之珠，更求至宝。乃有三僧祇之辛苦，五浊恶之流浪。无缚求解，捏目取华。由是能仁悯怜，正眼提唱。法无可得而名说法，言虽终日而未尝言。（宋祁《复州乾明禅院记》）①

余靖以兼济、独善之语，阐明佛教悲、智之意，认为佛教溥施于人天，对芸芸众生，一视同仁，无分厚薄，存以悲悯之情怀，使之"去大患难、获大安稳"；同时，以般若之智慧，而"离五蕴，超三有"，觉识"身同梦幻，性等空虚"，从而洞彻人生真相。作为著名的居士、佛教外护，张商英对佛教精神的理解，有许多精深详密的阐述，此处所言属于华严宗教义，揭示佛境之秘奥，在于周遍圆融，认为群生漂没于苦海，不能拯拔，归因于积障难消，自取狂惑。贾廷佐之论，则表达了一个基本的佛教观念：人人都有佛性。而其观点之关键，在于对这种成佛的可能性的深刻认识，他通过一系列生动形象的比喻，告诉人们，将可能变成现实，还有一个修和悟的过程。影响世人觉悟的因素，就是"从无量劫来，无明覆蔽，不能觉照，沉迷三界"。值得注意的是，仁宗时期以批佛著名的学者李觏，随着对佛教认识的逐渐深入，后来也发生了思想转变，他也认识到佛教有大智慧，能独独照见人的情性之根本，所以它能够"将驱群迷，纳之正觉"，指出了佛教对人心的探察之深至。宋祁认为，众生之迷妄，缘于执着二边，本末倒置，沉溺浊恶，舍真趋幻，流浪生死而惘然不觉。

第二，世人对佛教的普遍需求。由于佛教在传播过程中，针对不同的人群，根据其文化背景和具体诉求，选择不同的权宜方便，所谓应病与药，因此其普适性充分体现于其强大的渗透力上。这一点我们从宋代文人的下叙四

---

① 《全宋文》第二四册，第383页。

第四章 碑文敞开的文人佛学诉求

例中，能够明确感受到。

1. 佛氏生于西域，与诸华土壤断绝，殆将万里。其灭度后且千岁，摩腾、竺法兰始持其书逾葱岭，东土当时未之识也。乃绎汉明秘梦以肖其像，复筑鸿胪外馆以居其徒，绅其梵音以通华言，讽诵讲说，日渐月清，自是迄今又且千岁。天下之俗，云蒸波委，秀眉之老，毁齿之童，服役其事，惟恐在后；百户之邑，十家之乡，铙鼓梵呗，未尝可阙。其故何哉？盖佛以大权宠万化归于至理而已。其为教也，禁杀伐，断淫妄，崇布施，重忏悔。性命之说，付之通博之士；因果之论，精入鬼神之域。使贤者务修，愚者生怖，同归于善也。(余靖《广州南海县罗汉院记》)①

2. 余尝怪天下多故，县官财匮力屈，天子减膳羞，大臣辞赐金，将吏被介胄而卧，士大夫毁车杀牛以食；而吾民则输家财助边，率常睍睍然举首蹙额，病视其上，无慨然乐输之意。而佛之徒无尺寸之柄，左右绍介之先，瓦盂锡杖，率尔至门，则倒衣吐哺，躧履起迎，惟恐后已。乃捐金帛，指囷廪，舍所甚爱，如执左契，交手相副无难色。此何道也？余观迂老，积精炼，学苦空，敝衣粝食，不以一毫私其身，日以饬蛊坏、起颓仆为急，又饬其徒二三辈持钵扣门，或持簿乞民间，日有获焉，惟资以治寺。以故一方之人向慕之，凡所欲为无不如志，故成就如此。(孙觌《平江府枫桥普明禅院兴造记》)②

3. 浮屠氏法，始汉明帝时入中国，荧荧乎魏、晋，煌煌乎宋、齐，炟赫炽炎乎梁、陈、周、隋之间。王公卿士，上焉而倡导；豪贾大姓，下焉而服从。父提子手，不释不归；兄诏弟耳，不佛不师。货贝玉帛，怪乐弃施；肤发支体，无所爱吝。州供里养，家擎户跽，祈利益，怖罪

---

① 《全宋文》第二七册，第69页。
② 《全宋文》第一六〇册，第379页。

157

苦，心诚力勤，一以宗乎其教，如趋市然。有金碧丹刻，制拟王者不为之僭；炎而凉，寒而燠，钟鼓而食，不为之泰。（赵抃《龙游县新修舍利塔院记》）[1]

4. 夫天地者，烦恼之毁宅也；世界者，生死之业流也。人之生也，与爱俱生，怛忾乎名利，盖缠者嗜欲。鸟惊兽骇，驰走乎烈焰；龟沉鱼跃，出没乎惊波。翳元明而不知，甘众苦而不恨。伎忌而得者谓之能，放肆而前者谓之达。其生也与梦寐等，其死也与粪壤俱。圣人哀之，故谓之御三乘之轮，舣六度之航，以接痴冥，以拯昏溺。（夏竦《青州龙兴寺重修中佛殿记》）[2]

余靖认为，佛教东来，将近千年，影响广泛，深入人心，历久不衰。究其因，乃在于无论贤愚，皆因佛教之诱导，而同归于善。南宋高宗时期的孙觌，在深入观察的基础上，发现一种社会现象，时值金兵南犯，国力日蹙，上自皇帝下至各级官吏，不得不厉行节约，倾尽全力应对来犯之敌；而民间百姓在"输家财助边"的事情上，非但不上心，甚至不情愿，"无慨然乐输之意"。比较而言，一旦有僧人为修建寺院化缘而来，他们则表现出极度的虔诚和热情，常常是毫不犹豫，倾力相助。作者在此叙述了平江府枫桥普明禅院法迁，以其精诚无私、笃志佛道，而感动信众、化育一方。作者以此分析了佛教得人心甚于朝廷的根本原因，在于其真诚不欺，大爱无私。仁宗至神宗时期朝廷的股肱之臣赵抃，同样看到了广袤民间，人不分男女长幼、贤良愚骏，地不限东西南北、古往今来，无不对佛教拳拳服膺。夏竦则通过分析，揭示了世人笃信佛教的根本原因，他认为，芸芸众生汩没于茫茫欲海，而不自知，生如梦寐，死同粪壤。而我佛慈悲，御三乘，舣六度，接痴冥，拯昏

---

[1]《全宋文》第四一册，第275页。
[2]《全宋文》第一七册，第177页。

第四章 碑文敞开的文人佛学诉求

溺。这也说明,在宋代,佛教已然成为民间社会普遍的宗教信仰,尤其是南宋以来,随着异族的侵入而导致的陵谷巨变,在民族、时代与个体的深重灾难面前,佛教的警示与抚慰意义,就会更加鲜明地得以彰显。

第三,佛教对人心的感化,显示出无可比拟的强大力量。世间的一切是非善恶、兴衰成毁,皆缘于人心。佛教抓住了这一关键。下面举五个例子。

1. 余尝论佛之心甚恕,道甚广,欲随其分量,各有所得而后已。上士即心悟佛,一言不立矣,然其心以为天下后世,安能使人尽皆如己,指迷觉妄,为大道师,则其言其书不获已也。其次者,闻佛之风而说之,诵其言,因得其心,还以所得,欲广诸人而传诸后,则尊其言而藏其书,不敢忘也。其下者,匹夫匹妇之愚,目不识书,平居钳于财利,锢于罪恶,奸欺顽戾,靡所不至,虽刑赏不能劝惩,一旦信吾佛之说与善恶之报,遽捐所吝,输之浮屠,对像设则屈伏瞻礼,能于俄顷间使善信之心恍然皆然,是孰使之然哉?彼皆不得于心而求之言,不得之言而求之书,书与言卒未有得,而求之于闻睹,目骇心回,转相告语,则其所求如佛者,亦或有得于一念之间也。(吴元美《重光寺记》)①

2. 一切世有为之法,皆有分齐,长短可度,轻重可权,浅深可侧,小大可稽。至于佛法,则大不然,渊乎妙哉,视之不见,听之不闻,智不能知,识不能识。古经云以思惟心测度如来圆觉境界,如取萤火烧须弥山,终不能着。观夫世之治生殖业,铢积寸累,可谓勤矣。假使骨肉就其乞贷,爱惜靳吝,未尝轻捐。至佛会中,心生悲喜,则倾囊倒廪,略无留难。又其最者,身体发肤,头目髓脑,于弹指项弃舍如遗。其故何哉?盖净智妙圆,与吾如来本同一体,念起背觉,遂尔合尘,尘昏本明,辗转不息,佛以慈悲,哀怜覆护,于生死海,誓作津梁。犹如父母

---

① 《全宋文》第一八六册,第85—86页。

惜所爱子，子出远游，望望不至。彼为子者，漂流途路，虽未即归，寝食之间，尝怀忆念，闻说父母，涕泪目垂。感召之因，疾若桴鼓。此岂可以情量揣摩，笔舌形其万一哉？（潘良贵《宝林禅寺记》）①

3. 道之不一久矣，人善其所见，以为教于天下，而传之后世，后世学者或徇乎身之所然，或诱乎世之所趋，或得乎心之所好，于是圣人之大体，分裂而为八九。博闻该见有志之士，补苴调胹，冀以就完而力不足，又无可为之地，故终不得。盖有见于无思无为，退藏于密，寂然不动者，中国之老、庄，西域之佛也。既以此为教于天下而传后世，故为其徒者，多宽平而不忮，质静而无求，不忮似仁，无求似义。当士之夸漫盗夺，有己而无物者多于世，则超然高蹈，其为有似乎吾之仁义者，岂非所谓贤于彼而可与言者邪？（王安石《涟水军淳化院经藏记》）②

4. 浮屠氏之教流而至诸华也，迨晋之东，其法益炽。以大设权，实示方便，指因报，明利益，故自世主至于士民，莫不甘心焉。五方异禀，四夷殊类，气俗之别，欲恶不同，法制所弗齐，礼义所弗加，甚者至有不识父，而大率知奉佛。（张方平《蜀州修建天目寺记》）③

5. 古学道之士，灰心泯志于深山幽谷之间，穴土以为庐，纫草以为衣，掬溪而饮，煮藜而食，虎豹之与邻，猿狙之与亲，不得已而声名腥芗，文彩发露，则枯槁同志之士，不远千里，裹粮蹑屩，来从之游。道人深拒而不受也，则为之樵苏，为之舂炊，为之洒扫，为之刈植，为之给侍奔走，凡所以效劳苦、致精一，积月累岁，不自疲厌，觊师见而闵之，赐以一言之益，而超越死生之岸。乌有今日所谓堂殿宫室之华，床榻卧具之安，所须而具，所求而获也哉！（张商英《抚州永安禅院僧堂记》）④

---

① 《全宋文》第一八五册，第421—423页。
② 《全宋文》第六五册，第59页。
③ 《全宋文》第三八册，第155页。
④ 《全宋文》第一○二册，第190—191页。

第四章 碑文敞开的文人佛学诉求

高宗时期的吴元美,将佛教对人心的感化,分为三个层次:"上士即心悟佛",所谓"上士",当指具有较高的文化修养,对佛教之密旨有亲切洞彻的观照。这一群体属于佛教精神的主要载体和传播者,当包括得道高僧和文人居士。其次是"闻佛之风而说之"者,这一群体,当为社会一般信众,他们不必研读佛典,不必对佛法大义一问究竟,只是一味信从。最下等者,是奸欺顽戾之匹夫匹妇,这类人目不识丁,贪于财利,怙恶不悛,浮生浪死。似乎对人间的一切道德法律戒条,都毫无忌惮之心。唯有佛教善恶报应之说,对他具有震慑之力。下文之张方平所论,与此同。潘良贵感叹佛法"渊乎妙哉",不可思议。而它对人心的召唤和收复之力,是世间任何一种情感和智慧都不可替代的。值得玩味的是,他将佛法比作慈母,将世人比作流浪在外、迷失归途的孩子。是母亲深沉博大、无远弗届之慈爱,最终唤回了淘气顽皮、贪恋戏弄的孩子。王安石则从一个全新的角度,阐述了佛教之于人心的意义和价值,他认为佛教能使人"宽平而不忮,质静而无求,不忮似仁,无求似义"。也就是说,有佛教修养的人,心胸开阔,待人和善,淡泊宁静,无欲无求,其品质有似于传统意义之仁义君子。张商英则从学人对高僧的态度的视角,阐明了佛教对于渴望解脱者,具有多么重要的牵引力和指导性。

第四,宋代文人认识到,塔庙庄严,这些可触可感之寺院建筑,对世人具有警示震慑、驱之向善之效。如以下三例所示。

1. 建塔庙,散香华,奉经典,摄受妄迷,而为功德,有为者为之。虽然,佛灭度二千年,世与法交相丧,浊劫下根,詃为愚冥,非广示像法,无以震动而倾骇之,使趋善良。(宋庠《台州嘉祐院记》)[①]

2. 其下者,匹夫匹妇之愚,目不识书,平居钳于财利,锢于罪恶,奸欺顽戾,靡所不至,虽刑赏不能劝惩,一旦信吾佛之说与善恶之报,

---

[①] 《全宋文》第二〇册,第429页。

遽捐所吝，输之浮屠，对像设则屈伏瞻礼，能于俄顷间使善信之心恍然皆然，是孰使之然哉？彼皆不得于心而求之言，不得之言而求之书，书与言卒未有得，而求之于闻睹，目骇心回，转相告语，则其所求如佛者，亦或有得于一念之间也。（吴元美《重光寺记》）[1]

3. 乾道庚寅，婺州城西净土禅寺新塑十八大罗汉像，伟岸奇古，神彩暸然。士女大会，香云蟠结，擎跪赞叹，谓殊胜事，独未曾有。赞叹既已，有问于众："是诸尊者或在中土，或在异域，山椒水岩穷绝之境，辛苦学道，成此果位。天人恭敬，龙鬼赞慕，鸟兽降服，奉宝布金，摘花献果，皆得证发无上善心。今我所睹诸相，特以人力斫木为体，水土成塗，体具肤全，加被五采。或现禅定，偏袒趺坐；或现炷香，支颐默然；或擎盂水，与大龙王同清凉趣；或伏猛虎，使自消灭，狼戾怖畏。工以巧心，幻出诸相。而我何为一瞻敬礼，便当获福无量无数？况复瓣香能为感通数千万里，于刹那顷煮茗浮花，神灯飞空。如此颠倒，无有是处。"有答于众："是善男子，心目内外，妄作分别。今我与汝心从何来？姓字甲乙，更相称谓。自从无始逮于今世，不知几身复几姓字。建立宫宇，撞钟布座，妓乐歌舞，作大快乐。如彼昆虫蝼蚁子等，见如是事，眩惑狂走，谓大奇异，谓大神怪。今汝所说，亦复如是。耳目可接，汝信不疑；所不可接，便谓颠倒……是诸尊者有大愿力，坚固如金刚，应化如钟谷，法身圆对，规矩直立。彼空中灯，是汝心灯；彼瓯中花，是汝心花。心无有二，法亦如是，以心感心，本来一故，云何区别肉身、土偶！惟心惟法，遍满虚空，墙壁瓦砾，皆具佛道。"（苏谔《净土禅寺新塑罗汉记》）[2]

---

[1] 《全宋文》第一八六册，第85—86页
[2] 《全宋文》第二四二册，第147—148页。

第四章 碑文敞开的文人佛学诉求

从前面的相关论述中,我们已经感受到,宋代寺院,无论坐落在红尘滚滚的十字街头,还是栖隐于人迹罕至的山巅水滨,多半都在反复修建过程中,以富丽堂皇、雄壮靖深的面貌呈现在世人面前。它不仅意味着佛教的兴盛,其实从本质而言,更标志着佛教的世俗化。许多时候,不管是皇亲国戚、文人士夫,还是巨商大贾、贩夫走卒,涉足于寺院,并非都能以虔敬之心直面自我。因此,唐代以来寺院的核心建筑法堂,到晚唐五代以后,逐渐被供奉释迦如来的大雄宝殿所取代。一座寺院的经济实力、建筑规模、影响程度,往往能够从大雄宝殿的体貌反映出来。大凡闻名遐迩的古寺大刹,其大雄宝殿都呈现出雄伟壮丽、庄严肃穆的面相,殿中以释迦牟尼佛为核心的雕塑群,都极尽雕彩铺张浮夸之能事。任何一位香客、信众,一脚踏进这里,赫然耸立的佛祖,定然能够产生不可思议的心灵威慑,使得芸芸众生陡生悚怖之意,对蛰伏于心灵深处的各种恶念,定然具有震慑收伏之效。大抵由于这个缘故,寺院以塔庙庄严之相面对俗世,正是佛教智慧的体现,所谓应病与药,对症下药,此其意也。显然,宋代文人也意识到了个中之秘,因此,宋庠说,对那些"浊劫下根"、冥顽不化之人,必须通过体貌巨大、气势庄肃的佛像,使之产生震动倾骇之感。吴元美也认为,只有以塔庙庄严,直接诉诸众生感官,使之于闻睹之际,得以目骇心回,弃恶从善。

第五,文人士大夫往往从自己坎壈遭际中,深刻感受到佛教在精神治疗方面的意义。如以下四例。

1. 师,钱塘人也,姓仲氏,名善升。十岁出家,十五通诵《法华经》,十七落发受具戒。客京师三十年,与儒者游,好为唐律诗……师深于琴,余尝听之,爱其神端气平,安坐如石,指不纤失,徽不少差,迟速重轻,一一而当。故其音清而弗哀,和而弗淫,自不知其所以然,精之至也。予尝闻故谕德崔公之琴,雅远清静,当代无比,如师则近之矣。

(范仲淹《天竺山日观大师塔记》)①

2. 始予少年时,父母俱存,兄弟妻子备具,终日嬉游,不知有死生之悲。自长女之夭,不四五年而丁母夫人之忧,盖年二十有四矣。其后五年而丧兄希白,又一年长子死,又四年而幼姊亡,又五年而次女卒。至于丁亥之岁,先君去世,又六年,而失其幼女。服未既而有长姊之丧。悲忧惨怆之气,郁积而未散,盖年四十有九而丧妻焉。嗟夫,三十年之间,而骨肉之亲零落无几!逝将南去,由荆楚走大梁,然后访吴、越,适燕、赵,徜徉于四方,以忘其老。将去,慨然顾坟墓,追念死者,恐其魂神精爽,滞于幽阴冥漠之间,而不复旷然游乎逍遥之乡,于是造六菩萨并龛座二所。盖释氏所谓观音、势至、天藏、地藏、解冤结、引路王者,置于极乐院阿弥如来之堂。庶几死者有知,或生于天,或生于四方上下,所适如意,亦若余之游于四方而无系云尔。(苏洵《极乐院造六菩萨记》)②

3. 元丰二年十二月,余自吴兴守得罪,上不忍诛,以为黄州团练副使,使思过而自新焉。其明年二月,至黄。舍馆粗定,衣食稍给,闭门却扫,收召魂魄,退伏思念,求所以自新之方,反观从来,举意动作,皆不中道,非独今之所以得罪者也。欲新其一,恐失其二。触类而求之,有不可胜悔者。于是,喟然叹曰:"道不足以御气,性不足以胜习。不锄其本,而耘其末,今虽改之,后必复作。盍归诚佛僧,求一洗之?"得城南精舍曰安国寺,有茂林修竹,陂池亭榭。间一二日辄往焚香默坐,深自省察,则物我相忘,身心皆空,求罪垢所从生而不可得。一念清净,染污自落,表里翛然,无所附丽。私窃乐之,旦往而暮还者,五年于此

---

① 《全宋文》第一八册,第423页。
② 《全宋文》第四三册,第169页。

矣。(苏轼《黄州安国寺记》)①

4. 余既少而多病,壮而多难,行年四十有二而视听衰耗,志气消竭。夫多病则与学道者宜,多难则与学禅者宜。既与其徒出入相从,于是吐故纳新,引挽屈伸,而病以少安。照了诸妄,还复本性,而忧以自去。洒然不知网罟之在前,与桎梏之在身,孰知夫岭远之不为予安,而流徙之不为予幸也哉?(苏辙《筠州圣寿院法堂记》)②

作为有宋一代士人群体的精神领袖,仁宗朝杰出政治家范仲淹,一生忠正立朝,气象伟然,心怀天下,实乃朝廷柱石。就是这样的谔谔儒者,却能够由衷叹赏一位高僧的精湛琴艺。他从日观大师的琴声中,听出了"清而弗哀,和而弗淫"之高韵,感受到了高僧"神端气平""雅远清静"之风神。这里,作者似乎为我们揭示出文人士流,汩没宦海、鞅掌道途之际,为什么喜欢拨冗探幽,寻访寺院,参谒高僧。亲炙大师的清神远韵,不啻为一种精神的洗礼,从中获得的不仅是疗伤后的愉悦与轻松,更是获得了一种笃定和方向。苏洵则以自己独有方式,达成了疗救和解脱的功效。在有限的人生历程中,在一次又一次目睹亲人的病亡中,他不断被抛入骨肉瓠离的深哀剧痛,强烈感受到生命的短暂与孤独。这种伤痛不是借助时间的绵邈和空间的悬隔,就能够得到缓解的,最终苏洵不得不诉诸佛教,通过具体的礼佛方式,以超度亡灵,根治心殇。较之于乃父,苏轼借佛教以疗伤,表现得更为深至而亲切。置身贬所,回望过往,苏轼寻求自新之方,于安国僧舍,深自省察,观照生命之本真,其自省的结果是"物我相忘,身心皆空""一念清净,染污自落,表里翛然,无所附丽"。可谓颇自有得。而一向性情温粹、理性笃诚的苏辙,在遭到贬谪时,同样以佛教自救,活出了充满生机的人生之境。苏辙的

---

① 《全宋文》第九〇册,第432页。
② 《全宋文》第九六册,第177—178页。

高安之贬，是其宦途之挫折，而置身谪居之地，对自我存在境况的检视与内省，使其自然而然地从思想上趋近于佛教。文章没有关于佛学思想的高深讲论，而仅仅结合自己的生命况味，感知佛教之于人心的重要，娓娓道来，优柔婉曲，使人备感亲切。

综上所述，以寺院碑文的书写为契机，宋代文人通过气象万千、异彩纷呈的文字，淋漓酣畅地表达了对自然山水的亲和与倾心，阐述了关于佛教精神在救治人心方面的积极意义，结合自己的生命体验，反躬自省，深刻感受到佛教在面对惨淡人生之际表现出来的宽容、超然和宁静。这不是对现实的逃避，而是引导世人以般若慧眼，从另一个角度谛视现实与人生，从而获得前行的信心与方向。

第三节 儒学视野的儒释之辨

可以说，佛教在被接受的广度和深度方面，到宋代达到了前所未有的程度。广度姑且不论，就深度而言，由于宋代出现大批内外兼修、学识渊深的得道高僧，加之大量著名文人对佛教的亲近甚至皈依，他们彼此之间不仅有着层次不同的交流和交往，而且著书立说，各抒己见。前者力图证明佛教的合法性和普世价值，后者则从济世与修身的维度，探讨佛教与传统儒学之间的关系，从而与丛林言说或相辩难，或相印证，或相补充。比较而言，肯定佛教的现实意义，逐渐成为文人士大夫阶层之共识。从他们在寺院碑文的撰述中，约略可以归纳出这样几个层面：佛教与儒教在现实教化方面，具有相通性；而在争夺人心的力量和效果方面，历史与现实一再证明，佛教占有明显的优势；对于这种佛盛儒衰的状况，宋代文人不断反思，以寻绎个中因由之所在；在儒学的语境中，如何吸纳佛教的积极因素，既能更好发挥佛教的济世功能，又能使传统儒学在新的时代语境中，焕发新的活力，真正承担起拯救世道人心之重任。从中不难窥测到宋代理学的成长机制。原因有以下四点。

第一，佛教与儒教在教化人心方面，有相通之处。中国儒学自从孔、孟以来，就一直关注人心与人性。《礼记·大学》云："大学之道，在明明德，在亲民，在止于至善。知止而后有定，定而后能静，静而后能安，安而后能虑，虑而后能得。物有本末，事有始终，知所先后，则近道矣。"① 孟子云："尽其心者，知其性也。知其性，则知天矣。存其心，养其性，所以事天也。"孔颖达疏曰："人能尽极其心以思之者，是能知其性也，知其性，则知天道矣。知存其心，养育其性，此所以能承事其天者也。以其天之赋性，而性者，人所以得于天也。然而心者又生于性，性则湛然自得，而心者又得以主之也。"② 在此基础上，唐代李翱云："人之所以为圣人者，性也。人之所以惑其性者，情也。喜怒哀惧爱恶欲七者，皆情之所为也。情既昏，性斯溺矣。非性之过也，七者循环而交来，故性不能充也。水之浑也，其流不清。火之烟也，其光不明。非水火清明之过。沙不浑，流斯清矣，烟不郁，光斯明矣。情不作，性斯充矣。"③ 对此，冯友兰阐释说："此虽仍用韩愈《原性》中所用之性情二名词，然其意义中所含之佛学的分子，灼然可见。性当佛学中所说之本心，情当佛学中所说之无明烦恼。众生与佛，皆有净明圆觉之本心，不过众生之本心为无明烦恼所覆，故不能发露耳。"④ 可见，人性是传统儒学和佛教共同关注的焦点，虽然话语形式不同，但其认识的深度和实质接近。这就为宋代文人在寺院碑文中的相关论述，提供了确切的思想文化背景。兹

---

① （清）阮元校刻《十三经注疏》之《礼记·大学》，中华书局1980年版，第1673页。
② 同上书，第2764页。
③ （唐）李翱：《复性书》，四部丛刊本。
④ 冯友兰：《中国哲学史》下册，重庆出版社2009年版，第215页。

举五例予以论述。

1. 佛之道与吾儒之道同，佛之教与吾儒之教异。贝叶所译，与《周易》《论语》诸书所载意义时有暗合处。周、孔、瞿昙，果有以异乎？抑无以异也？独其流自为门户，如冰炭，如水火，党同伐异，不胜其纷然矣。(杨椿《永福禅寺记》)①

2. 圆明实□，非相之可观，故清净法身，非形之所谕。即心返照，法谭昭然；认境迷声，去之远矣。盖念修□证之果，积习者佛之因。慧灯之明，万恶自破；法雨才布，群疑已亡。如登高山，起于□步，跬步不已，其高可至。如为植佳，起于毫毛，其大□□。菩提之果，并复如是，积而不倦，何所到邪！而谓无修无证，无果无因，放之自然，亦非通论□□既已学吾圣人之道，而又能仰遵释迦之法，佛之与儒，其名□□□而其道未始有□；迹则异，而其归未始不同。苟造理以深□□□明仁义者终身之原，□身是为戒行；尽性者□□□之要，悟□是为禅定。□本不二，人皆自迷，倘得诸心，何有诸方□邪！(尹修《岷州长道县寿圣院六级宝塔记》)②

3. 佛之为说，与孔子异乎？不异也。何以知其不异也？以其为教知之。孔子以知止而后有定，定而后能静，静而后能安，安而后能虑，虑而后能得也。孔子传之曾子，曾子传之子思，子思传之孟子矣。而佛之教由戒生定，由定生慧，盖与《大学》之说无异者。孟子以万物皆备于我，反身而诚，乐莫大焉。而佛之说以天地万物皆吾心之所见，山河大地皆吾身之所有，正与孟子之说同，吾是以知佛之说与孔子不异也。(吕本中《仙居县净梵院记》)③

---

① 《全宋文》第一八六册，第 11 页。
② 《全宋文》第一三六册，第 322—323 页。
③ 《全宋文》第一七四册，第 84—85 页。

4. 今夫天下之人，自王公至匹夫，居必庐、寒必衣、饥必食，凡所以养生集类者，不取之以其力，则以其道也。惟浮屠氏不耕不蚕，不贸不作，安坐放言，而养生之物有须必具而加侈焉，世无与之争者，岂所谓取之以其道者耶？使其道可尊，其法可恃，其言可以明理而化物，则其为道也，不素餐兮莫大于是，亦何儒、释之分哉。苟无是也，名其名，服其服，安享侈厚，而曰我分盖如是，谓之盗释可也。若文雅，一为浮屠，终身守其教戒，又能作其废事，仰而睹其导师，俯而面其众，自称曰浮屠氏，中心无所怛焉，与世之盗道负愧者，亦有间矣。(程俱《衢州常山县重建保安院记》)①

5. 佛祖教宗必有所付托而后去，因缘而后起，顾瞻而后住，乃着于世。其要有三，曰时、曰人、曰地。人得时故行，地得人故用，常相待而济焉。公卿大夫，运时者也，其学苟能脱卑污、陟高明，遂见孔子、佛、老论道之本同归而一致。佛老之所详，孔子之所约，服味器用，动静语默，未尝同者，各随其时，各因其方而然也。自得者由约而见佛，得于人者即详而后知孔子。虽然，知之者或寡矣。无所得者以为儒其衣冠，必不可以学佛，当叛孔子而为之，此昧者之见尔。名虽尊佛，其实异之也。要在方寸之中，正一念而悟焉，无所往而不为佛，何必慕其名迹而后至哉？(黄裳《东林太平兴龙禅寺记》)②

杨椿认为，儒教与佛教道同而教异，二者在经典文献的理论层面，有暗合之处；然而，令人不解的是，现实中的儒与佛往往关系紧张，势若冰炭。尹修之文，指出儒与佛名不同而实无异，即在教化人心方面，二者途径不同，而目的一致，旨在导人向善。只是世人执着于彼此之分别，不能圆融而已。

---

① 《全宋文》第一五五册，第319—320页。
② 《全宋文》第一〇三册，第348页。

吕本中之论，更为具体深入，他将孔孟相关观点诸如"知止而后有定，定而后能静，静而后能安，安而后能虑，虑而后能得"与佛教之戒定慧三学相比较，认为二者在指向修行的途径方面，是相通的。他尤其重视孟子之学与佛教的关系，特提出孟子"万物皆备于我，反身而诚"的观点，与佛教"天地万物皆吾心之所见，山河大地皆吾身之所有"之论，是相同的见解。程俱认为真正意义上的佛教，其济世意义与儒家思想相通；但实际上不少佛教中人，披着佛教的外衣，打着佛教的幌子，招摇撞骗，苟且偷安，无所作为。这样的僧人于佛教有愧，于化民济世无益，他们是"盗道负愧者"。黄裳则认为，公卿大夫只要能够志存高远，脱离卑污，臻于澄明廓然之境，就会发现，儒释道殊途而同归。

第二，在争夺人心方面，儒教远不及佛教。宋代士林对佛教和儒教在民间社会的影响力，进行深入的观察，他们发现，较之于传统儒教，佛教似乎更易于为老百姓所接受。并在此基础上，认识到这种现象发生的根本原因在于，佛教更能抓住人心。如以下三例。

  1. 西佛氏法唱中夏，为寺宇于中夏。先王之遗民，乐闻其法尊雄，一旦从而和之，弃世守常义弗顾，而为其徒者，靡然倾天下。西人之业，胡其如是之盛耶？岂佛氏之法，为能本生人恶欲之情而导之耶？不然，何以能鼓群俗之心如趋号令之齐一也？夫生民之情大矣，圣人知其不可充也，为之著礼明义以节养之，使不流不窘。安其分、尽其常以生死焉，而不及他道者，三代之民也。今佛氏之法，后三代而作，极其说于圣人之外，因斯民所恶欲而喻以死生祸福之事，谓人享有于其身者，皆由死生往复而取之。方于植物者，根夫善，善以之而生于今；种夫恶，恶以之而出于后。其为贵、为富、为寿、为康宁，皆根夫善者也，而统谓之福；为贱、为贫、为疾、为夭，皆种夫恶者也，而统谓之祸。福祸之报不移也。世闻其说甚惧，谓死且复生，则孰不欲其富贵康寿而恶其贱贫

第四章　碑文敞开的文人佛学诉求

疾夭？虽君子小人，一其情也。然何如即可以违所恶而获所欲？曰：非去而为佛之徒，读佛之书，则不可。人所以悦其法而归其门者，为能得己欲恶之心乎，佛亦安能强使人附之哉！如死生祸福之说，使禹、汤、文、武、周公、孔子亦尝言之，则人亦必从此六圣人而求之。如其圣人所不及，惟佛氏明言之，则人焉得不从佛氏而求之也？予谓世有佛氏以来，人不待闻礼义而后入于善者，亦多矣，佛氏其亦善导于人者矣。（穆修《蔡州开元寺佛塔记》）①

2. 噫，儒诋佛，未尝为尺寸地，虽童子不肯辄屈，曰，国家当诏四方郡无小大皆立学，本古庠序之法以为教，甫一年，学不幸而废，天下士反无一言复之者。今唯识再毁矣，皆不数年而复，其不顾咨有若七人者，其勿懈有若洪集者，其请而勿禁有若某者，是儒果出佛下甚远也。儒之人视唯识，岂独不愧？其明年五月，院成，洪集以始末来乞予言，遂书之，且以见其心之耻云。（黄庶《复唯识院记》）②

3. 儒之心迹，佛之性相，一也。道不以心性为体，故求道于心性而不可得，然所以冥于道者，心性也。迹相亦然，道不存乎迹相，故求道于迹相而不可见，然所以行于道者，迹相也……释氏自永平迄今，飨天子、公卿、士大夫或信而爱，或诋而斥，或泥而佞，或毁灭而欲其忘，其为更阅多矣。盖周、唐之二武，以君天下之重势尽力而除之，势宜不得复兴。方是之时，桑门蒲塞，涕目洟鼻，相与赍咨愤戚于隐伏之中。居未几，而塔庙之严复兴于天下，而厚费生民之力，不翅膏油之沃炭，虽暂灰死，而卒之逾炽于前也。意者祸福缘报，必有形验，而生民之震畏忻慕，沦浃肌体，所不可得去邪。（侯溥《寿宁院记》）③

---

① 《全宋文》第一六册，第36—37页。
② 《全宋文》第五一册，第249页。
③ 《全宋文》第七九册，第391—392页。

171

作为北宋前期著名的儒者，穆修将佛教之兴置于儒学背景之下，认为佛教之所以如此长盛不衰，原因在于它"后三代而作"，其所倡论的死生祸福之说，为禹、汤、文、武、周公、孔子六圣人所未尝言，而此论能够抓住人心关注之核心问题，即富、贵、康、寿与贫、贱、疾、夭，这些与世人生存状态紧密相关的问题，并且指出它们与人心善恶形影相随，而泾渭分明，毫厘不爽，故为世人所普遍接受，并使世人对佛教观念产生敬畏之心。这一观点，实质上揭示了佛教有补于儒学所不逮，而又有辅翼儒教之功能。黄庶认为，儒者之言于佛教，总不离其儒学立场，彼此对照，理性反思，实有益于时也。作者以唯识院衰而复兴为说，反映了儒教与佛教在民间社会迥然不同的认同状况，前者之寥落、寂寞，后者之繁兴、壮盛，似乎不可相提并论，儒者面对此种境况，不能不生愧耻之意。侯溥纵观佛教兴衰演变历程，指出其死灰复燃而愈其炽烈的原因，在于其祸福缘报之说，深入生民之心，对之产生震慑之效。显然这是传统儒家思想所难企及的。

第三，佛盛儒衰的原因。众所周知，宋代是中国传统儒学的重要发展时期，而宋代儒学的复兴，是经过文人士大夫阶层的理论重建和现实践履两个层面的努力，逐渐达成的。这一过程，也是在晚唐五代以来传统道德价值体系崩毁、佛教盛行的背景之下展开的。因此，有宋一代的知识群体，对佛教的认识、接受，都是以文化价值体系的重建为出发点的。而对佛盛儒衰的现状，他们进行了长期的审视、反思和探究。因此，这也成了其寺院碑文的重要内容。兹举四例予以分析之。

1. 古圣人立言垂教，皆所以长世而利物也。至若道被幽显而不遗、事见久远而易信者，其惟浮屠氏之法乎。自中国达于蛮夷，自郡县至于乡聚，凡在含识，无有愚智，一闻其说，靡不归诚而信向焉。由汉迄今，千有余岁，虽世教有隆替，而佛事未尝废绝者，以其为道一本于人心。人心欲安乐，则曰积德重者能享之；人心恶罪苦，则曰殖福厚者能去之。

故塔庙布于四方,像设备于家户,犹以为奉之未至也。(苏颂《温州开元寺重修大殿记》)①

2. 世之儒者以百氏出于道术散裂之余,而佛尤后出,自西域数译而至中国,上古之人不道也,《诗》《书》无有也,遂肆意诋斥,以为与杨、墨、申、韩等,为诡驳之说。虽然杨、墨、申、韩能行于一时,而终无抗儒者之辨。独佛法之旋废旋兴,而山海荒忽之俗,闻佛则瞻仰赞叹,与儒者并出而牢不可坏者,岂非其道神妙得于人心之自然耶?故虽不远万里,迹绝形殊,其言不可算数,而理则一也。彼以上古诗书求之者,特见其粗耳,孰知其精之在人而不自悟耶?方其因归依之感于外,而使人之内有以发其信心,则侈其事以报之,奚曰不宜?(王安国《治平禅寺记》)②

3. 由道而为言,淡乎其无味,则中士以下有不足以循之。体道而立教,则故常玩易之俗,有时而不振;辅教以制法,则依违苟且之弊,遂变而形见。至于因天下之理迹,而耀之以祸福之利害,然后多欲之生民,莫不悚动而从之。帝公之贵富,臣庶之贱卑,惟听其所煽惑而已。万一愆负容贷,而佚乐容致,则冥冥之报,显显之责,非所过而问焉也。其悚动之心一至,则割弃发肤,炮灼顶臂,无所敢爱,而况于身外之才力乎?此释氏之庄严,所以益新而每大也。(吕南公《华藏寺佛殿记》)③

4. 呜乎,怪哉!余尝读《高僧传》,至于法兰精勤经典,山中神祇皆来受法,人谓德被精灵,余窃疑其诞。及观此,则知佛慧神通,足以斥阴妖之灵响,拔重泉之沉魂,明暗两途,各获安利矣。夫怪者圣人所不语,将为后世好诞者戒也。然孔子尝谓"敬鬼神而远之",又曰"幽则

---

① 《全宋文》第六一册,第380—381页。
② 《全宋文》第七三册,第55页。
③ 《全宋文》第一〇九册,第294—295页。

有鬼神",是岂以鬼神为无哉?(吕益柔《胜果寺妙悟大师碑》)①

苏颂认为,佛教自来中国,"凡在含识,无有愚智,一闻其说,靡不归诚而信向焉",由汉到今,千有余岁,世教有隆替,而佛事却长盛不衰。原因即在于,"其为道一本于人心",顺应人心之欲恶,而施以教化,引导世人避恶从善。王安国将佛教与中国传统之杨、墨、申、韩等学说相比较,突出佛教作为外来文化,其影响力竟然超越了本土之诸说,独能与儒学分庭抗礼。究其因,乃在于佛教能抓住人心,能"得于人心之自然",故而深入人心,为世人所乐于接受与信奉。一介处士吕南公,以冷峻透辟的眼光,洞察佛教之所以能够深深影响生民之途径和原因,对儒者治世当有启示。此处作者特别注意到了作为佛教最广泛最深厚的基础,是民间社会"中士以下"的普通民众,这一广大人群,由于文化水平不高,对传统儒教义理知之不深,感之不切,故对其约束力极为有限,而佛教恰恰于儒学薄弱处用力,故能对民间社会产生立竿见影之功效。由于长期生活在底层民间,吕南公的认识非常朴实真切,而见解深刻,富有启示意义。吕益柔通过叙述胜果寺妙悟大师念动佛咒、降妖祛魅,表达鬼神之实有观念,彰显佛教之意义。此说具有一定的思想认识价值。这里的叙述也启发我们,佛教在对人心的探究方面,可谓洞烛幽微,它能够照察人心曲折丛深之处存在的诸多欲念,故能对症下药。自孟子以来,学者们对人性的探求,从未停止过,先后出现了性善说、性恶说、善恶混说、性三品说、复性说等。其实,诸多观点都从某个角度,窥测到了人心一部分真实,这一系列学说的先后相继,正说明了人心的复杂。佛教显然在诸多心性学说的基础上,以更高的智慧,对人心予以洞察,并提出了自己的认识。诚如《法苑珠林》引经云"惟无三昧经云,佛告阿难:善男子,人求道安禅先当断念。人生世间所以不得道者,但坐思想秽念多故,一念来一念去,一

---

① 《全宋文》第一二九册,第289—290页。

第四章 碑文敞开的文人佛学诉求

日一宿有八亿四千万念，念念不息。一善念者亦得善果报，一恶念者亦得恶果报。如响应声，如影随形，是故善恶罪福各别。"①

第四，儒教应从佛教中学习什么。宋代文人关注佛教，虽有个人精神调理之诉求，但归根结底，是着眼于治世之需要。因此，在寺院碑文的诸多论述中，他们常常将儒学和佛教相比较，目的在于从重振儒教的立场，体察佛教的当下意义和价值，思考儒教应从佛教学习什么，吸取什么。兹举六例以说明。

1. 儒者常论一佛寺之费，盖中民万家之产，实生民谷帛之蠹。虽余亦谓之然。然自余省事以来，观天下财力屈竭之端，国家无大军旅勤民丁赋之政，则蝗旱水溢，或疾疫连数十州，此盖生人之共业，盈虚有数，非人力所能胜者耶？然天下之善人少，不善人常多。王者之刑赏以治其外，佛者之祸福以治其内，则于世教，岂小补哉！（黄庭坚《江陵府承天禅院塔记》）②

2. 近代儒家流，以韩退之挤佛老，贤与不贤皆欲随而去之，未熟思之甚矣。夫受天命者，莫大于君中国，其间哲后辟王治乱兴亡之主，接迹而不可胜数。至于治而兴者，则诸儒必曰："非人事也，天之历数，辅治世而兴者也。"乱而亡者，则诸儒亦曰："非人事也，天之历数，厌乱德而亡者也。"夫如是则治乱兴亡之运，莫不推之于天。韩退之唐之巨儒也，以尧、舜、禹、汤、文、武、周、孔之道不行于当世，而释氏之教独盛于中国，故力排而挤之，若《原道篇》《佛骨表》，皆著辞深切，疾痛时君，奉之太过者也。其所以然者，诚欲抑之，捄其寖盛，未始不为释氏福，殆非纳而黜之，彼得益其惑，遂有会昌之祸，岂非道隆则污，

---

① （唐）道世：《法苑珠林》卷三四，《大正藏》卷五三，第552页上。
② 《全宋文》第一〇七册，第201—202页。

物盛则衰之效欤？天意若曰：蠹中国，害生民，则使大中履会昌之迹，如韩文公之比者，佐而辅之，固当拔本塞源矣，岂会昌废之未数年，而大中复之易如走丸，疾如反掌，得非天之未厌其教哉？噫，大道丧而有仁义，仁义衰而尚权诈，故尧、舜、禹、汤、文、武、周、孔之道，塞于时，杂于霸。金仙氏之说，其有不兴乎？由是源于汉，流于魏，波于晋、宋、齐、梁间，与吾儒、老子之教鼎峙于中国，若夫本空寂，破迷妄，以出生入死之说，为兴善灭恶之筌，蚩蚩之氓，从而远罪，则如来真意，深乎救世者也。而时君奉之，或多立寺宇以徼福，或广厦崇居以崇教。上焉者接之，下焉者化之，如之何不为后世弊，盖崇之者反于其道耳。文中子曰："斋戒修而梁祚亡，非释迦之罪。"此诚得之。我国家四圣御宇，烛知化源，寺观沿旧而存，率禁其创置；僧道限年而入，必试以行能。故名山胜概，或有所旌异者，非道存乎人，孰能与于此哉？（陆绛《宝严院新建佛殿记》）[1]

3. 汉代初传佛道，西域人得立寺都邑以奉其神，汉人皆不出家。魏亦循汉制。石季龙僭位，以其出自边戎，应从本俗，百姓有乐事佛者，特听之。当是时，谓之何哉？外国之神而已。及东晋、宋氏，其法乃大。盖慧院居庐山，名虽为释，实挟儒术。故宗少文就之考寻文义，周续之通五经、五纬而事之，雷次宗亦从而明三《礼》《毛诗》。儒者尝为弟子，其人得不尊乎？诸部佛经，华藻烂烂，岂西域之文宜有所助焉者也？今之释乐乞言于文士者，亦将借助矣乎？（李觏《承天院罗汉阁记》）[2]

4. 今夫儒服衣冠，则当修仁义礼乐，一取正于仲尼，乃其业也。诋訾先圣，而归向异端，五浊贪欲而守持斋素，殃民害物而忏罪祈福，实诸所有而谈论空寂，犹之弃材焉，则无可称者矣。去父母，毁肤发，攻

---

[1] 《全宋文》第三一册，第126—127页。
[2] 《全宋文》第四二册，第322页。

第四章 碑文敞开的文人佛学诉求

苦学佛,为广宫大厦以事佛而居,其徒相与绍隆而不替,此为僧之常业也。凡其所建立,必求吾儒之能文者以纪述之,若不必记,而君子有不免为之言者,亦因其教寓劝戒焉尔。(胡寅《丰城县新修智度院记》)①

5. 夫佛之道有益于世间,非特使人起为善之心而已。其毁弃天伦,绝灭世法,于吾道初若少悖,至于忘嗜欲,绝贪爱,轻富贵,外死生,视天下之物无一可以少动其心,有补于教化者甚大。呜呼!使天下之为士者皆知去贪惩欲,以天下百姓为心,而于富贵死生之分了然胸中,必将安分守义,尽节效忠,而天下不复有非常之乱。上而朝廷,何倾危之足忧;下而百姓,无侵渔之可患。天下无有不治矣。(张浚《天宁万寿禅寺置田记》)②

6. 世所以浮屠人之举事诮吾士大夫,以为彼无尺寸之柄,为其所甚难,而举辄有成,士大夫受天子爵命,挟刑赏予夺,以临其吏民,何往不可,而熟视蠹弊,往往惮不敢举,举亦辄败,何耶?予谓不然。怀素之来为是院,固非有积累明白之效,佛殿方坏,而院四壁立,今日食已,始或谋明日之食。怀素坐裂瓦折桷腐柱颓垣之间,召工人,持矩度,谋增大其旧,计费数百万,未有一钱储也。使在士大夫,语未脱口,已得狂名,有心者疑,有言者谤,逐而去之久矣。浮屠人则不然,方且出力为之先后,为之辅翼,为之御侮,历十有四年如一日,此其所以肖然有所成就,非独其才有异于人也。(陆游《建宁府尊胜禅院佛殿记》)③

黄庭坚发表了自己独到的观点:以朝廷王法刑赏治民之身,以佛教祸福观念治民之心,如此则于世教,岂小补哉。此处作者通过比较,肯定了佛教在引导治理世道人心方面,与朝廷互为表里,发挥的积极作用,意义重大,

---

① 《全宋文》第一九〇册,第48—49页。
② 《全宋文》第一八八册,第128—129页。
③ 《全宋文》第二二三册,第106—107页。

不容忽视。陆绛指出近代以来以韩愈为代表的儒者，不问究竟，以简单粗暴的方式，排挤打压佛教，结果如何？尧、舜、禹、汤、文、武、周、孔之道，后继乏人，无人力挽其衰颓之势，倒是佛教，却屡禁不止，既成死灰，亦能复燃，且呈燎原之势。他认为儒道之衰，是有原因的——"大道丧而有仁义，仁义衰而尚权诈"；佛教兴，是有道理的——"本空寂，破迷妄，以出生入死之说，为兴善灭恶之筌，蚩蚩之氓，从而远罪，则如来真意，深乎救世者也。"作为儒者，正确的态度，不应该是一味诽谤排斥佛教，而应该反思！作为著名的儒学学者，李觏考察了佛教初来中国时的情形，谨慎传道，顺应本土民意，更为重要的是，当时的高僧，名虽为释，实挟儒术，即深谙中国本土文化，以寻求对话、交流、融入之契机，接着，佛教接纳儒者为弟子，凡有建立，则请儒者为文以记之，从而扩大其影响。胡寅之文，则再一次提到丛林屡请士人儒者撰文作记，在宋代已成普遍现象。这就是佛教的生存智慧。可见，佛教以知彼知己的策略，以"不入虎穴焉得虎子"的勇气，表现出极强的渗透力和生命力，其实，这正是儒学应该从佛教里学到的智慧！作为南宋高宗朝抗金名将、儒学学者的张浚，旗帜鲜明地提出，佛教之"忘嗜欲，绝贪爱，轻富贵，外死生"等思想，极有补于教化，士人阶层，尤其是处于内忧外患的多事之秋，能够去贪惩欲，以天下苍生为念，安分守义，尽节效忠，则天下才可能走向乂安与治平。陆游指出士大夫手握重权、临其吏民，却难能成事；僧人在物力维艰、朝不保夕的条件之下，最终却能有所作为。其原因就在于，士林与丛林有着迥乎不同的生态环境，前者之险恶、污浊与苟且，后者之淡泊、纯粹与执着，形成鲜明对比，显然，如何建立高效、有力、良性的士林政治生态环境，的确是士大夫阶层应该反思的重要课题。

综上所论，宋代文人士大夫阶层，在认识儒教和佛教关系的问题方面，通过寺院碑文的书写，表达了丰富的思想见解。这些见解，对佛教的发展方向具有指导性意义，对儒学的复兴和主流价值体系的重建，具有重要的参照性和启发性。这种多维度的深入思考，对于宋代文化建设和政治建设，不仅具有理论意义，更有实践意义。事实证明，独具特色的具有近代转型意义的宋型文化的内涵与品格，就是在宋代士林与丛林的对话和交流中，逐渐生成的。

第四节　撰文勒石的教化之念

中国文化，自先秦以来即重视社会的和谐与稳定，为此，不同社会文化背景的士人，各持己见，著书立说。比较而言，在实现和谐与秩序方面，更具持久影响力的，当然是儒家的以仁义之道、入世精神为主要内涵的教化思想。在治世方面，儒家特别强调对平民百姓的教化。例如，《周易·贲卦》象辞云："刚柔交错，天文也；文明以止，人文也。观乎天文，以察时变，观乎人文，以化成天下。"① 孔颖达疏云："'观乎人文，以化成天下'者，言圣人观察人文，则诗书礼乐之谓当法此教，而化成天下也。"也就是说，推行诗书礼乐之教，天下可归于化成之境。《论语·颜渊》中也说："季康子问政于孔子曰：'如杀无道以就有道，何如？'孔子对曰：'子为政，焉用杀？子欲善，而民善矣。君子之德风，小人之德草，草上之风必偃。'"② 非常明确地指出，士人群体的精神面貌，对平民社会风气具有极为重要的影响。汉代《诗大序》云："风，风也，教也。风以动之，教以化之""故正得失，动天地，感鬼神，莫近于诗。先王以是经夫妇，成孝敬，厚人伦，美教化，移风俗。"③ 这种诗

---

① （清）阮元校刻《十三经注疏》之《周易正义》卷三，中华书局1980年版，第37页。
② 同上书，《论语注疏》卷一二，第2504页。
③ 同上书，《毛诗正义》卷一，第269—270页。

教观与先秦孔孟思想一脉相承,从而形成中国政治教化的传统。宋代文人的主人翁意识和担当精神,超过以往任何一个时代,因此,教化百姓,实现社会稳定、国家强盛,成为一代士人群体共同的价值取向和现实追求。这种思想也在其书写的寺院碑文中,得到了深入而丰富的阐述。兹从以下三个方面分析。

第一,宋代文人对于佛教长盛不衰的民间影响,具有广泛的体认。他们面对不争的事实,一再发出五味杂陈的感慨。如以下五例。

1. 尝谓佛法之至也,百王不易,历世弥盛。中原之区宇,绝域之种落,户诵其书,家图其像,一睇窣堵,一嗅檐卜。或因受以悟法,或睹相以趣善。感照以应群动,广大以摄万有。裨德教,省威戮,其来尚矣。(夏竦《传法院碑铭》)[1]

2. 西佛氏法唱中夏,为寺宇于中夏。先王之遗民,乐闻其法尊雄,一旦从而和之,弃世守常义弗顾,而为其徒者,靡然倾天下。西人之业,胡其如是之盛耶?(穆修《蔡州开元寺佛塔记》)[2]

3. 佛氏生于西域,与诸华土壤断绝,殆将万里。其灭度后且千岁,摩腾、竺法兰始持其书逾葱岭,东土当时未之识也。乃绎汉明秘梦以肖其像,复筑鸿胪外馆以居其徒,绅其梵音以通华言,讽诵讲说,日渐月清,自是迄今又且千岁。天下之俗,云蒸波委,秀眉之老,毁齿之童,服役其事,惟恐在后;百户之邑,十家之乡,铙鼓梵呗,未尝可阙。(余靖《广州南海县罗汉院记》)[3]

4. 浮屠氏教流而至诸华也,迨晋之东,其法益炽。以大设权,实示方便,指因报,明利益,故自世主至于士民,莫不甘心焉。五方异禀,四夷

---

[1] 《全宋文》第一七册,第205—206页。
[2] 《全宋文》第一六册,第36—37页。
[3] 《全宋文》第二七册,第69页。

殊类，气俗之别，欲恶不同，法制所弗齐，礼义所弗加，甚者至有不识父，而大率辄知奉佛。百家之聚，必有一窣堵焉；两楹之室，必有一龛像焉。矧名都通邑，塔庙固错落相望矣。(张方平《蜀州修建天目寺记》)①

5. 观夫世之治生殖业，铢积寸累，可谓勤矣。假使骨肉就其乞贷，爱惜靳吝，未尝轻捐。至佛会中，心生悲喜，则倾囊倒廪，略无留难。又其最者，身体发肤，头目髓脑，于弹指顷弃舍如遗。(潘良贵《宝林禅寺记》)②

从上引诸例，可以看到宋代文人关于佛教存在的复杂认识：其一，佛教在中国分布极为广泛，以至于"中原之区宇，绝域之种落，户诵其书，家图其像""百家之聚，必有一窣堵焉；两楹之室，必有一龛像""百户之邑，十家之乡，铙鼓梵呗，未尝可阙"，可谓无处不在，无远弗届。其二，佛教的传播持久而不衰，"讽诵讲说，日渐月清，自是迄今又且千岁"。其三，社会民众对佛教普遍痴迷而虔诚，"天下之俗，云蒸波委，秀眉之老，毁齿之童，服役其事，惟恐在后"，为了佛教，他们不仅毫不吝惜钱财，虽然平日铢积寸累，一旦寺院有求，必当倾囊而出。有时甚至发展到极为可怕的程度："身体发肤，头目髓脑，于弹指顷弃舍如遗。"南宋陆游说："予游四方，凡通都大邑，以至遐陬夷裔，十家之聚必有佛刹，往往历数百千岁，虽或盛或衰，要皆不废"(陆游《法云寺观音殿记》)。③ 足以想见，佛教的民间影响力是多么的不可思议。

第二，宋代文人对这种强大的民间佛教影响力，进行理性审视，追究其因由。如以下四例。

---

① 《全宋文》第三八册，第 155 页。
② 《全宋文》第一八五册，第 421—423 页。
③ 《全宋文》第二二三册，第 116 页。

181

1. 师谓柳子曰："余闻在佛时，有大贤智施功若力，能消除世间一切灾苦，故于今传其道者未尝废。予嗣其法，见夫有形有类者，当罹于灾祸间，症亦治矣。太虚中，天地或有灾变，日月或有灾蚀，邦家或有灾难，人民或有灾患，夷狄禽兽或有灾疠，草木虫鱼或有灾害。予欲如在佛时，皆使免焉，故以作是菩萨，愿能消而除之。"予曰："佛之力，师之心，果若是，是亦大矣。"记其言，刊于石，以为师作记。(柳开《宋州龙兴寺浴室院新修消灾菩萨殿壁记》)①

2. 三吴奥区，控带闽粤，鱼盐所出，生齿实繁。昔仲雍之剪发文身，参以殊俗；刘濞之即山煮海，放于末游。加以勾践之好兵，民性犷悍；益之东瓯之事鬼，土风妖讹。自像法西来，渐被诸夏，次方士庶，佞佛尤谨。毁形变服，竞为菑乌之饰；倾财破产，争修浮屠之舍。含福畏祸，革音迁善。水火或蹈，徽缨罔惧，而怵报应之说，坚信向之心。奸宄用衰，民德归厚。(杨亿《处州龙泉县金沙塔院记》)②

3. 西佛氏法唱中夏，为寺宇于中夏。先王之遗民，乐闻其法尊雄，一旦从而和之，弃世守常义弗顾，而为其徒者，靡然倾天下。西人之业，胡其如是之盛耶？岂佛氏之法，为能本生人恶欲之情而导之耶？不然，何以能鼓群俗之心如趋号令之齐一也？……予谓世有佛氏以来，人不待闻礼义而后入于善者，亦多矣，佛氏其亦善导于人者矣。(穆修《蔡州开元寺佛塔记》)③

4. 浮屠人尽心于塔庙，固其职耳。能不以祸福诱胁、殚吾民之力者，盖未之见。今栖以医售，其得财，乃自奉其法而不掠于人，且厚其弟，以安乎母，不离吾孝友之道，言乎其党，抑可尚已。故书以授之，使揭

---

① 《全宋文》第六册，第382页。
② 《全宋文》第一四册，第400页。
③ 《全宋文》第一六册，第36—37页。

诸石云。(李觏《抚州菜园院记》)①

5. 师之志则美矣，抑光虽不习佛书，亦尝剽闻佛之为人矣。夫佛盖西域之贤者。其为人也，清俭而寡欲，慈惠而爱物，故服弊补之衣，食蔬粝之食，岩居野处，斥妻屏子，所以自奉甚约而惮于烦人也。虽草木虫鱼，不敢妄杀，盖欲与物并生而不相害也。凡此之道，皆以涓洁其身，不为物累。盖中国于陵仲子、焦光之徒近之矣……师之为是堂，将以明佛之道也。是必深思于本源而勿放荡于末流，则治斯堂之为益也，岂其细哉！(司马光《秀州真如院法堂记》)②

6. 大师号无演，出于天彭张氏。幼童英烈，不甘处俗。年十五，弃家事承天院宝梵大师昭符，符记之曰："此子它日法中龙象也。"年二十，以诵经落发，受《首楞严经》于继舒。舒没，卒业于惟凤文昭，受《圆觉经》《肇论》于省身，受《华严法界观》《起信论》于晓颜，受《唯识》《百法论》于延庆。凡此诸师，皆声名籍籍，师必妙得其家风然后已。又从诸儒讲学，于书无所不观，于文无所不能，至于曲艺，学则无所不妙解。清献赵公始请师登法席，师于《楞严》了义指掌极谈，席下道俗，如饮醇酒，无不心醉。(黄庭坚《圜明大师塔铭》)③

7. 噫，佛之入中国千载矣，其宫室满天下，瑰侈穷人力，或百倍于兹，儒者病焉，欲排而去之，莫能也。余思之矣：蚩蚩之民，其心思、智虑、耳目、精神不能自主也，而主于习。习斯信，信斯久，久斯化矣。古之礼乐达乎天下，民朝夕习而化之，而后世之民不复知礼乐为何物矣。今自通都大邑，以及穷乡荒聚，必有佛氏之居为之依归，则犹三代党庠遂序之所也。其钟鼓仪物，讽诵讲说，则犹三代弦歌乡射之具也。儒者

---

① 《全宋文》第四二册，第 324 页。
② 《全宋文》第五六册，第 228—229 页。
③ 《全宋文》第一〇八册，第 95 页。

不能以道得民，而佛氏得之，将谁责欤？古今道术之变，而关乎天地盛衰之运，将谁能任之欤？然则凡佛之徒尽心力于其法者，余方叹且愧焉，奚暇訾也。（孙应时《福昌院藏殿记》）①

柳开作为北宋前期著名儒者文人，在与宋州龙兴寺道隐和尚的交流中，感受到此僧之言，言中之意，大有裨益于教化者，故愿为文刊石以记之。杨亿对东瓯事鬼妖讹之民风，流露出否定之意，突出其野蛮愚昧之特征，而佛教的渗入，其影响虽然很大，却仍未得到作者的积极肯定。然而，佛教的确在这一地区发生了正面影响："含福畏祸，革音迁善""奸宄用衰，民德归厚"，从而使杨亿认识到佛教客观存在的教化意义。穆修作为北宋前期之儒者，对佛教保持理性审视之态度。虽然基于儒教立场，他是辟佛者，但佛教发展的兴盛现实，使他不得不慎重对待而深长思之。在穆修看来，佛教之盛，原因在于，这一异域的宗教"能本生人恶欲之情而导之"，所以"能鼓群俗之心如趋号令之齐一"。由此可见，穆修深刻认识到，佛教在对世俗人心的引导与归化方面，有着超越传统儒教的力量。作为儒者，李觏素来是北宋辟佛最力者之一，而在其文集中，也存有多篇关于寺院的碑文。其中有对可栖禅师予以肯定，不在于其道行之高深，而是通过其竭尽全力修建菜园院，反映了他具有中国传统儒家伦理的孝悌之道，并认为，这一点值得倡导于丛林之间。司马光一向不支持佛教，而在这里他公允地表达了对佛教的看法，指出佛教中人"清俭而寡欲，慈惠而爱物""服弊补之衣，食蔬粝之食""涓洁其身，不为物累"，信念坚定，悲天悯人，实有益于教化。黄庭坚此处述及之圜明大师，内外兼修，广采博纳，属于学者型高僧。恰恰是这样的丛林硕德，成为文人士大夫阶层精神的皈依所在。南宋中期的孙应时，将三代儒教之礼仪和当代佛教之仪轨相比较，指出儒衰佛兴之因，在于"儒者不能以道得民，而

---

① 《全宋文》第二九〇册，第92页。

佛氏得之"。面对这种现状，作为儒士的作者，不得不"叹且愧"。因此，从某种意义上说，知识群体、文化精英，属于一个时代的思想者，一方面受到丛林中人的感化和启悟，逐渐臻于清静脱俗的思想境界，另一方面返身走入世间，不仅担负着塑型士风之使命，而且经由其政治文化上的特殊地位和影响，而引领世风的走向，对教化民众具有不可替代的力量。总之，这些文人士大夫，虽然处于不同的时期，具体的行政职能相异，甚至佛教立场也各不相同，但在对佛教的民间意义的认识上，基于大量的佛教现实，而达成了一致，那就是佛教能化民之恶，引民向善。

第三，如何因势利导，利用佛教以施教化。宋代文人已然清楚看到了，佛教在民间社会的影响力，其广泛与深入的程度，几乎是不可替代的。作为中国历史上最具责任意识、担当精神和行动能力的士人群体，宋代文人自然不会忽视任何一种有利于国家安定、社会和谐的文化现象。对佛教的理性审视和准确把握，不仅是为了个人精神自由寻找文化空间，更重要的是基于关乎民族、时代和大宋帝国利益的考虑。因此，将佛教的有利因素导入教化领域，就成为他们共同的使命。在这方面，他们也针对丰富复杂的佛教现实，表达了具体而多样的观点。兹举四例予以说明。

1. 思允师居睦州兜率寺之法华院，佛学之外，兼妙岐黄之术。有以疾病告者，必尽其技而为之诊视。凡汤液之所饵，砭针之所加，无不如期而应。自郡官至于编户，皆称其方技之神良而功施之周普。（苏颂《灵香阁记》）[1]

2. 释氏之先，其教甚严，其仪甚简，其道勤苦而难入。食惟充腹，择草木之实以食；衣惟蔽体，取蒲荷之叶以衣。路宿不再，惧有恋意。则夫高峻其制，丹青其木，平齐其址，彩绘其像，疑非佛之本心。后世

---

[1] 《全宋文》第六一册，第379页。

通儒博识，多以是而疑其徒也。然而实际一尘之不爱，建立一法之不遗，世间万法，切等空幻。圣贤设心，犹有示化，运广大心，具坚忍力，办庄严事。不信者睹像以生善，吝啬者易虑以出材，企慕者舍爱以学道，于教不为无补。(张浚《重修鼓山白云涌泉禅寺碑》)①

3. 张君勋门佳裔，自幼刻苦问学，年未强仕，淡然无意于荣途。闲居远声色，薄滋味，终日矻矻攻为诗文，自处不异布衣臞儒，人所难能。兹又捐所重以创精蓝，尤难能者。既得请，乃一意崇饰，以侈上赐。彻堂为殿，凡佛屋之未备者，悉力经营。土木坚好，金碧焕发，隐然丛林，为寓都壮观，见者起敬焉……予每叹世人苟贵若富，必思广其居，务极雄丽，以贻厥后，而夸无穷。然历世未几，生息繁衍，宏敞化为湫隘。由从而分裂之，蜂房蚁垤，各开户牖，无复前日耽耽气象。矧或不竞，求售他人，一再过而为墟者有之。固不若释者骄，齐物我，推己所有，与众共之，为长且久也。(史浩《广寿慧云禅寺之记》)②

4. 顾我又闻金刚剑，断除障法无量极，或为劫水或劫火，种种变相坏津梁，而我一切等观之，化魔入法成大道。汝今须认白莲花，猛火焰中元自在，向来劫水与劫火，自然化作清凉地。卓哉此寺建千年，现在方衣三十众，人人各修菩提坊，此屋万劫永不坏。此屋既不坏，更念彼众生，颠倒是非场，出没烦恼海。一切贪求心，一切屠杀心，现业上熏天，华屋如露坐。念昔天帝释，一镜照四洲，月转寅午戌，当照南赡部。众生业深故，了不知怖畏，愿燃大智烛，破彼昏暗衢。更调甘露浆，消彼热恼病，令彼得安居，此屋遍大千。(程珌《重建方兴寺记》)③

从上所引，思允禅师不仅专修内学，而且以其精湛的医术、慈悲的情怀，

---

① 《全宋文》第一八八册，第144—145页。
② 《全宋文》第二〇〇册，第59页。
③ 《全宋文》第二九八册，第126页。

有求必应，药到病除。其精神之洒脱，其宅心之仁厚，足可敦劝世人，引之向善。苏颂愿为此文，其实质即在于此。张浚作为南宋重臣、抗金名将，理学名儒张栻之父，于戎马倥偬之间隙，仍能留意于佛教之当下意义，认为僧人修行不畏勤苦，具有坚韧不拔之操；寺院像设庄严，对于普通的民间信众，能够产生强大的警示和感化力量，对于世道人心，多有裨益。史浩所言之张公张镃，乃南宋抗金名将张俊之曾孙，贵为华胄，却刻苦自砺，志存雅道，而尤善诗文。难能可贵者，此公淡泊功名，寄意高远，而心怀慈悲。显然，史浩的为文之意，在于赞赏张公不仅具有翛然尘外的高情雅致，而且宅心仁厚，舍宅为寺，志在普度众生，引人归化。利用自己的财力与物力，兴修寺院，为世人提供修行净心之所，是士大夫利用佛教以施教化的便捷而有力的途径。程珌借记方兴寺之机，不仅阐述了自己的佛学见地，更为重要的是，他希望寺院通过向世人弘传佛教教义，运用佛学思想的光照，祛除世人心灵的昏暗，根治世人由贪求心、屠杀心生成的现世业障，使其归于宁静和善之正道。

综上所论，宋代文人深刻体认佛教的教化功能，进而通过多种方式，促使这种功能的现实转化，并与儒教的现实期待不谋而合。应该说，这是宋代士林利用佛教经世化民的生动体现。

第五章 碑文蕴含的民间佛教信仰

佛教发展到宋代，进一步趋于世俗化，这意味着佛教在民间社会获得了更为广泛的接受和信从，并且从相关研究可以看到，宋代佛教的民间存在，呈现出多姿多彩的面相和形式，其影响和作用，甚至代替了原来本有的民间信仰。诚如学者所言，"佛教'世俗化'的重要表现是与各类世俗事务的紧密结合，如佛教教义中世俗伦理内容日益增多，佛教偶像变成世俗利益的保护者，佛教活动越来越多地执行社会服务功能等"①。从宋代民间佛教信仰的性质来看，"宋人的佛教信仰具有浓厚的功利主义和利己主义色彩"②。其实，这种倾向不应予以否定，因为它恰好反映了佛教与中国传统伦理观念的融汇，而形成的家族意识和孝亲观念。这对于敦睦人伦、滋养亲情，促进社会和谐与稳定，无疑具有积极意义。宋代民间佛教的精神面相，在寺院碑文中也多有表达，抄经立幢荐福先人，塑像造塔庇佑至亲，崇奉观音有求必应，尊信弥陀栖神净土，即为其中的主要内容。还应该看到，这一方面的寺院碑文，其作者的文化身份丰富多元，既有朝廷重臣、文人士夫，又有平民百姓，还涉及僧人群体。无论其社会背景如何迥异，只要是从民间立场表达孝亲之义，均属于本章研究内容之范畴。

---

① 范荧：《宋代民间信仰中的佛教因素》，《上海师范大学学报》1995 年第 1 期。
② 游彪：《佛性与人性：宋代民间佛教信仰的真实状态》，《北京师范大学学报》2011 年第 5 期。

第五章　碑文蕴含的民间佛教信仰

第一节　抄经立幢荐福先人

有学者认为,"佛教传入中国后,经历了由上而下、由浅入深的传播过程,至宋代,民间已较普遍地信从了'三世''六道'之说,接受了因果报应、轮回转生的观念,并因此流行起悔罪植福、修德禳灾、延寿荐亡、设供祈愿等一系列带有佛教色彩的信仰活动"①。毫无疑问,刻立经幢,就属于这一民间佛教实践的重要形式。宋代民间的佛教信仰,具有一种普遍的实践方式,那就是在寺院或墓地竖立经幢。经幢是唐代开始出现的一种佛教性石刻,其形制为多面棱柱体,柱面以八面居多,亦有四面、六面、十六面等形式,一般由幢座、幢身和幢顶三部分组成。经幢的高度,自六七十厘米至一二十米不等,基本演变趋势是,自晚唐五代到北宋,体量越来越高大,形制越来越复杂,底座和顶部常常饰以佛教意味的花纹图案或佛经故事。建立者在棱柱的柱面之上刻写经文,所刻经文一般是《佛顶尊胜陀罗尼经》。② 其佛教理论,源于《佛顶尊胜陀罗尼经》之教义:"尔时如来顶上放种种光,遍满十方一切世界已。其光还来绕佛三匝,从佛口入。佛便微笑告帝释言,天帝有陀罗尼,名为如来佛顶尊胜,能净一切恶道,能净除一切生死苦恼,又能净除诸地狱阎罗王界畜生之苦,又破一切地狱,能回向善道。天帝,此佛顶尊胜陀罗尼,若有人闻一经于耳,先世所造一切地狱恶业,悉皆消灭,当得清净之身,随所生处,忆持不忘。从一佛刹至一佛刹,从一天界至一天界,遍历

---

① 范荧:《宋代民间信仰中的佛教因素》,《上海师范大学学报》1995年第1期。
② 关于经幢的形制、性质和来源,参见台湾《中央研究院历史语言研究所集刊》第六十八本·第三分,刘淑芬著《经幢的形制、性质和来源—经幢研究之二》,第643—786页。

三十三天，所生之处忆持不忘。天帝，若人命欲将终，须臾忆念此陀罗尼，还得增寿，得身口意净，身无苦痛，随其福利，随处安隐。一切如来之所观视，一切天神恒常侍卫。为人所敬，恶障消灭。一切菩萨同心覆护。天帝，若人能须臾读诵此陀罗尼者，此人所有一切地狱、畜生、阎罗王界、饿鬼之苦，破坏消灭，无有遗余。诸佛刹土及诸天宫，一切菩萨所住之门，无有障碍，随意趣入。"[1] 宋代民间通过经幢表达的佛教诉求，我们能够从寺院碑文的相关记载中，获得丰富的信息。本节即结合相关碑文，从抄经立幢荐福先人的角度，分三部分对此问题予以论究。

第一，宋代民间通过建立经幢，以报答父母的养育之恩。例如：

> 盖闻西极之土，有金人焉，具无量威德，植无量福田。发大悲心，救一切苦，有无兼谢，觉梦都忘。证十号以庇群生，拔三涂而福幽界。尊胜陀罗尼者，我佛总持之教，大雄方便之门。烛彼昏衢，燃以智慧炬；济诸苦海，泛以般□舟。不可思议广大利益，未来过去悉所归依。凡报父母慈育之恩，答怙恃劬劳之力，非仗如来之真谛，以资胜利，则安能成人子之道，伸罔极之情哉！大宋开宝七载冬闰十月二十八日，京兆㶒前华州别驾杜永训，奉为先考夫府君讳澄字德润、亡妣夫人周氏，建兹幢焉……志铭斯在，行谍备详。府君寄骨于晋阳，夫人启殡于兹地，庶合商人之礼，□□楚相之魂。敬镌龙藏之文，少写兰陔之恨。汝弼早悟苦空，深信因果。闻是请命，欢喜踊跃，恭敬合掌，谨述偈言（略）次男银青光禄大夫、前摄相州别驾兼监察御史承诩，长新妇吕氏，次新妇赵氏。孙男五人，长曰继明，前摄华州观察巡官，新妇吴氏；次曰继升，前摄相州司马；次曰继宗，前摄华州长史；次曰喜哥；次曰重喜。孙女四人，长曰相哥，次曰邢哥，次曰妹儿，次曰洛姐。重孙男汴哥，女凤

---

[1] ［古罽宾］沙门佛陀波利译，《佛顶尊胜陀罗尼经》，《大正藏》卷一九，第350页中。

第五章 碑文蕴含的民间佛教信仰

姐。(张汝弼《尊胜幢记》)①

此文作者张汝弼,为宋太祖时期的乡贡进士。从行文看,他对佛教的基本精神有较深的领悟——"发大悲心,救一切苦",而且进一步认识到尊胜陀罗尼的拯救价值:"我佛总持之教,大雄方便之门。烛彼昏衢,燃以智慧炬;济诸苦海,泛以般□舟。"基于此,他深深感到,"非仗如来之真谛,以资胜利",则不足以"报父母慈育之恩,答怙恃劬劳之力"。可见,此文的落脚点在于通过立经幢以报答父母的养育之恩。与此相类者还有如:"世谓金仙氏能除苦恼,灭罪障,有功力如化者。人以是习其书,行其教。至于□者,必以幢刊陀罗尼文树之□左。噫!盖□人子者,欲报罔极,庶荐福于先乎!下缺。阳之原亦立是幢。甥殿中丞郑惟几谨书于石,而为铭曰(略)"(郑惟几《张师皋大悲尊胜幢铭》)② 作为人子,对已逝父母的深情,只能通过特殊的方式予以追怀。中国传统儒家思想之慎终追远观念,就很好地解决了这一问题。而佛教的介入,为中国人缅怀先人提供了别样的践行方式。既然佛教告诉人们,《佛顶尊胜陀罗尼经》有如此强大的力量,让逝者也可免除一切痛苦罪障,获大安稳,得大快乐,那么活着的亲人当然没有理由拒绝这种权宜选择,因为这种选择,至少可以使他们通过一定的仪式和实践,而获得精神的慰藉和心灵的安顿。

第二,宋代民间通过树立经幢,以荐福先人。如以下四例。

1. 今太原郡王公讳赞,气度汪深,风仪明秀,达谈因就果之义,宏知今博古之书。荷覆载之恩,高而莫报;怀禔□之重,泉壤空幽。是则披□释经,间陈硕德,乃见如来说奥妙之法,拔善住离苦之因。□尊胜陀罗尼经幢者,即公奉为亡母李氏追荐灵识之所建也。犹是出家材,命

---

① 《全宋文》第三册,第323—324页。
② 《全宋文》第六五册,第361页。

良匠，磨琢□□，镂铭真教。殊功既已积矣，胜福定有归矣，乃竖于妙道寺庭侧。(智朗《尊胜陀罗尼经幢记》)①

2. 闻日落西山，水流东海，表人生而愿去，彰世法以不来。在圣位而犹□，岂凡情而得免！孤子男重显等奉为考妣之灵，特就坟所，于东南隅建尊胜大悲经幢一所，用表□诚，荐拔生天之界。伏愿凭兹妙社，登佛刹之金城；托此良因，蹑仙官之玉殿。尘沾罪灭，影拂佛生，资荐幽魂，能仁诚□矣。□曰：孤子志痛，凭何以追？是竭心诚，唯佛可归。故镌尊胜，特写大悲，用报劳影集光。惟大宋景德二年岁次乙巳十一月廿四日戊申建。长男太原郭重显，新妇白氏，次男重甫，孙女婆安，孙男婆吉。(郭重显《建尊胜大悲经幢记》)②

3. 氏本定武曲阳县归善乡虎山里河流李明经咸宁之爱女也。氏以□淑闲缺有礼，故东郭郭君俊闻而媒娉。及归其门，果舅姑称其孝，中外道其贤。缺彦生祖宗积庆，气概豪杰，果致资□及数万膏腴缺知也。其治家之道，李氏同有力焉。氏生三女一男：某缺西郭李君衡，女不幸早夭，有甥李子仪，其季女为高缺为人倜傥有材力，能挽强善神射，有将材，累试中不缺三女，长曰嬢哥，始七岁，次曰昭哥，又次曰住姐，皆孩幼。缺之大莫大于孝，孝之大莫大于终亲，然则，其生也可缺也，昊天罔极，则何以哉？亡妣于熙宁八年三月二十六日以寿终，年七十有缺癸地，礼也。且禧闻诸释氏，世有佛经名曰《尊胜陀罗尼真言》缺如曰□石工刻其文立于其坟之南，待其日亭午，影覆其上，亡灵有罪，免而必生天。遂使天下孝子顺孙，闻其大雄之力。如是则元元之众，得不免而从之者耶？虽匮于财者，亦将勉而为之，况我巨有资产哉！(李禧《陇

---

① 《全宋文》第三册，第112页。
② 《全宋文》第一〇册，第186页。

第五章 碑文蕴含的民间佛教信仰

西郡李氏尊胜陀罗尼经幢记》)①

4. 大宋元佑二年岁次丁卯十月己卯朔,初七日乙酉,奉高祖缺、曾祖缺、祖缺、父缺于汝州缺乡缺里之缺。至绍圣三年岁次丙子四月庚申朔,十一日庚午缺佛缺陀罗尼经幢缺。孙男解宝臣立缺赵缺妇缺男缺,女九娘、婿李通,女十娘、婿缺,女十四娘、婿袁缺,女十六娘,女十七娘,外甥袁缺,堂弟缺、白氏弟缺,堂妹十一娘、婿王公立,妹十五娘,侄再兴。表弟张稟仁书石缺作。麻尧章造,舜章刊字。(张稟仁《陀罗尼经幢记》)②

上引例一,太原郡王赟,建立尊胜陀罗尼经幢,以追荐亡母李氏之灵识;例二,太原郭重显,率其合族老幼,树立经幢一所,以奉考妣,荐拔其灵于生天之界,永脱罪苦;例三,郭氏率其家族全体人丁,为其亡妣建立陀罗尼经幢,致以终亲追荐之意;例四,汝州解宝臣率其家族全体老幼,为其高祖、曾祖、祖父、父亲诸先辈,树立经幢,表达追怀荐拔之意。上引四例,基本反映了宋代民间经幢的佛教意义。要么为逝去的母亲,要么为作古的父母,要么为昭穆列祖,其核心内容在于,希望已离开人世的亲人,在佛陀的保佑之下,永远脱离罪障痛苦,获得永久的自由安乐。就作者而言,这样的文字多半出自当事人之手笔,读之使人感到其中蕴含的丰富情感,对先人的追思与缅怀,为之祈祷与祝福;对佛教的真诚与虔信,寄之以全部的渴望与诉求。

第三,对先人与佛教的双重期待。对于置身俗世的芸芸众生而言,无论慎终追远,还是皈依佛教,其意义无疑都指向当下。因此,宋代民间通过建立经幢,将先人与佛陀联系在一起的一个重要指向,则在于对此在存在者的关注与护佑。兹举例以说明:

---

① 《全宋文》第八四册,第 132—133 页。
② 《全宋文》第一二八册,第 289—290 页。

盖闻幽明二路，本自玄通，迷悟一心，遂生缠缚。□也须明于觉性，复何致害于生人？故混元皇帝谓道莅天下，可使神不伤人；而金仙教主亦法演真诠，俾□闻皆见性，用仗崇修之善，以明解释之因。凡在沉冥，速宜谛听。谨有大宋潼川飞乌县阳池里居奉佛进士谯渊同政、杨氏越娘、男谯壬行、女益、孙娘一家等即日具诚意者。但渊切念叨恩造化，获处人伦，自祖以来，住此寅申之宅，缔历岁序，□福不常。岁在己丑，又于宅北建下缺。大宋甲戌嘉定七年中元日，奉佛进士谯渊夫妇一家等敬立。（谯渊《尊胜石幢记》）[1]

正如学者所言："佛教传入中国后，经历了由上而下、由浅入深的传播过程，至宋代，民间已较普遍地信从了'三世''六道'之说，接受了因果报应、轮回转生的观念，并因此流行起悔罪植福、修德禳灾、延寿荐亡、设供祈愿等一系列带有佛教色彩的信仰活动。"[2] 也因如此，上引之例为我们呈现了当时民间关于经幢的另一种佛教意义。从文献内容看，潼川飞乌县阳池里谯渊一家，在相当长的一段时间里，家宅不安，似乎有一种隐而不彰的力量，在持续不断地发生作用。因此，虔信佛教的作者，希望通过建立经幢于家宅之北，借助佛力和祖上阴功，祛除邪魅，以图获得家宅平安、长幼康宁。

从现存文献，可见此类寺院碑文，其结构方式也有一定的特征。一般的思路是：首先，作者对佛教的基本精神和当下意义，予以相应的表述；其次，交代经幢的建立者。一般有一个主事者，由家族的核心成员充当，此核心成员多半为家族长子。然后按照行辈和年龄，依次列举出家族中全部成员的称谓和姓名；再次，陈说建立经幢的精神诉求；最后介绍刻石立幢的时间。有时也附上匠人姓名。

---

[1] 《全宋文》第三〇四册，第 295 页。
[2] 范荧：《宋代民间信仰中的佛教因素》，《上海师范大学学报》1995 年第 1 期。

第五章　碑文蕴含的民间佛教信仰

综上所论，经幢自唐代出现以来，一直为民间社会所接受，并呈现愈趋繁复的形制面相，其承载的特定佛经《佛顶尊胜陀罗尼经》，成为经幢这种独特的佛塔的精神内涵和存在价值，通过对陀罗尼真言的解读，即可领悟民间社会，何以青睐此种近佛信佛而有求于佛的方式。它简明而准确地表达了平民立场的佛教诉求，既具有切近的实践性，又蕴含朴实的终极性。

第二节　造塔塑像庇佑至亲

从现存文献来看，较之于建立经幢，塑像造塔在宋代民间更为普遍。塑像，即民间社会某一家族或乡社，在寺院捐资雕塑佛像。所雕佛像包括观音菩萨、弥陀佛、大势至等。造塔，即由某一家族或社群斥资，担负某寺院正在修造之佛塔的某一级或某一面所须之经费。这种现象，再一次体现了民间佛教信仰的文化特征，即实践性、功利性。

先说造塔。关于佛塔，其佛教意义可从佛教经典中寻绎出来。《一切经音义》对佛塔解释云："塔，梵言也，或曰偷婆，正云窣堵波，此翻为坟陵也。"①《佛说长阿含经》云："阿难，汝欲葬我，先以香汤洗浴，用新劫贝周遍缠身，以五百张叠次如缠之。内身金棺，灌以麻油毕，举金棺置于第二大铁椁中。旃檀香椁，次重于外，积众名香，厚衣其上，而阇维之，讫，收舍利。于四衢道起立塔庙，表刹悬缯，使诸行人皆见佛塔，思慕如来法王道化，生获福利，死得上天。"②又《分别善恶报应经》云："若复有人拂拭佛塔，获十功德，何等为十？一色相圆满，二身体佣直，三音声微妙，四远离三毒，

---

① （唐）慧苑：《一切经音义》卷二一，《大正藏》卷五四，第440页上。
② （后秦）佛陀耶舍、竺佛念译《佛说长阿含经》卷三，《大正藏》卷一，第20页上中。

五路无丛刺，六种族最上，七崇贵自在，八命终生天，九体离垢染，十速证圆寂。如是功德，拂拭佛塔，获如斯报。"① 由上引文献可见，佛塔最初是为供奉佛舍利而建。② 佛教信徒如有拂拭佛塔者，即可获得十种功德。在此教义的前提之下，自从佛塔在中国兴起之后，民间便有了私人捐资建塔的崇佛行为。又可细分为以家庭为单位、以家族为单位、以村社为单位等形式。这种民间佛教实践，指向多方面的精神内涵。本节即结合宋代寺院碑文，对以下两种情况予以分疏。

首先，阖家捐资建塔，为家人积功德，谋福寿。如以下五例。

1. 宣州泾县龙山乡积善甲石陂社奉佛弟子文宗义与妻陈氏二娘，男德尚、德庸、德全，孙邦彦、邦国、邦礼、僧保、星弟，新妇张氏三五娘，董氏十七娘，程氏五娘，沈氏三娘，女文氏五娘、十娘、四五娘，女孙十一娘，女儿家眷等，切念幸生乐国，悉际明时，粗丰足于此身，感修因于宿世。况以复闻胜事，同发诚心，谨捐净赇一百二十五贯文足，就宝胜禅院建于宝塔一面，所集微毫之上善，用蠲旷大之愆尤。灾露消融，福苗秀实。门风高建，库务兴崇。人人寿龟鹤之遐，代代富□□之永。然愿常逢佛法，不昧信灵，等与法界之含生，共证菩提之妙果。大观四年七月二十七日，弟子文宗义志。（文宗义《宝胜禅院造塔记》）③

2. 阿弥陀佛窣堵波者，比邱福林为父母所造也。福林俗姓郑，父讳朝宗，素学儒经，称为长者。元丰五年六月二十四日卒于俗舍……母毕氏，持斋事佛，布施勤约，元祐六年前八月初四日卒于俗舍……福林姊

---

① [古天竺] 天息灾译《分别善恶报应经》卷下，《大正藏》卷一，第899页下—第900页上。
② 关于中国佛塔出现的起点，宋代寺院碑文也为我们提供了可靠信息："阿育王于佛灭度后，一日之中，造浮屠八万四千，此西方殊胜事，华人未之知也。逮吴赤乌二年，康僧会拥锡至建业，大帝使求佛舍利，既得之，即为造塔，自是浮屠始建于中土，而吴中特盛焉"（《全宋文》第二六○册，第44页，鲍义叔《真如宝塔记》）。
③ 《全宋文》第一一九册，第266页。

福灯头陀苦行大戒，卯斋荼毗，其骨负之推置于福林守业齐州历城县神通三坛寺。俾近四门石塔东北隅三十余步，就山凿石，成瘗坎以藏之，运盘石以覆之，起七级窣堵波以表之，龛阿弥陀佛以事之，求舍利以镇之……皆悉资荐考妣，以求冥助也……乃为作铭铭于塔曰：号无量寿，四十八愿，普度群有。罪灭三途，业资污垢。福林建塔，上为父母。一善从心，十佛授手。劫火虽焚，此塔不朽。（潘卞《齐州历城县三坛寺阿弥陀佛窣堵波铭》）①

3. 宣州宣城县宣义乡官里社居住奉佛弟子朱日初，与母亲胡氏二娘、妻孙汪氏七娘、弟孙妇刘氏四娘、男戬、新妇汪氏三娘、妖隋、新妇李氏九娘、孙炳、新妇孙汪氏五娘，同启诚心，特施净财，诣泾县宝胜禅院，建造宝塔第三层，并入舍利佛牙种种珍异，永镇内藏者。切以敬崇巍构，获诸天捧护之功；能使有情，作万劫依归之地。圣时君相仗以答酬，本命星官咸资报谢。然愿日初等仰承慧力，默佑阖家，仓库丰盈，行藏亨泰。儿孙就学，早步青云；祖祢承休，俱超净土。良因毕集，恶趣不沉。荡积世之宿愆，成当来之胜果。菩提路上，得悟真乘；龙华会中，同为善友。虔伸恳款，用勒碑珉。（朱日初《宝胜院造塔记》）②

4. 宣州泾县冠盖乡花林里布前社奉佛弟子萧宗贵与弟宗旿，并女弟子王氏十二娘、张氏细六娘、胡氏十五娘妹宗景之可阖家眷爱等，谨施净财一百二十五贯文足，入宝胜禅院，造塔一面。构平勋业，保乃轩庭。臻秀瑞于时新，营活缘于日益。富川流之不息，寿椿立之长芳。壅孽永沉，公私多庆。然忏尘情于万劫，能消轮于三涂。解释冤憎，圆成种智。无边刹海，有类众生，同乘般若之妙舟，共涉菩提之彼岸。大观四年七

---

① 《全宋文》第一二九册，第247—248页。
② 《全宋文》第一三一册，第7页。

月十六日,弟子萧宗贵记。(萧宗贵《宋宝胜禅院造塔记》)①

5. 佛弟子殷智皋,与母亲汪氏四娘,妻吴氏九娘,男宗辅、宗庆,三十七新妇,朱氏十二娘,女殷氏细一娘、细二娘、细三娘眷爱等同发诚心,谨施净财一百二十五贯文足,就宝胜禅院建造宝塔一面。所哀妙利,以仗殊勋,上报四恩,下资三有,宗先亡过,咸愿超升,宝地优游,天官快乐。仍忏智皋等多生罪垢,累世冤怨,并将此日之功缘,乃作不时之荡涤。然乞门阑清肃,庄务进兴,灾消赫日之霜,福泻洪江之水,贞祥并集,人口康宁,寿延日月之长明,禄荫山川而不朽。信林永茂,道雨溥滋。开般若之觉花,结无为之胜果。(殷智皋《明极堂铭并序》)②

宣州泾县龙山乡积善甲石陂社文宗义,率其全家三代18口人,捐资负责修建宝胜禅院宝塔一面,希望以此善举,为全家消除愆尤,免于灾祸,增长福禄,高扬门风,世代富寿。可谓思虑周全,志望远大。比邱福林,气魄更为宏大,他为已经去世的父母在寺院建七级佛塔,以示孝亲之义。可见,丛林中人的佛教诉求,因与民间具有天然的联系,而更具民间性。可以说,民间信仰是佛教及其寺院赖以生存的基本前提。僧人对其处于俗世间的父母,所表达的孝亲之情,非但不会冲淡佛教的宗教精神,反而会更加增强其在民间的影响力。宣州宣城县宣义乡官里社朱日初,与其一家三代10口人,共同斥资修建宝胜院佛塔第三层,非常明确具体地表达了其佛教诉求:求佛保佑,阖家亨泰,仓库丰盈,儿孙仕路通达。宣州泾县冠盖乡花林里布前社萧宗贵与弟宗旷,率其家人,在宝胜禅院造塔一面,希求佛的护佑,为家人消灾沉孽,以获川流之久富、椿立之长寿。宋徽宗时期的殷智皋,携全家男女老幼10口人,施财建造宝胜禅院宝塔一面,求佛保佑,已逝先人能够超升,在天

---

① 《全宋文》第一三五册,第220页。
② 《全宋文》第一四一册,第211页。

第五章 碑文蕴含的民间佛教信仰

之灵自由快乐;在世亲人荡涤罪垢,洗却冤愆,消除灾祸,并在此基础上,能够获得洪福,贞祥并集,人口康宁,寿延日月,禄荫山川。由此可见,虽然这些碑文的语言表述,各有不同,但其精神指向基本一致,那就是通过捐资修塔,希望获得佛的护佑,让佛的光辉照耀这个家族的每一个角落,给每一个家庭成员带来好运,实现家族安宁幸福、健康长寿、世代相接、好运永久。

其次,通过修塔,普愿天下,共获康宁。如以下五例。

1. 朐山县,西东保上林村施主盛延德,与阖家眷属等谨舍净财一百贯文,□于东海县海清寺舍利塔上,同添修建,同付胜刊。上祝皇帝、皇太后万岁,重臣千秋,文武官僚保安禄位;次愿延德阖家眷属等朝纳百祥,常逢善友。谨录眷属题名如后:盛延德男忠信,次男忠恕,亡过妻谢氏三娘,妻刘氏一娘,男妇魏氏三娘、井氏八娘,次男妇张氏一娘,女二姑、三姑,孙女不采。右件眷属等谨具题录如前,□石为纪,以陈不朽之道。更望先亡久远不□□涂苦,早登菩提之彼岸。时皇宋天圣三年十一月十八日记,沛国子朱湘书,长安邓文吉镌。(盛延德《海清寺塔记》)[1]

2. 盖闻名塔之设,金身所凭,第倾清净之心,实睹崇高之像。又见良材未备,巧匠难模,特推今日之功,用助千年之困。于是舍己财于有足之诚,护福庆于无瑕之果,伏愿皇帝万岁,重臣千秋,文武百僚常居禄位,工商乐业,民士安康。余冀风雨以时,星辰合度,戈鋋寝息,稼穑丰登;四恩三友,七祖先亡,皆乘胜因,同成妙觉。时熙宁四年岁次辛亥九月二十五日郯城县东望仙村施主吴从吉并妻赵氏谨记。(吴从吉《独修第五级大悲塔记》)[2]

---

[1] 《全宋文》第一七册,第333—334页。
[2] 《全宋文》第七八册,第278页。

3. 大宋国亳州蒙城县万善乡绳村保居住清信奉佛男弟子郑整，与阖家眷爱等同发志诚，管修当县兴化寺砖宝塔第四级。功缘了毕，所集胜利。上祝皇帝万岁，巨宰千秋；雨顺风调，法轮常转。然愿家门肃静，长少安宁；法界群生，同登乐果。时崇宁元年壬午岁三月十五日谨记。郑整并妻冯氏；男郑□并妻陈氏；次男二□，妻赵氏，孙男大郎、二郎、三郎、四郎。同管勾修塔信士张文□□。修塔功德主信士孙温。都化缘修塔功德主僧法伦。住持寺主僧智先。匠人夏立言刊。(郑整《兴化寺修塔记》)①

4. 大宋国亳州蒙城县石山乡曹村保居住清信奉三宝男弟子任和，并妻楚氏，有一男任诚，遂启愿心，管修兴化寺宝塔第十一级。功缘了毕，集斯胜利，上祝皇帝圣寿万岁，文武百官禄位高迁，雨顺风调，万民乐业。伏愿家门清吉，保庆平安者。具眷爱姓名如后：任和并妻楚氏；男任皋，妻范氏；次男任昱，妻朱氏；任诚，妻胡氏、刘氏；男马僧儿、五十哥；女二姑、五姑、七姑、八姑、十一姑；任初，妻张氏；孙男任諲、任政、任元、张氏、蒋氏；楚贵，妻杨氏；马贵，妻任氏；陈靖，妻魏氏；陈渊，妻任氏；曹诚，妻刘氏；曹坦，妻刘氏、张氏，男王用。崇宁五年二月日，功德主僧法伦记。修塔功德主孙温、副功德主张文立。住持赐紫沙门智先。(法伦《兴化寺任和修塔记》)②

5. 宣州宣城县仁义乡下桥西社城内厢鼓角楼前，居住清信奉佛弟子李俊与孙文聪、仲孙愈真、新妇鲍氏六娘，孙李氏一娘、李氏二娘、李氏三娘、李氏四娘、李氏五娘、李氏六娘、李氏七娘，孙媳妇方氏六娘等，窃愿爱从曩世，深植善根，不昧正心，续因今果。于是阖家骨肉，同启诚心，特捐净财一千贯文足，恭诣奉国宝胜禅院建造宝塔十三级第

---

① 《全宋文》第一三三册，第127页。
② 《全宋文》第一三七册，第191页。

第五章　碑文蕴含的民间佛教信仰

二层。所□殊利，祝延今上皇帝圣祚绵长，文武官僚俱增禄位。然愿李俊见居眷属荣富寿于永年，仓库丰盈，盛家缘于百世。忏涤多生罪垢，解释积世怨雠，并愿销镕，俱凭洗雪。更冀善芽增秀，道果敷荣。当来弥勒下生，同闻记莂，先亡久逝，净土往生。面奉阿弥陀，耳聆无上道。无边法界，含识俱沾。种智之因，尽未来际，冤亲同出轮回之苦。谨愿。维宋戊子大观二年十一月初七日记。（李俊《泾县宝胜禅院造塔记》）①

从上所引可以看出，这一类碑文有鲜明的特点：修塔者具有宽广的胸襟、开阔的视野，其求佛保佑的，首先是当朝皇帝及其后宫，恭祝其福寿绵长、圣祚永久，其次是朝中重臣、文武百官，谨致其永保禄位。接着是祝祷风调雨顺，百业兴旺，万民同乐。在这之后，才轮到为家人祈祷。有学者说："无论是出家人，还是在家修行或奉佛的弟子，他们不仅希望自身脱离苦海，同时他们也相信能够通过自身的努力使世界上的所有众生都能超越生与死。"②这种观点固然有一定道理，但宋代寺院碑文关于民间捐资造塔的佛教实践，向我们传达的文化信息，非常有价值，且别具文化韵味，那就是，在宋代民间，平民百姓心中普遍存在一种家国情怀，他们最珍爱的无疑是他们的家，而他们又深深懂得，家与国是紧紧联系在一起的，没有国的安宁和长久，家的康宁幸福，就无从谈起。因此，他们为皇帝、重臣祈祷，就是希望国家安泰，他们为国祈祷，为自然四季祈祷，其实质是指向对家的安宁幸福长久的佛教诉求。从这个意义上说，作为中国传统文化的成熟期，宋代文化之家国同构家国一体之家国情怀，在寺院碑文中，得到了独具特色的体现。

再来说塑像。塑造佛像，源于佛典的记载。《菩萨本生鬘论》云："阿难，我灭度后，若诸弟子欲造佛像，当令身相具足圆满，现摄身光化佛围绕，及

---

① 《全宋文》第一三七册，第202—203页。
② 游彪：《佛性与人性：宋代民间佛教信仰的真实状态》，《北京师范大学学报》2011年第5期。

绘足下千辐轮文。使未来世一切众生，睹是相已，获得广大吉祥如意，积集重障消灭无余。汝等比丘，当勤思惟，如理而作。佛说是已还复本座。"① 塑造佛像的意义，佛典也有非常明确的论述："尔时弥勒菩萨摩诃萨复白佛言，世尊，如来常说善不善业皆不失坏。若有众生作诸重罪，当生卑贱种姓之家，贫穷疾苦寿命夭促，后发信心造佛形像。此众罪报为更当受为不受耶？佛告弥勒菩萨言，弥勒，汝今谛听，当为汝说。若彼众生作诸罪已，发心造像，求哀忏悔，决定自断，誓不重犯。先时所作皆得销灭。我今为汝广明此事……由造像故，彼诸恶业永尽无余，所应受报皆不复受。弥勒，业有三种，一者现受，二者生受，三者后受。此三种业中，一一皆有定与不定。若人信心造佛形像，唯现定业少分容受余皆不受。"② "佛告弥勒菩萨言，弥勒，譬如有人身被五缚，若得解脱，如鸟出网，至无碍处。此人亦尔。若发信心念佛功德而造佛像，一切业障皆得销除，于生死中速出无碍。弥勒当知，乘有三种，所谓声闻乘、独觉乘及以佛乘。此人随于何乘而起愿乐，即于此乘而得解脱。若但为成佛不求余报，虽有重障而得速灭，虽在生死而无苦难，乃至当证无上菩提，获清净土具诸相好，所得寿命常无有尽"。③ 正由于此，中国佛教自南北朝时期开始，非常重视佛像的塑造，并且逐渐由大规模的寺院行为，向民间私人行为延伸。有学者经过研究认为，"造佛像或供养之，往往会有各种灵验……诚心供养佛像者危难关头会得到灵像护佑。……轻慢侮辱佛像会招致严厉惩罚"④。大概是基于这样的认识，宋代寺院碑文记录了不少民间斥资塑造佛像的情况。根据文献反映的两种情形，拟分疏如下。

首先，由个人捐资塑像，普为众亲人及自己祈福。例如，"（上缺）人许

---

① ［古天竺］圣勇菩萨等造《菩萨本生鬘论》卷四，宋梵才大师绍德慧询等译，《大正藏》卷三，第341页中。
② ［古于阗］三藏提云般若译《佛说大乘造像功德经》卷下，《大正藏》卷一六，第794页上中。
③ 同上书，第794下—795上。
④ 刘亚丁：《佛像灵验记及其文化意蕴》，《中国文化研究》2003年夏之卷。

第五章　碑文蕴含的民间佛教信仰

氏八娘谨舍净财,镌造弥陀佛并观音、势至壹龛。普为四恩三友,法界有情,及亡□许二十郎、亡妣徐氏三娘子等。然愿八娘或有他生罪障,承兹妙善,愿乞消除。受此报身,□后生定阿弥陀国土,永充供养。时建隆四年癸亥岁七月日题记"(许八娘《造龛像记》)。① 许八娘镌造佛像壹龛,包括弥陀佛并观音、势至,有其佛典依据。《无量寿经义记》云:"阿弥陀佛与观世音、大势至,无数化佛,百千比丘,诸天大众,皆乘七宝宫殿。观世音执金刚台,与大势志至其人前。阿弥陀佛放大光明,照其人身,与诸菩萨授手迎接。赞叹行人,劝进其心。行人见已,欢喜踊跃,自见其身,乘金刚台,随从佛后,如弹指顷,往生彼国。"② 阿弥陀意谓无量寿、无量光、甘露王。观音,即观世音,亦即观自在,观世自在。观世音者,观世人称彼菩萨名之音而垂救。观世自在者,意谓观世界而自在拔苦与乐(参见丁福保编《佛学大辞典》)。三佛相连,是由于他们在时间序列是相接续的:"如《观世音及大势至授记经》说,无量寿佛寿虽长远,亦有终尽,彼佛灭后,观音大势至次第作佛。"③ 虽然许八娘祈福对象广泛,但重点毫无疑问是其已经去世的父母,其次是自己。与之相类者还有苏洵的《极乐院造六菩萨记》:"始予少年时,父母俱存,兄弟妻子备具,终日嬉游,不知有死生之悲。自长女之夭,不四五年而丁母夫人之忧,盖年二十有四矣。其后五年而丧兄希白,又一年长子死,又四年而幼姊亡,又五年而次女卒。至于丁亥之岁,先君去世,又六年,而失其幼女。服未既而有长姊之丧。悲忧惨怆之气,郁积而未散,盖年四十有九而丧妻焉。嗟夫,三十年之间,而骨肉之亲零落无几!逝将南去,由荆楚走大梁,然后访吴、越,适燕、赵,徜徉于四方,以忘其老。将去,慨然顾坟墓,追念死者,恐其魂神精爽,滞于幽阴冥漠之间,而不复旷然游乎逍遥

---

① 《全宋文》第三册,第108页。
② 《无量寿经义记》下卷,《大正藏》卷八五,第241页中。
③ (晋)慧远:《无量寿经义疏》上卷,《大正藏》卷三七,第91页下。

203

之乡，于是造六菩萨并龛座二所，盖释氏所谓观音、势至、天藏、地藏、解冤结、引路王者，置于极乐院阿弥如来之堂。庶几死者有知，或生于天，或生于四方上下，所适如意，亦若余之游于四方而无系云尔"（苏洵《极乐院造六菩萨记》）。① 不同的是，苏洵充满悲情和感伤地诉说自己人生历程中，一而再再而三的经历至亲逝去的痛苦，以至于几乎无法从这种深哀剧痛中振作起来，无奈之下，想到了通过塑造佛像，以超度亲人亡灵，寄托自己的哀思，寻求精神的安宁。

其次，众人合资造像，为某一群体祈福。如以下两例。

1. 张处士于元丰八年自滑州并装当村内石弥勒佛一堂。张进一尊菩萨，出钱二二贯。韩庄小姑官盛出了钱二贯，三伯出了余贯，崔博士出了钱。六伯处士等张□父张九谷、张遘、七大姑、二九姑、□□弟，行者有生天，存者无灾难，合村清吉。元祐元年七月二十八日。（张处士《庄丘寺石香炉记》)②

2. 伏见本岩有释迦罗汉木座，年久深坏。谨化到远近信心弟子并石匠同造石座一所，以为久远。具名如后：弟子张守赟、王忠太、鲁政、吴安、刘辅、王文德、陈靖、许同、安清、仵进、张守真、郑令宗、李士周、许继周、王熙、李怀龙、陈守钦、陈吉、郑士周、何用卿、朱昂、王继周、全见几、刘子收、刘乂吉、陈僕、沈回、胡清、杨伯通、王文义、禹□皋、彭子朝、郑士和、戴文德、鲍信。□手石匠王子珪、李经、李和、李文遂、□守安、茆德清、甘吉、倪士佳、□□和、赵士端、倪亨。□上功□□□德，并用庄严。十方施主，各人增延福寿，家门清吉，长少乂宁，凡向时中，所为称遂者。皇宋元符二年二月十五日，住岩比

---

① 《全宋文》第四三册，第169页。
② 《全宋文》第一〇四册，第62页。

丘祖演谨记，茅守信刊石。(祖演《华严寺造释迦罗汉石座记》)①

张处士之文，记录了一个村子的村民，合资在寺院雕塑供养一堂九尊弥勒佛，为全体村民祈福。希望获得佛的护佑，行者有生天，存者无灾难，合村清吉。祖演之文，则详尽记录了一项雕凿罗汉石像的工程，这项工程动用了35个民工，11名石匠。而这些人都是普通的民间百姓，他们可能来自不同的村社，但因为一个不同寻常的工程，集中到一起了。他们不是为了挣钱，而是主动义务出力，雕造一尊罗汉石像。由此可见，虔诚的向佛之意，具有广泛的民间基础。而其佛教诉求非常明确具体：增延福寿，家门清吉，长少义宁，凡向时中，所为称遂。

综上所论，修佛塔，塑佛像，以求佛的护佑，成为宋代民间普遍的佛教诉求和佛教实践。它反映了民间立场的佛教价值，体现了佛教的民间生存状态。同时不难看出，佛教的这种民间性趋向，是与中国民间信仰的不期而遇，其权宜性、变通性和灵活性，以牺牲佛教精神的纯粹性和至上性为代价，换得如此广泛和深远的社会基础。从中我们得以窥见佛教世俗化的演变轨迹与多样化的当下形态。

第三节　崇奉观音有求必应

观音信仰自魏晋时期从印度传入中国，逐渐发展成为最具影响力的宗教信仰之一。上自封建君主，下至平民百姓，都对观音菩萨怀有普遍的虔敬之意。不过不同社会阶层，对观音菩萨的现实诉求是不同的，并且，对观音信

---

① 《全宋文》第一三一册，第24—25页。

仰的精神内涵的理解，也有着阶层与文化的差异。而俗世间的观音信仰无论怎样纷繁多样，我们都能够追溯到其教义的源头。与观音信仰相关的佛典极其丰富，至少不下100种。其中最重要的当为《妙法莲华经·观世音菩萨普门品》《千眼千臂观世音菩萨陀罗尼神呪经》《千手千眼观世音菩萨姥陀罗尼身经》《观世音菩萨秘密藏如意轮陀罗尼神呪经》等。对观世音菩萨的大慈大悲，做出具体详明的论述者，则无疑是《妙法莲华经·观世音菩萨普门品》：

> 尔时无尽意菩萨即从座起，偏袒右肩，合掌，向佛而作是言："世尊，观世音菩萨以何因缘名观世音。"佛告无尽意菩萨："善男子，若有无量百千万亿众生受诸苦恼，闻是观世音菩萨，一心称名，观世音菩萨即时观其音声，皆得解脱。若有持是观世音菩萨名者，设入大火，火不能烧，由是菩萨威神力故。若为大水所漂，称其名号，即得浅处。若有百千万亿众生，为求金银、琉璃、车磲、马瑙、珊瑚、虎珀、真珠等宝，入于大海，假使黑风吹其船舫，飘堕罗刹鬼国，其中若有乃至一人，称观世音菩萨名者，是诸人等皆得解脱罗刹之难。以是因缘，名观世音。若复有人，临当被害，称观世音菩萨名者，彼所执刀杖，寻段段坏，而得解脱。若三千大千国土满中夜叉罗刹，欲来恼人，闻其称观世音菩萨名者，是诸恶鬼，尚不能以恶眼视之，况复加害。设复有人，若有罪若无罪，杻械枷锁检系其身，称观世音菩萨名者，皆悉断坏，即得解脱。若三千大千国土满中怨贼，有一商主将诸商人，赍持重宝经过险路，其中一人作是唱言，诸善男子勿得恐怖，汝等应当一心，称观世音菩萨名号，是菩萨能以无畏施于众生。汝等若称名者，于此怨贼，当得解脱。众商人闻，俱发声言南无观世音菩萨，称其名故，即得解脱。无尽意，观世音菩萨摩诃萨威神之力巍巍如是。若有众生多于淫欲，常念恭敬观世音菩萨，便得离欲。若多瞋恚，常念恭敬观世音菩萨，便得离瞋。若多愚痴，常念恭敬观世音菩萨，便得离痴。无尽意，观世音菩萨有如是

第五章　碑文蕴含的民间佛教信仰

等大威神力，多所饶益，是故众生常应心念。若有女人设欲求男，礼拜供养观世音菩萨，便生福德智慧之男。设欲求女，便生端正有相之女。宿殖德本众人爱敬。无尽意，观世音菩萨有如是力。若有众生，恭敬礼拜观世音菩萨，福不唐捐。是故众生，皆应受持观世音菩萨名号。无尽意，若有人受持六十二亿恒河沙菩萨名字，复尽形供养饮食、衣服、卧具、医药，于汝意云何。是善男子善女人功德多不？"无尽意言："甚多，世尊。"佛言："若复有人受持观世音菩萨名号，乃至一时礼拜供养，是二人福正等无异，于百千万亿劫不可穷尽。无尽意，受持观世音菩萨名号，得如是无量无边福德之利。"①

从上所引，可知观世音菩萨具有大威神力，能解除众生的一切苦难，能达成世人的所有心愿。譬如观音菩萨能救人于水火，能脱人于危难；能引导众生离欲、离瞋、离愚、离痴；能应俗世女人的祈求，达成其心愿，使其诞育智慧之男或有相之女，等等。宋代寺院碑文则在多个维度，映现了观世音菩萨的威德与慈悲，表达了世人最切近最现实的观音信仰。其中值得注意的是，僧侣和文人，对观音信仰的教义和精神，进行深入而精彩的阐述，反映了这两个不同但相关的文化群体，对观音信仰的深度理解和现实期待。如南宋临济宗名僧居简云：

具千手眼若两目两臂而不自多，登地以前未易议；运两目两臂若千手眼而不自少，等觉妙觉则多多益办。过此以往，则佛地无量。圣身历尘沙劫，作所难作，办所难办，从闻思修，入三摩地，获二殊胜。始一目二目而千万目，乃至八万四千烁迦罗目；一臂二臂而千万臂，乃至八万四千母陀罗臂。目自鉴觉而不知鉴觉，手自执捉而与孰捉忘，各安所

---

① ［古龟兹］鸠摩罗什译长行、阇那崛多译重颂：《妙法莲华经·观世音菩萨普门品经》，《大正藏》卷七，第56页下—57页上。

安,不相违碍,手眼可尽,其应无穷。如风行空,吹万不同,或不鸣条,涛山撞舂,及其止也,土囊埶封;如月初上,清涵万水,影分无数,月岂有二,及其入也,银阙扃闭。如春在花,如意在弦。(居简《兴圣寺大悲阁记》)①

居简作为一代高僧,他对观音菩萨的佛教意义具有深湛的理解,加之独到的文学修养,故能以形象生动的比喻、排比等修辞,极为精彩地描述了观音之妙谛。对于观音信仰,文人士大夫也别有会心,如著名文人居士张商英云:"观世音大士于过去无量亿劫,千光王静住如来所闻,持广大圆满无碍大悲心,陀罗尼生大精进,即发誓言:'我若当来,堪作利益,愿我此身生千手眼。'发是愿已,其身即生千手千眼具足。从是以后,所生之身不受胎,藏于金光师子,游戏佛土,莲花化生。"(张商英《潞州紫岩禅院千手千眼大悲殿记》)② 对观世音菩萨的来历,做了准确描述,尤其值得注意的是,他凸显了观世音菩萨千手千眼的形象特征。对此,黄庭坚也有类似的描述:"千手眼大悲菩萨者,观世音之化相也。维观世音之应物现形,或至于八万四千手眼。昔杨惠之以塑工妙天下,为八万四千不可措手,故作千手眼相"(黄庭坚《怀安军金堂县庆善院大悲阁记》)。③ 而黄震则对观世音菩萨的佛教实质,有独到领悟。

观音之在佛氏号称大慈大悲,水旱必于此祷,疾痛必于此告,凡有求而不获者,必于此依归,名以灵感,人未敢议,故僧庐佛屋,千窗万宇,必待观音殿成然后称大备。盖今佛氏之号召人心莫切于观音矣。然感人必以其身,修身必以其实,其或迹自迹,心自心,崇饰自崇饰,作

---

① 《全宋文》第二九八册,第340页。
② 《全宋文》第一○二册,第206页。
③ 《全宋文》第一○七册,第195页。

第五章　碑文蕴含的民间佛教信仰

为自作为，观音自观音，而我自我，则观音于我何有哉？是必真不杀、真不贪、真不嗔、真不作诸恶、真能大慈大悲如观音，以劝里之人皆不杀、皆不贪、皆不嗔、皆不作诸恶、皆能大慈大悲如观音，则观音不在观音而在我，不在我而在众。善人之心譬之一水一眼、一日一月，千水千眼、千日千月，处处应现，无非观音，岂必珍珠璎珞像设于净瓶岩石之间者惟观音？夫然后水旱祷必应，痛苦祝必瘳，凡有求者求必获。（黄震《宝庆院新建观音殿记》）①

这是南宋后期理宗、度宗时的文人黄震，在一篇寺院碑文中表达的见解。不难看出，作者从济世和修心的视角，对观音信仰做了具有当下意义的诠释。他认为，信仰观音，就得虔心归依观音，将观音菩萨救苦救难的慈悲情怀，内化为自己的本心，避恶从善，普施于世，而不是临时抱佛脚，出了事才想起观世音菩萨。可以说黄震的观点独到深刻，具有长远的启发性。不过本节拟结合寺院碑文，着重探讨宋代民间的观音信仰。宋代民间的观音信仰，具有鲜明的当下性、功利性和实用性，而终极的精神性价值显得比较稀薄。具体表现在如下四个层面。

第一，是关于观世音菩萨的人间想象。在民间社会的想象中，观世音菩萨无所不能，无所不在，她会满足世人的所有要求和愿望，因此不拘时空，即可变现。藏若影灭，行犹响起，不可捉摸，永远神秘。在宋代寺院碑文中，就有这种匪夷所思的书写。

东溪佛刹普静最称巨丽，而西庑观音阁尤宏杰，实吴江道者元益创也。道者姓杨氏，生十一年而出家，以寺僧惠清为师，又七年而落发，又二年而受具。一日膜拜佛殿，归语其师曰："应真不受弟子礼，起立

---

① 《全宋文》第三四八册，第342—343页。

云，汝当为众生作大缘事。"师异之，目是不应斋供，不事澡休，独诵经昕夕不懈。俄发心造观音像一躯，且筑阁以栖之。赀费未具，每赍恨太息，因以针刺左目，炷香燃之，复烬五指求化，远近见闻，争委金币。躬即钱塘访巧匠。将斫栴檀，预清斋七昼夜，祈圣相与天竺相，准像成，未惬意，复毁右目。匠者夜梦菩萨见形，极了了，觉而改刻，遂成端严殊妙之相，光趺皆具，迎置其上，实元祐三年三月也。既谐志愿，两目了然复明。镇人每岁首辄迎像市区，大供七日，逢水旱祷雨旸立应。道者尝分卫至济远桥，忽弃僧伽黎弗御，自尔佯狂恣肆，饮啖斋俗，歌笑怒骂，人莫之测。市人争醉以酒，杂致飧遗，桀黠者或探怀取之，醒辄造门求索，未尝一误。尝过天隐楼，肆曰："今夕当慎火。"夜漏三更，楼果煨烬。大观末，忽结巾为黄冠之饰，人始不悟，后果诏改僧为道士。其前知预告，皆此类也……世谓道者盖观音化身此土。（葛胜仲《湖州乌程县乌墩镇普静寺观音阁铭》）[①]

杨氏出家为僧，道号元益，一日膜拜佛殿，应真不受，故勇猛精进，日夜不息，并发愿造观音像一尊，然资费无所从出，叹息良久，刺左目，焚五指，感动四方，檀施纷至。及像成，不称意，复刺右目，诚感菩萨，冥启匠石，得意忘形，焕然而成。随之双目了然复明。自此，镇人每逢灾情，祷辄必应。而僧者元益，忽然脱略形骸，佯狂恣肆，饮啖斋俗，歌笑怒骂，人莫之测。而其形散神聚，每有预言，旋即成谶。世人因以为菩萨之化身。此处所叙之观音故事，僧人元益和观音菩萨，分分合合，倘惚迷离，如梦似幻，离奇曲折，充满神秘色彩。

第二，是宋代民间观音之孝亲信仰，即坚信观世音菩萨能够帮助世人，达成其孝亲心愿。通过一定的祝祷仪式，祈求观世音菩萨保佑自己的长辈健

---

① 《全宋文》第一四三册，第40—41页。

康平安长寿。如：

  在城奉佛弟子王升同妻何氏，伏为在堂父王山、母亲周氏，谨舍净财，镌妆大圣数珠手观音菩萨一尊，永为赡养，伏愿二亲寿标增进，合属事宜百顺，五福咸备，二六时中，公私清洁。时以丙寅绍兴十六年季冬十二日表赞庆讫。（王升《镌妆转轮经藏窟数珠手观音题记》）①

  此文作者雕塑观音菩萨像一尊，其目的和心愿非常集中而明确，就是希望观音菩萨保佑，自己的父母能够长寿幸福，万事遂心。这是表达孝亲之义的行为。虽然在相关观世音菩萨的佛典中，并未具体提及观世音菩萨对世人孝亲意愿的满足，但根据观世音菩萨的救世威德和慈悲情怀来看，这一方面理应包含其中。不过，在宋代寺院碑文中，这一方面的观音诉求的确较少。

  第三，是宋代民间观音之生育信仰。这个方面由于典据确凿，明确地出现在《妙法莲华经·观世音菩萨普门品》中，因此它深深地扎根于广袤的民间，为民间社会所深信不疑，并出现了光怪陆离的诸多记载。兹举两例如下。

  1. 始，天圣庚午，先人尝祷嗣于观音，既寝而梦焉，慈颜法相与世之绘塑者无以异。盖谈缘报感召者久之，且示后年所当有子之兆。先人寤而喜，遽呼工绘其事于缯，手笔以识。已而壬申春，仆以生，如始梦之言。既成人，先人尝戒曰："汝他日凡见观音象，唯谨无少忽。有求汝为观音赞记，亦唯谨无少忽。"溥恭服戒训，刻在心肺。乌乎！先人没且二年，小子未尝吐一言以文观音之灵德，而答先人之心，惟是恐恐不敢放。窃欲求观音验应之地，以导发愚素，而未之获……今慈观音大士与夔公侍立之像焕然以新，愿求文记，以详其传。仆惟先人之戒，其敢少

---

① 《全宋文》第一九九册，第11—12页。

避，又况求之之勤哉！（侯溥《寿圣寺重装灵感观音记》）①

2. 兴元府唐安寺戒坛院六臂大悲观世音菩萨者，乃通判军府事、太子中舍卢洪徽之之夫人长安县君朱氏之所完饰也。初，夫人自熙宁年庚戌岁状若娠者凡五年，不复免，夫人日夕恐惧。世所谓祈禳祷禬之事，与夫但有可以为瘳救之术者，无少时不孜孜于此。逮癸丑冬，徽之移官自至阆中，一夕，夫人忽梦游一大寺。经行殿廊下，见坏像偃于壁，金彩晦剥，手足损堕，夫人伫立嗟悼者久之。有叟皓然，来旁谓夫人曰："此功德，凡历百千万人所视，其间未尝有一人肯为修之者。"夫人对曰："儿不幸累年娠，子在胞，善恶殊未辨，愿欲庄严此像，庶凭藉威力，使早得就蓐，免兹忧恼，可乎？"叟曰："尔果如是，自获灵报。"遂觉。用言于徽之，然但莫知其于何所而能见也。十二月，余与徽之至寺，为懿德皇后忌，因过此院。见旧塑一躯，颓委于曲室，余方召主者谯责之，徽之遽曰："是若洪之室人向所梦之者。"具道其一一。徽之归，语其夫人，夫人曰："傥似是矣。"遂来观之，曰："果然也。"乃择日移置前庑，命工如事。澡祓垢垒，补缀诸缺，更日未久，物物严备。相好圆满，百福端丽。邦人竞集，围绕赞叹。后夜，夫人复梦叟持药一匕付之，曰："可煮此饮。"遂如其言。裁下，嗌良久，呕出大小黑白者无算，溲血如煤凡数外，惊寤，流汗溃浃，体举窸然，如弛重压……以夫人精意愿笃，勤服佛事，匪惟今日魔虫妖恶欲害于己者即时散灭，抑亦自此以往，当获福德智慧之吉祥者，无疑矣！（文同《灵梦记》）②

例一作者叙述自己的身世，原本是先人梦见观音，获得观音灵启，应梦而生。因为这样的信息来自生身父亲，父亲之言，似乎确信无疑，使他从此

---

① 《全宋文》第七九册，第393—394页。
② 《全宋文》第五一册，第125—126页。

第五章 碑文蕴含的民间佛教信仰

对观音具有异样的虔诚。观音能够满足人的诉求，极其灵验，这大概就是民间观音信仰兴盛的原因。例二很特殊，准确地说，此例应属于观音生育信仰和治病信仰的结合。通判军府事、太子中舍卢洪徽之之夫人长安县君朱氏，自熙宁年庚戌（1070）岁状若娠者凡五年，可一直未能分娩，朱氏几年之间一直生活在莫名的忧恼与恐惧中。直到有一天，她梦游至一寺院，发现一尊颓废的佛像，并听到一位老叟的感慨和启发，因此，她希望通过出资修复佛像之功德，解除积年之忧患。梦醒时分，告之于夫君，实乃咄咄怪事。然而，不久之后，其夫于一寺院中见到一尊颓败之像，朱氏前来勘之，竟与梦中所见若合符契。于是经过一番努力，佛像修复了，朱氏又在梦中与前之老叟相见了，并获得其所开之药，如法煎饮，药到病除。通过托梦的方式，叙写观音菩萨拯济世人，是观音信仰常见的修辞手法。

第四，是观音救灾信仰。这方面主要指涉来自外在的自然灾害和内在的自身病痛。民间社会坚信，观世音菩萨能够解除他们的灾难，使他们从痛苦与不幸中解脱出来。如以下五例。

1. 光福寺距城六十里，有铜像观音，其始作者与其岁月，予不得知也。康定改元六月，志里张氏于庙傍泥中睹焉。时久旱弗雨，相与言曰："观音示现，殆有谓乎！"乃具梵仪祷焉，即时雨降。以是凡有祷而弗获者，州人必请命于刺史而致敬，无不得其感报。（黄公颉《光福寺铜观音像记》）[1]

2. 绍圣二年，轩自合肥移守钱塘，明年奏疏于朝曰："臣所领州之西偏，湖山之胜甲于天下，而天竺山在焉。自五代时，僧翊得奇木，不能名，刻为观音菩萨像，僧勋又以佛舍利内置顶间，其后像见光怪，与人作福祥，远者载金石，近者口相传不绝，不复概举。臣自去秋视事，

---

[1] 《全宋文》第一一九册，第275页。

民方荐饥，今年春夏，雨弥月不止，吴兴苦卑，连岁水灾，父老日夜忧惧。臣即率官属恭祷像下，冲雨入山，衣帽沾湿，渠决坏道，从者皆涉。比臣之还，天宇开霁，纤云不兴，白日正中，清风穆然，邦人合爪叹息。既又舆致城中作佛事，与民祈禳。已而雨旸有时，农不告病，稼穑旆旆，遂为丰年，实兹像之庇此土也，所不可忘。"（鲍慎由《灵感观音碑记代陈轩撰》）①

3. 国朝天圣中，有木浮于海，随波上下，遇客舟倾险，则往往近人，人或凭依，遂脱鲸鱼之腹。如是累岁，不以为异。一旦逆潮而上，泊院之址，病涉者辄航以济流而复还。沙门惟谅既济异之，莫知果何木也，举而曝诸祠下，若云蒸雾渝，邦人聚观，仿佛似人而服冠髻者。是夕有光如月，烛院之浮屠，谅知其不凡，炷香乞灵，祈为菩萨像。匠石傍睨，若有相之，心与手忘，斧斤以施，众相具足，秋毫无取于它木，最为吉祥。谅集沙门而落之。属方凝睇中，菩萨广额间裂开一目，如梵书伊字，不并不别，不横不从，加以纤长，端如世青莲花，靖妙庄严，不可名状。寰海内外，闻者来贺。自是三目观世音像，夷夏具瞻，水旱岁时，有叩辄应，虽钟声谷响不足以喻。（宝昙《台州白塔寺三目观音记》）②

4. 大朝崇宁二年，始复为十方禅刹，曰"崇宁万寿禅寺"，后又易"崇宁"为"天宁"。绍兴七年更赐今额……旧有观音大士像，在寺西偏两楹之间，郡人张氏病痿三年，一夕梦白衣女子告曰："若臂不举耶？吾亦若此，若能拯我臂，吾亦拯若臂，且寿若矣。"张问所居，则曰："居天宁西廊。"翌日，张舆掖诣寺，得大士像如梦所睹，瞻仰感涕。察大士右臂为坠木所伤，命工拯之。张病随愈。自是郡人归心，以疾痛苦见于求拯者，日不下数十，应感事迹，不可疏举。（刘一止《湖州报恩光孝禅

---

① 《全宋文》第一三三册，第75页。
② 《全宋文》第241册，第162—163页。

第五章 碑文蕴含的民间佛教信仰

寺新建观音殿记》)①

5. 菩萨于天圣元年五月中泛大海，至于江阴。有客舟邂逅菩萨于中流，随船放光而行，舟师以篙枝退，如是者三，放光不已。相次至江岸小石湾，住彼不去。是夜现白衣人，托梦于邑人吴信云，缘化右臂。信曰："臂实难舍，余可奉从。"白衣人曰："此邑杂卖李氏家有香檀，可以作臂。"信候天明，惊异寻访，有市人相传江岸有观音泛海而来，其长及丈。信往视之，果见菩萨，仍无右臂。于是信宣言于众曰："菩萨托梦以求此臂，我今发心，圆满功德。"后果得檀木于李氏家，长五尺许，乃能成就。自是邑人迎请归寿圣，奉安广兴，供养祈祷，屡获感应。（王孝竭《江阴县寿圣院泛海灵感观音记》)②

久旱不雨，里人张氏具梵仪祷告观音，则即时雨降，其灵验如影随形。吴兴地势低平，淫雨弥月不止，造成严重水涝灾害。州守陈轩亲率官属，恭祷观音菩萨，结果是，不仅雨停云散，而且从此雨顺风调，百姓喜获丰年。看来，观音菩萨在民间真是应时示现，无求不应，救黎民于水火，解万姓于倒悬，其大慈大悲之光芒普照人间。一根灵异之木，漂流海上，济人于危难；经匠石之手，施之以斧斤，则为三目菩萨之相，神采熠熠，端妙庄严。每逢水旱灾害，世人叩之以求，无不灵验如响。真乃匪夷所思之事耶！张氏一臂病痿三年，一夕梦见白衣女子，希望张氏能拯救其手臂，倘能如意，张氏之顽疾也会涣然冰释。原来是天宁寺之观音像托梦于她，张氏非常感动，随着观音受伤之右臂的修复成功，张氏也立即恢复了健康。从此，一郡之人归心观音菩萨，灵验之事，不胜枚举。最后这段文字就更具有神异色彩，菩萨先示现放光，泛海而来，又托梦于人，以求右臂。被托梦者邑人吴信，按照菩

---

① 《全宋文》第一五二册，第228页。
② 《全宋文》第一七四册，第110—111页。

萨梦中指引，一步一步完成了任务，然后深受邑人信奉，有求必应，屡获灵验。

第五，是基于对整个社会与时代的命运关切，对观音菩萨寄予的高度期待。如以下两例。

1. 夫大士救众生之苦，一身之中必取手眼之多者，何也？盖观众生苦，援而置之安乐之地，惟手眼可以致力，倘于世人仅有两手两目，畴能普见受苦众生而拔其苦哉？且目以观见为义，如大圆镜，有相斯现，相有八万四千，来则照之；惟能照察，则可以周知众生之业而受诸苦。手以提拔为义，如大医王，有病斯救，病有八万四千，来则治之；惟能疗治，则可以尽拔众生之苦而共乐。大士既具八万四千手眼，而无刹不现，无生不度，所以十方世界或雕或镂，或塑或画，彩绘其像，而以香花灯珍馐饮食而为供养。祈福禳灾，解难除危，有八万四千种，无不立应，皆称众生祈求之数而应之也。（冯楫《大中祥符院大悲像并阁记》）①

2. 已定居士董仲永向施小字《观音经》，后以湮没，遂成中辍。今复命工刊经于石，用广其施。又求得菩萨妙像李伯时墨本，同刻诸石，作无尽施。仲永稽首合掌说偈赞曰：真观清净观，广大智慧观，悲观及慈观，常愿常瞻仰。叹佛功德，上祝今上皇帝圣寿无疆，二圣早还京阙，天眷共保千祥，四海晏清，兵戈永息，风调雨顺，国泰民安，法界众生，同沾利乐。（董仲永《六和塔观世音经像碑记》）②

例一作者对观音大士及其手眼之意义，进行了较为详尽而准确的解说，认为观音大士，其救济世人苦难之神奇威力，来自其应求而示现的手眼，人世间有多少苦难需要拯救，观世音就有多少手眼到达。可以说，观世音的慈

---

① 《全宋文》第一八一册，第147—148页。
② 《全宋文》第一九八册，第78—79页。

悲与威力，如阳光一样普照十方世界每一个角落，无处不在，无求不应，无生不度。从而使一般读者能够理解，为什么中国民间的观音信仰如此广泛而深得人心。例二作者则是在金人南侵、北宋徽钦二帝被掳的时代背景之下，通过勒刻《观音经》，普祷于天下，面对陵谷之变的时局，作者怀着深广的现实忧患，发此宏远，从而将朝与野、官与民、国家与时代连在一起，对观音菩萨寄予无限期待。

综上所述，观音信仰作为佛教信仰的一缕支脉，自传入中国以来，经由民间社会的传播和实践、书写和阐释，在产生大量的各色文本的同时，观世音菩萨救人苦难、无求不应的慈悲与神力，已成为中国民间社会广为信从的佛教观念。许多关于观音的故事，要么借助某一僧人的神异行为显发灵启；要么通过某一奇特现象而神秘降临；要么托以世人的梦境而悄然冥助。所有的叙述，虽然故事各异，但有一个共同之处，就是对观音菩萨的慈悲之心和神威之力深信不疑。在这些充满神异色彩的叙述背后，观世音菩萨，这一子虚乌有的佛教符号，究竟能否真正解除俗世的苦难？究竟应该如何理解观音菩萨示现、托梦及其他灵验的说法？的确是一个有待深究的问题。

第四节　尊信弥陀栖神净土

弥陀，即"阿弥陀佛"的简称。对此佛号，学者普慧从语义学的角度，做了深切著名的诠释："从现存的汉文佛教文献看，应当说，弥勒净土是佛典各种净土中最早、最古老的净土……'阿'的意译为'无'，就语言文字而言古代印度认为，'阿'为万物之根源、诸法之本体。'弥陀'，意译为'量'，因为阿弥陀具有太阳、光明之神密陀罗的原型，所以又意译为无量光

(Amitāmabha），并有十二光佛之称……由此可见，阿弥陀的这一语义与弥勒似有同源性。然而，阿弥陀还有其他两个意思：一为无量寿（Amitāmayus），一为甘露（Amrta）。此二义显系后世附加上去的，一则谓其有无限之生命，即已彻底脱离轮回苦海，永无生死；二则谓其以'甘露'滋润苦海芸芸众生之心灵，使其枯竭生命达到永恒，即摆脱生死此岸，永拔三界。"[1] 而这一注解，恰可与《佛说大阿弥陀经》相呼应："佛言，阿弥陀佛光明，明丽快甚，绝殊无极，胜于日月之明千万亿倍，而为诸佛光明之王，故号无量寿佛。亦号无量光佛、无边光佛、无碍光佛、无对光佛、炎王光佛、清净光佛、欢喜光佛、智慧光佛、不断光佛、难思光佛、难称光佛、超日月光佛。其光明所照，无央数天下，幽冥之处，皆常大明。"[2] 可见，阿弥陀佛最突出的特征，就是其无远弗届、无处不在的光明。那么，这种无限的光明，其意义何在？《佛说大阿弥陀经》做了精彩的描述："（佛言）诸天人民、禽兽、蜎飞、蠕动之类，见此光明，莫不喜悦而生慈心；其淫泆、瞋怒、愚痴者，见此光明，莫不迁善；地狱、饿鬼、畜生，考掠痛苦之处，见此光明，无复苦恼。命终之后，皆得解脱。不独我今称赞阿弥陀佛光明，十方无央数佛菩萨、缘觉声闻之众，悉皆称赞，亦复如是。若有众生，闻此光明威神功德，日夜归命，称赞不已，随其志愿，必生其刹。"[3] 既然，阿弥陀佛光明普照十方世界，而见此光明者，皆获解脱，并能往生其国，那么，此佛当然最易获得民间的信从和尊奉。

弥陀信仰，随着与之相关的佛典传到中土，而渐次展开。诚如学者所言："净土教义的东传，以后汉灵帝光和二年支谶译出《般舟三昧经》为嚆矢；后来三国时东吴的支谦、两晋的竺法护等传译《大阿弥陀佛经》《平等觉经》

---

[1] 普慧：《略论弥勒、弥陀净土信仰之兴起》，《中国文化研究》2006 年冬之卷。
[2] 《佛说大阿弥陀经》卷上，王日休校辑，《大正藏》卷一二，第 331 页中。
[3] 同上书，第 331 页中下。

等；继之有姚秦鸠摩罗什、刘宋宝云、畺良耶舍等译出《阿弥陀佛经》《十住毗婆沙论》《无量寿佛经》《观无量寿佛经》等。净土的经典相继而来，僧俗之间，渐生信仰。"① 也有学者认为，"在诸种净土思想中，弥陀净土思想出现较晚，它吸收了以前诸净土的精华并加以发展，因而最为成熟。"② 可见，弥陀与净土的结合，而成为中国民间的佛教信仰，是中国本土民间文化对外来宗教的吸纳与选择，融入了本土民间的精神诉求和文化理念，不难窥见其中蕴含的实践理性和宗教智能。毫无疑问，这种弥陀净土信仰，在中国民间的日趋渗透，经由平民社会的理解与操作，越来越深入人心，为中国民间构建了一方如梦似幻、宁信其真的光明净土。因此，到了宋代，"阿弥陀佛是净土宗的主要信仰对象。宋代净土宗在社会下层得到了广泛的传播，因此，阿弥陀佛也在民间获得了众多的崇拜者，民间念佛号者，多念'阿弥陀佛'"③。而这方面的信息，也以丰富的内容，反映在宋代寺院碑文中，兹对以下三种情况分析如下。

第一，是对弥陀如来的佛教精神做深度理解和阐释。例如，

昔迦文于舍卫国宣说妙法，称赞四方之佛，曰"阿弥陀"，过十万亿刹，居上品胜上。其名曰"极乐"，其寿曰"无量"，以庄严为世界，以慈悲为道场。六时雨于异花，八木涵于奇宝，大光普照，灵风回翔。树木之声，皆演真谛；禽鸟之慧，悉谈苦空。含众妙而巨量，状群经而莫尽。斯境也，从万行而报；彼国也，无三恶之趣。婆娑土秽，众生根杂，放逸不返，苦恼无安，有生老病死之悲，有丘陵坑坎之污，备造众恶，牵踬诸趣。夫境胜则欣跂，情苦则疲厌，故弥陀如来，深悯迷子，为现净土，持四十八愿，拔济群品，令厌浊恶而欣妙严也。虽大慈平等，饶

---

① 英武、正信：《净土宗大意》，巴蜀书社2004年版，第23页。
② 陈扬炯：《中国净土宗通史》，江苏古籍出版社2000年版，第80页。
③ 范荧：《宋代民间信仰中的佛教因素》，《上海师范大学学报》1995年第1期。

益一切，而阎浮提之人机缘最熟。虽复凌迟末劫，具缚凡夫，决能精诚称诵名号，修三十六妙观，临终之际，真相缔定，承大悲之接引，随喜品而往生。境界难思，动念即至，真实佛语，四众具闻，广长舌相，诸圣同表。（胡宿《常州太平兴国寺弥陀阁记》）①

从佛典出发，对弥陀信仰的依据追根溯源，并予以准确把握和理论性梳理，这一使命责无旁贷地落在文人士大夫的肩上。作为北宋仁宗朝著名文人，胡宿这里的论述，显示出其对佛教精神尤其是弥陀信仰的深刻理解。文中所及之48愿，乃阿弥陀修行菩萨道时，面对人间世之无边苦海，发出的宏大誓愿，见于《佛说大阿弥陀经》和《佛说无量寿经》卷上。阿弥陀认为，众生之苦源于众生内心之欲念和外在之秽土。其理想就是使众生祛除欲念，远离秽土，而到达一个纯洁美好的世界。为此，弥陀如来悲悯众生，以平等大慈之情怀，饶益一切。即使凌迟末劫之具缚凡夫，只要出于精诚，称诵佛号，也能获得解脱，临终之际，则承佛之接引，而往生净土。此处提及修持净土的重要法门，即称念佛名，它体现了弥陀信仰实践层面的重要特征，简便易行。但其前提是修行者精诚专一，志在了脱生死，心心念念，念兹在兹，须臾不离。② 对此，北宋中期自号白牛居士的陈舜俞之论，可与胡宿所言互相发明："善哉，天台氏之建化也，以观心为法，以念佛为宗。观心者观有心以至于无心，念佛者念彼佛以证乎我佛。或升阶纳陛，同践堂奥，或顺风乘航，横绝苦海，真可谓大乘之渊源，导师之方便者矣。原夫清净本然，无有空假，

---

① 《全宋文》第二二册，第203页。
② 此处所及之三十六妙观，当为以佛之慧眼，照了众生之苦因，以便施以振拔，度脱婆婆而达于净土。然稽之于佛典，未见此说，而仅有十六妙观之论，见于《乐邦文类》等文献，如："夫乐邦之与苦域，金宝之与泥沙，胎狱之望华池，棘林之比琼树，诚由心分垢净。见两土之升沈，行开善恶，觇二方之粗妙，喻形端则影直，源浊则流昏。故知欲生极乐国土，必修十六妙观；愿见弥陀世尊，要行三种净业"（智者大师《观无量寿佛经疏序》，《乐邦文类》卷二，《大正藏》卷四七，0166a）。因此，三十六妙观云云，当为十六妙观之误。

因缘忽生，万法以起，河沙妙门，一念而足。所以体同寂照，神冥乐域，丘陵坑坎，悉见严净，众鸟行树，皆出法音，用之则然，何远乎尔?"（陈舜俞《秀州华亭县天台教院记》）① 陈氏的论述显然更进了一步，他认为，修持净土念佛法门，精诚所至，则体用双泯，寂照不二，丘陵坑坎，无非净土。可谓见解透辟，道出了弥陀信仰之三昧。当然，丛林中人对净土之真谛，也有非常精到的阐述，如："释迦现秽土以折之，令起厌苦之念；弥陀现净土以摄之，俾发忻乐之志。秽土者，丘陵坑坎之高低，刀兵疾疫之苦恼；净土者，宝池金地之庄严，法喜禅悦之安乐。故天台云乐邦之与苦域，金宝之于泥沙，胎狱之望华池，棘林之比琼树。诚由心分垢净，见两土之升沉；行开善恶，睹二方之粗妙。因斯以论，则知净秽在此而不在彼也"（法忠《南岳山弥陀塔记》）。② 净土与秽土，并无悬隔，仅在一念之间。净土之归往，并非杳渺之彼岸，就在当下之人间。

第二，是关于阿弥陀佛的人间想象。由于弥陀信仰的广泛、持久而虔诚，中国民间对弥陀如来充满神秘而亲切的想象，进而通过多种方式，结合佛典相关信息，而塑造了阿弥陀佛的现实形象。例如，北宋神宗时期遍参佛僧终归净土宗的杨杰云：

杭州南山净慈道场比丘法真大师守一，结同志洎檀越，用金、银、真珠、珊瑚、琥珀、砗磲、玛瑙造弥陀佛像，圣像殊妙，感应非一，无为子瞻仰赞叹。碎七宝以为微尘，聚宝尘以为佛身。见宝尘即见佛，佛无不是宝；见佛身即见宝，宝无不是佛。七宝，世间宝也，终生贪取无有厌足，不得即嗔痴不能悟，此恶道之因也。七宝既已为尊像矣，则非世间所用，乃出世之宝也。遇宝像者，应生恭敬，严奉禁戒，纯固定力，

---

① 《全宋文》第七一册，第91页。
② 《全宋文》第一七四册，第98页。

了达智慧，此净土之因也。……一身清净，则一切身清净，一念清净，则一切念清净。然则不离娑婆，顿超极乐，一见宝像，成就大缘，岂思议之可及哉！（杨杰《净慈七宝弥陀像记》）①

杨杰所言，即为以世间七宝修造弥陀佛像，使得阿弥陀佛以尊贵绚烂之庄严，呈现于世人面前，以慰众生仰赖渴慕、虔诚归化之心。世人也因睹宝像，顿生恭敬，而"严奉禁戒，纯固定力，了达智慧"，此即"净土之因"。寺院雕造、供奉弥陀如来之像，是中国民间弥陀信仰最普遍的表现形式，弥陀佛也因此而深入人心。然而，寺院之造像，毕竟恒以"不动尊"之形象，固化在那里，尚不能充分满足民间信众的皈依心理，因此，另一种关于弥陀如来的人间想象出现了。例如，王巩在《湘山无量寿佛碑》中写道：

百千如来，以方便智，开广大慈，护念有情，甚于赤子。虽般涅盘成就佛土，不舍众生，而出现于世，弗起于座，应遍十方。如水中月，著示无边；如鉴中形，去住无碍。灯灯相续，寿命无穷，利益一切，在昔然已。若全州湘山祖师者，姓周，名全真，郴县人也。幼负超然之志，出家受具足戒。年十六，参径山道钦，钦睹其骨相不凡，叩以真谛，应声响答，妙契佛乘……相传法腊166岁。后八日，奉真身于中峰笋布台下。逾二七，顶出白毫相光十有一道，光中现十有一佛。市民奔趋，竞图师像，朝夕敬事，殆遍湖湘，至于今弗衰。师尝自号无量寿主人，以会昌之难，讳言僧佛，故有别名，识者知其弥陀之化身也。（王巩《湘山无量寿佛碑》）②

---

① 《全宋文》第七五册，第242—243页。
② 《全宋文》第八四册，第348—349页。

第五章 碑文蕴含的民间佛教信仰

北宋后期文人王定国,在此文中对全州湘山祖师的叙述,始于真实的修行经历,终于虚幻的神秘故事,譬如其法腊百有六十六岁的传说,圆寂之后十多日,顶出毫光,道道皆佛。尤其是时值会昌法难之际,"师藏深岩重岫间,群麋鹿鸟兽之迹,独演宗旨,开示人天,制教十有二部,凡数十万言。有众千万,周匝围绕,跪礼合掌,自通姓名曰我金轮王、须弥山王、四海龙王,五岳、四渎、西天、雪山之主者,仙人神人之众也,敷坐俨然,莫之敢诘"(王巩《湘山无量寿佛碑》)。如此描写,亦真亦幻,迷离倘恍,为后面揭示其为"弥陀之化身"的真相,埋下伏笔。无疑,这是关于弥陀如来的另一种人间想象,它仿佛告诉世人,阿弥陀佛是真实的存在,他会以灵魂附体或者转生化身的形式,以一个高僧的面目显形于人间。既神秘又亲切。而这样的形象塑造,常常出现在《高僧传》《神僧传》等僧史僧传文献中,作者以神乎其人和人乎其神的修辞手法,在民间礼敬佛陀的社会心理中,张煌佛之威德与无处不在之性征。

第三,尊奉弥陀,为逝者资荐冥福。如:

> 阿弥陀佛窣堵波者,比邱福林为父母所造也。福林俗姓郑,父讳朝宗,素学儒经,称为长者。元丰五年六月二十四日卒于俗舍,年七十五。时当溽暑,及殓浃旬,颜色如生,蝇蚊不近,良福善之所感也。母毕氏,持斋事佛,布施勤约,元祐六年前八月初四日卒于俗舍,年七十六。老染微疴,虽修忏悔,良顺生所报也。福林姊福灯头陀苦行大戒,卯斋荼毗,其骨负之推置于福林受业齐州历城县神通三坛寺,俾近四门石塔东北隅三十余步,就山凿石,成壖坎以藏之,运盘石以覆之,起七级窣堵波以表之,龛阿弥陀佛以事之,求舍利以镇之。始于绍圣三年六月初三日,第三级功毕成于其年月日,皆悉资荐考妣,以求冥助也。补陀子潘卞尉于兹邑,福林者,适当营建之将成,哀恳求铭,并序始末。既素与善之,又义其孝思,独立承办,乃为作铭。(潘卞《齐州历城县三坛寺阿

弥陀佛窣堵波铭》)①

比邱福林为其去世的父母在寺院修造阿弥陀佛窣堵波,具体做法是,在齐州历城县神通三坛寺,就山凿石,成瘗坎以藏其父母尸骨,然后在其上修造佛塔,在佛塔之上龛以弥陀如来塑像,其目的在于,通过造塔供佛,以资荐考妣,希望父母永离三界,脱却轮回,而臻于极乐净土。与之意义相近者还有:

> 于戏!生灵之苦,莫苦于杀戮也。爰自数年以来,寇盗四起,兵火交作,其遭非理陨亡,横尸堕首,填于沟壑者,盖不可胜数也。加复疫气流作,民亦苦之。有信士郑子隆者,夙怀善种,悲念特发,观斯罹乱之苦,知怨业之有对也,以怨报怨,安能已矣哉,断惟佛力可以拯济也。乃运精诚,结同志者万人,共念西方极乐世界阿弥陀佛尊号八万四千藏。愿既圆满,复化檀越,同出净财,傥工砻石,建窣堵波一所凡七级,高三丈有二,立于南岳罗汉洞妙高台之右,藏念佛人名于其中。萃兹胜利,愿国泰民安,品物咸亨,凡阵亡疫死者,并脱幽沦之苦,趣生净方。(法忠《南岳山弥陀塔记》)②

两宋之交,面对金人南侵、兵连祸结、兆民陨首的危难时局,弥陀信士郑子隆特发悲念,结同志者万人,共修念佛法门,共期罹难者受弥陀如来护佑,"并脱幽沦之苦",往生西方极乐世界。具体做法是,共念阿弥陀佛尊号八万四千藏,修造佛塔一所,藏念佛人名于塔中。比较而言,信士郑子隆悲愿宏深,以极为壮大的规模,为一个时代安魂,这是对民族苦难的积极呼应,表现出博大深沉、悲天悯人的宗教情怀,具有鲜明的时代特征。

---

① 《全宋文》第一二九册,第247页。
② 《全宋文》第一七四册,第98页。

第五章 碑文蕴含的民间佛教信仰

另外，弥陀信仰还具有消灾治病、益寿延年之功效。如：

> 余尝闻道于正觉禅师，觉请余读《起信论》，时方多事，奔走戎马间，未遑省察。及谪官天台，始得《起信论》于邻僧，翻阅再三，窃有疑焉。是书为大乘人之作，破有荡空，一法不留之书也，而末章以系念弥陀求生净土为言，其旨何也？晚过雪峰，问清了禅师，了曰："实际理地，不受一尘；万行门中，不舍一法。子欲坏世间相，弃有着空，然后证菩提耶？"余曰："宁有是？"了曰："如是，则净土之修，于道何损？"余始豁然有慰于其心。比经行福清，听远近知识谈冯夫人事，益契了老之说，可信不诬。夫人名法信，政和门司、赠少师讳珣之女。生十六年，嫁为镇洮军承宣使、今妙明居士陈思恭之妻。夫人少多病，体力尪羸，若不胜衣。及归陈氏，病日以剧，数呼医谋药，殆无生意。医辞曰："夫人病非吾药能力。"于时慈受深禅师为王城法施主，夫人径造其室，求已疾之方。慈受怜之，教以持斋诵佛，默求初心。夫人耳其语，谛信不疑。斋居未逾月，忽语所亲曰："晨素善矣，杂以晚荤，徒乱人意，盍尽彻之。"自此屏荤血，却铅华膏沐之奉，依扫塔服，专以西方净观为佛事。行亦西方也，坐亦西方也，起居食息亦西方也，语默动静亦西方也，酌水献华亦西方也，翻经行道亦西方也。刹那之念、秋毫之善，一以为西方之津梁。自壬寅迄壬子，十年之间，亡堕容，亡矜色，心安体胖，神气昌王，人皆尊高之。一日忽提笔书数语，异甚，若厌世仙去者："随缘认业许多年，枉作老牛为耕田。打叠身心早脱去，免将鼻孔被人牵。"族党怪之。夫人曰："清净界中，失念至此。支那缘尽，行即西归。适我愿兮，何怪之有？"壬子九月，示疾久之，气息才属。十二月壬寅夕，矍然而寤，语侍旁者曰："吾已神游净土，面礼慈尊。观音左顾，势至右盼。百千万亿清净佛子稽首，庆我来生其国。若夫宫殿林沼，光明神丽，与《华严》佛化及《十六观经》中所说，无二无别。唯证方知，非所以语

汝曹也。"侍疾者亟呼妙明,语其故,乃相与合掌策励,俾系念勿忘。又明日甲辰,安卧右胁,吉祥而逝。(王以宁《广平夫人往生记》)[①]

南宋高宗朝正信居士王以宁,始闻道于正觉禅师,后在其指引之下,学习《起信论》,作为大乘佛典,《起信论》末章涉及"系念弥陀求生净土"的观念,王以宁疑窦顿生。由于时局危殆,作者戎马倥偬,无暇深究。后来经过雪峰山,拜谒清了禅师,经其提撕,方有所悟,然并未了彻。直到听闻坊间广传冯夫人故事,始信弥陀净土与清了之言之不诬。冯夫人自幼体弱多病,16岁以后嫁为人妻,然沉疴缠绵,未见好转,生意日蹙,无药可解。无奈之际,冯夫人前往寺院,问径于慈受深禅师。"慈受怜之,教以持斋诵佛,默求初心。夫人耳其语,谛信不疑。"冯夫人事还见于《乐邦文类》卷三、《龙舒增广净土文》卷五、《佛祖统纪》卷二八、《往生集》卷二等。慈受深禅师为云门宗十三世嫡派传人(见《禅宗正脉》卷一)。诸多记载中,尤以《往生集》为简明精要:"宋广平郡夫人冯氏,少多病。慈受深禅师教以斋戒念佛,谛信力行,十年不息。忽厌世,人怪之,曰:"清净界中,失念至此,支那缘尽,行即西归,何怪之有。"临终,气绝复苏,谓家人曰:"吾已归净土,见佛境界,与《华严十六观经》所说不异。"已而长逝。三日后举尸如生,异香芬馥。"[②] 居士王以宁真切翔实的叙述,使我们感受到,冯氏夫人因持斋念佛,栖神净土,而大大缓解了病痛,延长了寿命,并且最终能够宁静安详地辞世。没有对生的留恋,也没有对死的恐惧。这就是弥陀信仰最现实的宗教意义!

[①] 《全宋文》第一七六册,第161—162页。
[②] (明)袾宏编:《往生集》卷二《冯氏夫人》,《大正藏》卷五一,第144页下。

第六章　宋代寺院碑文的价值观构建及意义

通过前面几章的相关分析，宋代寺院碑文的文化价值，在相当程度上已经获得多维度呈现。碑文之于寺院的佛教价值，碑文之于文人的自省意识，碑文之于民间道德信仰的引领与塑造，以及碑文之于构建和谐社会的意义与启示，则是宋代寺院碑文价值观的具体体现。无疑，这些碑文文献不仅记录了宋代佛教文化的精神面向，而且对当下的文化建设具有重要的启示意义。

第一节　碑文之于寺院的佛教价值

从前面的探究，我们已经知道，寺院碑文在宋代以前已经有了较长的发展历程。从碑文的目的、作者、内容及其影响来看，寺院碑文的佛教价值，几乎可以说是不可替代的。本节即从这三个方面，结合相关碑文文献，予以分析。

第一，就目的而言，寺院碑文要么旨在对高僧硕德予以礼赞，要么对寺院的兴衰过程予以记录。首先，我们就前者兹举五例如下。

1. 禅师名无殷，姓吴氏，连江人也。昔泰伯获让，肇启南蕃，至德所及，流光百代。子孙蕃衍，吴越为多，至今为著姓焉。累世隐德，乡曲推重，道气钟粹，而生禅师。幼异常童，不染俗态。年七岁，从晋安雪峰真觉禅师出家。二十，诣开元寺受度。真觉之道，见重于时，禅师默识微言，尽得要旨。(徐铉《洪州西山翠岩广化院故澄源禅师碑铭》)①

2. 后唐故明悟大师、赐紫惟谋，瓯闽之良族也，籍本温陵，俗姓林氏。生既殊禀，幼且不群；殆至成童，卓然秀异。每或出侍游览，必旷望岑寂，若有所待也；入承训教，必凝淡窗户，若有所奉也。举止娴雅，为宗族所异。一旦辞亲，慨然有脱洒之志。年十三，诣泉州仙游县龙华寺文璀禅师，以祈落发。师从其愿，俾奉洒扫。年十七，受具于福州白塔戒坛。师神形清爽，心机颖悟。初读《法华经》，豁若生知；次阅《因明论》，宛如宿习。(王嗣宗《佑国寺记》)②

3. 禅师治兹院，自庄及耄凡四十六载。于人甚庄，处己至约，饮食资用，必务素俭，与时俗不合。以故其徒称难，而少亲附。唯士大夫重其修洁，不忍以荤酒溷其室。先时，吴中僧之坐法失序，辄以势高下，不复以戒德论。禅师慨然，尝数以书求理于官。世人虽皆不顾其说，而禅师未尝自沮。(契嵩《秀州资圣禅院故暹禅师影堂记》)③

4. 天台教始盛于陈隋间，教主殁，至于唐，南北性相之宗大行于世，异端斯起，微言殆绝。荆溪禅师辞而辟之，遂复兴振。荆溪既灭，逮于我宋，又数百年，学者鲜得其要，是非相攻，讹驳滋甚。有大导师号神悟者出焉。师永嘉人，名处谦，字终倩。少厌俗，礼常宁寺尚能为师，能即天台十三世之祖师。自剃染禀戒，四出游学，投足于钱唐天竺慈云之门。敏

---

① 《全宋文》第二册，第355页。
② 《全宋文》第五册，第407页。
③ 《全宋文》第三六册，第384—385页。

第六章　宋代寺院碑文的价值观构建及意义

锐超伦，美声外溢，先达晚进，慄然敬服。其次历扣诸方，道不我合，卒诣天台东掖山，遇神照法师，服勤北面，遂嗣其居焉……五时之教，权衡于《法华》；一家祖乘，梗概于《止观》。故其所韫不可测，其所学不可究，其辩论不可穷。(元照《杭州南屏山神悟法师塔铭》)①

5. 元符初归故山，诛茅结庐，循除蓄流，自号潜涧，赋诗鼓琴以自娱，有古人林下风。师有辞辨，长于讲释，乡里巨室欲屈师讲经，莫能致，因具法筵，集广众，预设巍座，俟师至，与众迫之。师匆遽就席，阐扬奥旨，缘饰以文，音吐鸿亮，听者惊悦。明庆自创业几七百年，无文迹可考，师首为撰记并书之，时称二绝。郡守张公平闻其名，以礼致之，躬受《楞严》大义。初以僧正命师，又命主禅席，皆力辞之。每诣府，手提一笠，未尝肩舆。人以师为府座所厚，因属以事，师正色峻拒。府政有不便于民者，委曲以告，守改容听之。瑞安令吕公勤自号湖海道人，邂逅师，喜甚，与俱还邑，筑庵于厅治后园，命师居之，为留三宿而去。邑令丁公湛，每访师谈道，终日忘返。晚景绝人事，惟精修净业，喜讽诵《楞严》《圆觉》《维摩》《光明》《法华》等经，精熟如流，静夜孤坐，焚香暗诵，琅琅之声出于林表。尝手书《法华》《光明》二经以报母德，又书《华严经》八十卷，首末不懈，字法益工。(王十朋《潜涧岩阇梨塔铭》)②

在宋代寺院碑文中，关于僧人事迹的叙述比比皆是，限于篇幅，此处只是择其数例而已。凡是以某僧人法号为题目的碑文，其内容几乎相当于一篇僧传。而能通过一篇专文载录其人的僧者，多半是有所建树、道行高深而较有影响，因此，字里行间，对其人其德的礼赞，自然是重要内容。从上所举，

---

① 《全宋文》第一一二册，第371页。
② 《全宋文》第二〇九册，第166页。

为人所敬仰的高僧硕德，往往具有如下特征：夙契佛缘，生性纯粹，自幼颖脱不群；辞亲出家，勇猛精进，志在自度度人；处俗不染，心无旁骛，博涉内典外典；淡泊名利，宁静洒脱，风概翛然出尘；不事权贵，守义孝亲，恬然自持初心。毫无疑问，这样的僧人形象，处于世出世间，无论对于世人还是修行者，不啻为做人的高标、处世的典范，其意义是不受时空限定的。也正是这样的僧人挺立于丛林之间，才足以为佛教的发展和济世化人，确立并指明了方向，从而使佛教的意义得以彰显。

其次，对于一方寺院兴衰起废的历史变迁，予以如实传写，也是寺院碑文的重要内容。其写作契机常常是荒废已久的寺院，在某一僧人或几代僧人主持下，励精图治，坚持不懈，多年集聚，终于恢复其面貌，主持者恳切希望借助名笔，记下此举，以飨后人。这样的碑文也很丰富，兹举数五例。

1. 愚尝谓臣庶之家，虽五世相韩，七貂仕汉，子孙能保故居者鲜矣！至于禅宗佛宇，或时迁代易，而钟呗巾盖不绝者，何哉？选于众，择其能者而授之，乃克起弊补废，而永厥世也。必因夫大患难、大灾害然后见哲匠之才谋、菩提之愿力，古今已然之势也。故十三年之间，继择开士而见寺制周焉。监寺僧松思，宝师之门人也，遣介驰书数千里，丐词为记，不获让而志之。（余靖《庐山承天归宗禅寺重修寺记》）[1]

2. 庭坚曰：此山盖为永寿院者几百年，为吉祥院者又五十年矣，今乃蔚为禅居，再阅废兴，可为累叹。物之成坏相寻，凭虚而责实，盖难为功。今余之功绪且终，是必将斋心服形，退藏于密，延四方之有道者为之法供养，岂使法鼓虚鸣，反为硇下牛所笑哉！故为之记其所从来。（黄庭坚《太平州芜湖县吉祥禅院记》）[2]

---

[1]《全宋文》第二七册，第68页。
[2]《全宋文》第一〇七册，第191页。

第六章　宋代寺院碑文的价值观构建及意义

3. 去年秋，予经涂多悦镇，镇之东有寺曰宝华，因休行李焉。见新所创殿甚巨丽，问其工役之自，主僧文悟曰："悉出于镇人刘章，用钱五百万有奇，当龛置旧者藏经于其中。"予故心善之。既归未几，郡之圣果院僧杨祖乃来请曰："刘君乃杨祖檀施也。经殿落成矣，以杨祖辱闻绪训于门下，敢寅缘丐文为之记。"遂书孔子、如来不得已而有言之意，俾刘君镵诸石，以遗学者，庶于无所知故而知，无所得故而得，则刘君建立之功不为虚设云。殿起于绍兴丙辰之正月，断手于庚申之九月，其年十月乙巳日眉州程某记。(程敦厚《眉州多悦镇宝华寺藏经殿记》)①

4. 某实绍兴朝士，历事四朝，三备史官，名列策府诸儒之右，则与隆师及其子孙，虽道俗迹异，而被遇则同。今叶、澄父子晨香夜灯，梵呗禅定，虽世外枯槁，亦有以申其图报万一之意。某则不然，饱食而安居，日复一日，饰巾待终而已，视叶、澄岂不有愧哉！故遂秉笔而不敢辞，上以纪三朝眷遇山林学道者之盛德，下以识某愧云。(陆游《湖州常照院记》)②

5. 余闻而有感焉。夫自李唐开成接于治平丙午二百二十二年，而寺始改额；绍熙甲寅又一百二十九年，而寺始议迁；嘉泰甲子距前十有一年，而寺始毕役；迄于今直二十年，而寺未有志。上下几四百载，其难如此！意者兴废有数，盛衰在人。兴衰起废者新，继新之志而维持者，其徒也。居尔庐而不以经意者，惰也；经意矣而应故事者，是亦不忠于其师也。余嘉新之志而有望于其后之人，于是乎记。(姜元鼎《新迁崇因院记》)③

一篇关于寺院历史变迁的碑文，其写作契机，往往是该寺院经历了兴衰

---

① 《全宋文》第一九四册，第298—299页。
② 《全宋文》第二二三册，第133页。
③ 《全宋文》第三二二册，第412页。

起废的艰难过程,这一过程短则数年、十几年,长则数十载甚至几百年,其间不知需要多少僧人前赴后继的努力,最终才实现寺院的复兴。因此,它需要一篇足够分量的文字。主持者深知这样的文字对于这方丛林的意义所在,故而不辞辛苦,想方设法托当世名人撰写此文,以垂后世。其目的就在于,告诉后继者,一方丛林的维持、发展或兴盛,需要僧者代代相续,励精图治,不能懈怠。当然,主张为寺院作文者,也难免存在某种私心,即希望借助文记,使自己的事迹和声名为后世所知。不过,更多的时候,是由于寺院的兴废历程使作者深受感动,他会情不自禁地记录下与该寺院命运迁流关联紧密的僧俗人士。无论如何,这样的历史信息,对后世都具有鞭策、激励和导向意义,对佛教的发展无疑会产生积极影响。

第二,就作者而言,寺院碑文也立体地呈现了其佛教价值。笔者在第一章已经对宋代寺院碑文的作者,进行了相关分析,我们已经知道,宋代寺院碑文的作者构成,涉及从官方到民间,从俗世到丛林,其特点就是,作者文化身份复杂多样,对佛教精神的理解不尽相同,对佛教的现实诉求因人而异,而以文人阶层为作者群的主体。循着寺院碑文作者的思路,我们就能够约略理解,佛教在宋代社会不同阶层发生的相应影响和意义。下面对三类作者分别论述。

首先是僧人作者。据笔者统计,宋代寺院碑文至少有98位僧人作者,至少撰写有268篇碑文,其数量规模仅次于文人作者群。僧为佛教三宝之核心,是佛教精神的主要体现者和传承者。由于宋代官方对佛教的理性态度和有效监管,僧团整体文化素养达到空前的高度。尤其是各宗派嫡系宗脉传人,多半属于内外兼修、学识渊博、道行高深的僧人,不仅言传身教,还以著书立说、博涉文艺的形式,弘法布道。因此,僧人笔下的寺院碑文,其核心价值无疑是诠释和弘扬佛教精神。兹举三例予以分析。

1. 夫能仁阐一教寂灭之理,张三世报应之事,俾乎达其理者则返其

第六章 宋代寺院碑文的价值观构建及意义

妄,信其事者则迁其善。蚩蚩元元既不能寡其过,于是乎使观其心而知罪无相,不曰自讼之深者邪?对其像而誓不造新,不曰改过之大者邪?然后指净土以高会,顾娑婆犹逆旅。使一人能行是道,以训于家,家导乡,乡以达于邦,以至于无穷,吾知天下之人涵道泳德,唯曰不足,尚可以融神实相,高步无何而极佛境界,岂止为善人君子而已哉!夫如是,则又何患乎忠孝不修,而礼让不著欤!(智圆《湖州德清觉华寺净土忏院记》)①

2. 若贤劫千如来者,盖在此劫与吾释迦文佛相先后见乎人间世也,与夫天地群灵万有而为博大胜缘者也。然圣人垂像与于天下后世,固欲其人天者观像以性乎无像,其次欲其睹像以发其善心,其次欲瞻像以豫其胜缘。性乎无像,近至也;发乎善心,向道也;豫乎胜缘,渐上善也。是三者虽于其功小差,及其当世后代成德则一也。(契嵩《漳州崇福禅院千佛阁记》)②

3. 百丈大智禅师之训曰:"世尊遗教弟子,因法相逢,则当依法而住,饮食服玩,经行宴坐,必为丛林营建室宇,必先造大殿,以奉安佛菩萨像,使诸来者知皈向,故昼夜行道,令法久住报佛恩。"故又闻德山鉴禅师之语曰:"比丘行脚,当具正眼,诵经礼拜,乃是魔民,营造殿宇,又造魔业。且天下惟奉一君一化,岂容二佛所居?撤去大殿,独存法堂。"呜呼,百丈德山皆祖师,一则建立,一则扫荡,安所适从折中哉?方禅师,黄龙云居之仍孙,必知其要,乃以问之。方曰:"如医师之治病,应病与药。今人病寒,必投以丹砂、乌喙。设或病喘,必投以紫团、白术。寒疾愈,则所谓乌喙、丹砂者姑置之可也;喘疾既去,则虽常服紫团、白术,庸何患?然无病,则焉用药哉?众生无明峥嵘,业海

---

① 《全宋文》第一五册,第288—289页。
② 《全宋文》第三六册,第366页。

横肆，莫知津涘，而以佛为彼岸，则殿宇之建，像设之严，所当然矣。"余抚手曰："临济之后，善说法要如此！"（惠洪《潭州白鹿山灵应禅寺大佛殿记》）①

著名天台宗僧智圆，内外兼修，学识渊博，著述丰富，事见《释氏稽古略》卷四、《佛祖历代通载》卷一八等。此处他借助一篇碑文，表达了止观实相和心归净土的天台宗思想，并与传统儒家忠孝礼让思想衔接起来。契嵩作为北宋中后期云门宗高僧，具有学者的修养，在儒释会通方面颇有理论建树，为佛教的发展做出了重要贡献。此处他以漳州崇福禅院千佛阁的修建为契机，对宋代寺院佛像的意义做了层次分明的论述，认为佛像对于不同佛教修养的世人而言，会产生各个不同的影响。虽有差异，但其共同之处即在于，不同阶层的人们观瞻礼拜佛像，都能有助于培养佛教情怀，使人趋向善德。南北宋之际临济宗僧惠洪，有着起伏跌宕富于传奇色彩的人生历程，不仅道行深湛，而且具有极高的文学修养，性格旷迈，洒脱不羁，颇有文人之风概。这里通过援引百丈大智禅师、德山宣鉴禅师和方禅师的法语，极为生动地传达了临济宗的基本精神。宋代寺院碑文中关于僧人作者笔下的佛法内容，极其丰富多彩，限于篇幅，兹不赘述。另外，必须说明的是，僧人所撰碑文其中的信息也是多方面的，但所有内容均从佛教本位的立场，指向佛法的神圣性和弘法的当下性。

其次是文人作者。无论是作者数量，还是作品的规模，文人作者群都是宋代寺院碑文的主导性群体，这一文化现象不仅耐人寻味，而且具有非常鲜明的时代特色和佛教意义。文人作者群，其实是一个很宽泛的概念，具体而言，又可以有多个层次的区分。譬如，根据官阶的高低，为官的所在，学养的层次，对佛教的理解和态度等，都会出现诸多差异。而这个特征，恰恰有

---

① 《全宋文》第一四〇册，第222—223页。

第六章　宋代寺院碑文的价值观构建及意义

利于反映宋代文人士大夫群体对于佛教的真实期待的诸多面向。兹举五例予以说明。

1. 大矣哉！维大雄氏，真大圣人，佐佑大君，兴隆大化，受托付嘱，为世外护。故将以法王能仁，兼帝王要道，参而行之。经言广大，则无思不服；经言慈悲，则视民如伤；经言忍辱，则国君含垢；经言利益，则我泽如春。德惟日新，精进也；畏于天命，持戒也。如是知见，如是信解，然由造有相之功德，广无边之福田，固皇图如泰山，跻苍生于寿域。冀灾沴不作，僭贼不生，风雨咸若，寰区谧宁者欤。（宋白《修相国寺碑记》）①

2. 佛教初由梵僧至中国，不知其道，而务驾其说，师徒相承，积数百年。日言天宫地狱，善恶报应，使人作塔庙，礼佛饭僧而已。厥后，菩提达摩以化缘在此土，始传佛之道以来。其道无怪谲，无刑饰，不离寻常，自有正觉。思而未尝思，故心不滞于事；动而未尝动，故形不碍于物。物有万类，何物而非己？性有万品，何性而非佛？佛非度我，而我自度；经非明我，而我自明。无缁素才拙，一言开释，皆得成道。（李觏《太平兴国禅院十方住持记》）②

3. 道之不一久矣，人善其所见以为教于天下，而传之后世，后世学者，或徇乎身之所然，或诱乎世之所趋，或得乎心之所好，于是圣人之大体分裂而为八九。博闻该见有志之士，补苴调胹，冀以就完而力不足，又无可为之地，故终不得。盖有见于无思无为，退藏于密，寂然不动者，中国之老、庄，西域之佛也。既以此为教于天下而传后世，故为其徒者，多宽平而不忮，质静而无求，不忮似仁，无求似义。当世之夸谩盗夺有

---

① 《全宋文》第三册，第414页。
② 《全宋文》第四二册，第315页。

已而无物者多于世，则超然高蹈，其为有似乎吾之仁义者，岂非所谓贤于彼而可与言者耶！（王安石《涟水军淳化院经藏记》）①

4. 余尝论佛之心甚恕，道甚广，欲随其分量，各有所得而后已。上士即心悟佛，一言不立矣，然其心以为天下后世，安能使人尽皆如已，指迷觉妄，为大道师，则其言其书不获已也。其次者，闻佛之风而说之，诵其言，因得其心，还以所得，欲广诸人而传诸后，则尊其言而藏其书，不敢忘也。其下者，匹夫匹妇之愚，目不识书，平居钳于财利，锢于罪恶，奸欺顽戾，靡所不至，虽刑赏不能劝惩，一旦信吾佛之说与善恶之报，遽捐所吝，输之浮屠，对像设则屈伏瞻礼，能于俄顷间使善信之心怳然皆然，是孰使之然哉？彼皆不得于心而求之言，不得之言而求之书，书与言卒未有得，而求之于闻睹，目骇心回，转相告语，则其所求如佛者，亦或有得于一念之间也。（吴元美《重光寺记》）②

5. 句容县西南三十有五里，有山曰赤山。曩时邑民之避乱者常栖焉，群盗旁午而卒无患，相谓山之神有以相我，愿致力于佛以报神惠。会比丘景伦自溧水来，止于其县之香林院，众素闻其名，相与出钱买地于山之阳以留之，而知县事邹惟叙助为之请，且言于府，乞以绍兴诏书移牧圆寂寺之额于此。知府事叶公梦得许之。方芟荑蓬藋，规度庭宇，而景伦卒。景伦之徒道愿来主寺事，而同门道忠实佽助之。二人恶衣菲食，檀施之入虽一钱不敢私，通伦之世二十有九年而寺始成……夫天下之事，方其势之可以亟成也，孰不愿侥幸焉？苟或事与意相龃龉而岁月不可冀，则色倦神沮以他为解，甚者释之而去，委其责于人。惟其如是，故事卒不立。今是县介于两州之间，而地又僻，且县之籍初未尝有是寺也。历年之久，向之愿施者凋零略尽，后生晚出疑笑者半，愿不挠不随，独能

---

① 《全宋文》第六五册，第59页。
② 《全宋文》第一八六册，第85—86页。

第六章 宋代寺院碑文的价值观构建及意义

有成,嗟亦劳矣。故吾于此有感焉。(周孚《建康府句容县圆寂寺记》)①

宋白作为宋初大臣,其对佛教的理解和期待,均从国家社稷、天下苍生的高度立意,希望佛教能护佑大宋王朝,皇图永固,风调雨顺,国泰民安。著名的儒学学者李觏,一向以儒学为本位的立场,对佛教持审慎的理性态度,颇能看透其精神实质,而着眼于生命个体的自我肯认与超越,为儒释会通建立思想基础。作为政治家的王安石,认为佛教与中国道家思想有相契相通之处;而修习佛教者具有宽平质静、不忮无求的志量,又与儒家之仁义精神相一致,从而肯定了佛教的积极意义。南宋初期的吴元美,则认为佛教能为不同层次的人所接受,原因即在于佛心甚恕,佛道甚广,能因人制宜,应病与药。并依据对佛教精神的领悟,将世人分成三个阶次。作为普通的文人,从民间视角对佛教的观察和感受,往往更亲切、更真实。南宋孝宗时期的周孚,对建康府句容县圆寂寺的兴衰起废,做了简要明晰的叙述,字里行间对主事僧道愿、道忠充满敬意和礼赞。他们为了寺院的恢复与兴建,三十年如一日,兢兢业业,勤勤恳恳,历尽艰难,而从不懈怠,终于有成。由此可见,处于不同职位的文人,其视角和立场不尽相同,分别看到了佛教的不同面向,反映了佛教的多元价值。整体而观,则使我们对佛教产生了立体的丰富认知。

再次是平民作者。在宋代寺院碑文作者群体中,平民作者数量并不算多,但这一部分作者及其作品却很重要,它是我们考察和认识佛教的一个不可替代的维度。它向我们传递了真实而独具特色的信息。通过这些文章,我们能够真切感受到,民间社会对佛教的理解接受,以及在此基础上呈现的佛教实践方式。试举五例予以说明。

1. 闽县永盛里清信弟子郑富与室中谢三十一娘,各为心□四恩三有,

---

① 《全宋文》第二五九册,第61—62页。

法界含生，同发心敬造贤劫千佛宝塔一座，舍入龙瑞院大殿前，永充供养。然愿今生宿世，罪孽消除，合家男女新妇孙侄等，现处当来，善牙增长；次希有情，俱沾利乐。时大宋元丰五年岁次壬戌十月初一日谨题。缘化僧若观、劝首住持传法沙门载文，匠人高成。(郑富《龙瑞院贤劫千佛宝塔题记》)①

2. 光福寺距城六十里，有铜像观音，其始作者与其岁月，予不得知也。康定改元六月，志里张氏于庙傍泥中睹焉。时久旱弗雨，相与言曰："观音示现，殆有谓乎!"乃具梵仪祷焉，实时雨降。以是凡有祷而弗获者，州人必请命于刺史而致敬，无不得其感报。(黄公颉《光福寺铜观音像记》)②

3. 谨筹众信惠州人弟子各舍施金钱，注造大钟一口，本院用作供养。仗此良图，各资般若□□。劝首弟子吴佑、陈玉、黄元品、黄直、石□、吴进、李旺、钟立、胡日、江行、李贤、□明、畲友丹、何□、卢有琚、高连登、李一、胡仲延、胡仲添。易旧并铲新。苏炎、苏真立。时在宋元祐八年癸酉岁三月朔。劝首住持向空、童行显璋及铲新匠人林旺置。(吴佑《宋南山寺钟款文》)③

4. 大宋国常州宜兴县成任乡常富里居住奉三宝弟子吴宪，谨施净财一千五百贯文足、米二百硕，入明州天童山景德寺营建寝官一所。鸠兹胜利，荐先考六十大夫、先妣宜人吕氏五十八娘子、先兄知府少卿学士超升佛界。右恭维三宝印知，谨疏。绍兴十年三月日，弟子吴宪疏。(吴宪《小天童山施财米碑》)④

5. 盖闻幽明二路，本自玄通，迷悟一心，遂生缠缚。□也须明于觉

---

① 《全宋文》第七九册，第172页。
② 《全宋文》第一一九册，第275页。
③ 《全宋文》第一二四册，第57页。
④ 《全宋文》第一九三册，第228页。

第六章　宋代寺院碑文的价值观构建及意义

性，复何致害于生人？故混元皇帝谓道莅天下，可使神不伤人；而金仙教主亦法演真诠，俾□闻皆见性，用仗崇修之善，以明解释之因。凡在沉冥，速宜谛听。谨有大宋潼川飞乌县阳池里居奉佛进士谯渊同政、杨氏越娘、男谯壬行、女益、孙娘一家等即日具诚意者。但渊切念叨恩造化，获处人伦，自祖以来，住此寅申之宅，绵历岁序，□福不常。岁在己丑，又于宅北建□。大宋甲戌嘉定七年中元日，奉佛进士谯渊夫妇一家等敬立。(谯渊《尊胜石幢记》)①

从上所引诸例，我们看到了佛教在民间社会的存在和接受，呈现了丰富多彩的形态。诸如阖家捐资造塔于寺院，塑造弥勒菩萨像以供养，斥资为寺院营建寝宫，为逝去的亲人树立尊胜陀罗尼经幢，以及对观音菩萨的信仰，等等。虽然形式不同，但实质是一样的，民间的佛教信仰表现出高度的虔诚，对佛的力量深信不疑。基于此，他们通过各种实践行为，企图获得佛陀的护佑，以达成其具体的现实的精神诉求。可见，民间佛教信仰最突出的特征，不在于对佛理的探究，而在于不问究竟的虔信和立足当下与着眼未来的实践。具有非常明确而直接的功利性。

第三，就内容而言，寺院碑文至少有两个方面对某一寺院具有重要的佛教价值。首先是对与该寺院紧密关联的高僧的叙述，与之相关的，往往还有佛教宗派的脉络传承，以及佛教支脉的基本思想等；其次是关于寺院建筑群兴衰嬗递历史的梳理。而这两个方面，对建构一方丛林的史学书写框架，无疑意义重大。兹拟结合文献，分别予以论析。

首先是与寺院相关的僧者的叙述。如以下五例。

1. 今传法沙门元信禅师，俗姓昝氏，本郡华阳人也。幼龄颖悟，脱

---

① 《全宋文》第三○四册，第295页。

落器尘，辞亲出家，寻师访道。不远千里，行诣百城，飘然沅、澧之间，遍游江汉之域。聿来旧楚，乃契宿缘，得法于郢州芭蕉惠情禅师。情嗣南塔，南塔嗣仰山，先仰山嗣沩山，沩山嗣百丈，百丈嗣江西，江西嗣南岳，南岳嗣曹溪。即禅师于曹溪为八代嫡孙，于释迦如来为四十一代法孙。(王曙《觉城禅院记》)①

2. 中山全姓宣氏，常州人，以其尝居隽水之中山，故号中山和尚。中和二年，镇南节度使钟传实召以来。景福二年，避寇于分宁，制置戴尚书迎居龙安院，明年坐亡于龙安，归葬寺之东。青林虔姓陈氏，杭州余杭人，初谒悟本，悟本曰："此子向后走杀天下人。"广明初抵南郑，遇贼巢之乱，驾幸梁、洋，时有中贵人姓第五者，见师，瞻视良久，曰："此是法王，非同龙象也。"自汉东之青林，亦钟镇南召之。天佑元年灭度，门人录其语三百节，为《玄机示诲集》。(余靖《筠州洞山普利禅院传法记》)②

3. 黄檗断际禅师之后十有九世，曰道全禅师，洛阳王氏子也。生而不食荤血，父母异之，使事其舅广爱演师。十有九年而得度，二十年而受具，游彭城，历寿春，受华严清凉说于诚法师。朝授师说，夕能为其徒讲。彭城有隐士董君，识师非凡人也，劝游南方问无上道。师乃弃其旧学，渡江而南，始从甘露禅师，茫无所见，复从栖贤秀禅师。秀勇于诲人，示以道机。迷罔不能入，深自悔咎，至啗恶食、饮恶水以自砺。凡七年，道不见。舍秀游高安，事洞山文禅师，五年而悟。告文曰："吾一槌打透无底藏，一切珍宝皆吾有也。"文喜曰："汝得之矣。"自是言语偈颂，发如涌泉，不学而得。高安太守请师住石台清凉，已而徙居黄檗。师为人直而淳信，不饰外事。元丰三年，眉山苏辙以罪谪高安，师一见

---

① 《全宋文》第十册，第27页。
② 《全宋文》第二七册，第96页。

第六章　宋代寺院碑文的价值观构建及意义

曰："君静而惠，可以学道。"辙以事不能入山，师每来见，辄语终日不去。(苏辙《全禅师塔铭》)①

4. 师讳梵光，字和甫，姓杨氏，圆照其锡号也。世居明州奉化县。初，母王氏感异梦而娠，十有二月乃生。既生，室有香异，亲族骇嗟。髫龄警颖不类常儿，授以儒书，一览辄诵。年十二出家，依普安院鉴修为师。十六落发受具戒，器识已自卓越……乃诣湖心寿圣见通照律师，授以毗尼之学，凡三年尽通律部。始来延庆，从神智习台教。无几何，厌城市嚣尘，慨然有游方志，即东走丹丘礼智者塔，仍遍历祖师往昔经游地。当是时，天台教盛于浙西，秀有智普，杭有元净、梵臻，四海学徒风驰雾合，惟恐其后。师闻欣然，即日苞黎西去。初见辩才净师于天竺，嘉其精专，为授记莂及传圆顿大义，得解脱知见。复之白牛慧海谒梵慈普师，心法相契，一见忘归。留十有三年，日夕咨叩，虽疾病不废业……普讲《法华》，至《如来寿量品》广扬三身报应，遂于言下大悟。(何泾《延庆院圆照法师塔铭》)②

5. 政和八年夏五月乙未，芙蓉禅师以偈示众，书遗诫，付嘱门人，沐浴更衣，吉祥示寂。越三日丁酉，茶毗，收灵骨。秋九月甲午，塔葬芙蓉湖。后七年，住持大洪山慧照禅师庆预，师之受业高弟、嗣法的孙也，念湖山远在海隅，奉塔庙之礼常缺，喟然叹曰："吾昔尝侍老师住大阳，迁居此山凡五年，天下衲子辐辏云萃，不远千里而来。当时升堂入室者散之四方，皆续佛寿命，为人天师。今住世者如焦山成、大隋琏、鹿门灯、石门易、宝峰照，即其人也。昔人藏衣曹溪，葬履熊耳，岂不以恩大难酬，示不忘本耶？"乃遣其徒宗几迁致其灵骨，建浮屠与大洪山之阳。冬十一月，塔成。明年冬，彬谒慧照于山中，慧照喜谓彬曰："吾

---

① 《全宋文》第九六册，第248页。
② 《全宋文》第二一一册，第8页。

芙蓉老师法海舟航，佛门梁栋，三十七年与大地众生作阴凉，机缘在世，不独衲子能言，搢绅士大夫咸知之。今新塔未铭也，敢以为请。"（王彬《随州大洪山崇宁保寿院十方第二代楷禅师塔铭》）①

例一作者王曙在为觉城禅院撰文时，叙及该寺住持僧元信禅师，历数其自幼出家，遍参知识，终成大道，并能溯游而上，追根求源，证明该僧为南宗禅嫡系正脉。而元信禅师在僧史僧传文献中失载，其师芭蕉惠情禅师，也仅现于《宏智禅师广录》卷八的一首佛偈题目里。显然，这样的叙述，对于彰显元信禅师所在的觉城禅院，是中国禅宗正统宗系之所在，至关重要，加之作者王曙为一代名臣，这就为该院的发展寻找到了合法性依据。例二所及之中山和尚和青林虔禅师，均为曹洞宗洞山良价禅师的法嗣，于《祖堂集》卷八、《景德传灯录》卷一七有传。《祖堂集》对中山和尚如是云："中山和尚嗣洞山，在高安县。师讳道全。未睹行状，不决终始。"②上书对青林虔的介绍云："青林和尚嗣洞山，在江西。师讳师虔。初住青林，后住洞山。平生住持高节，宇内声扬。"③两相比照，可见本文信息可与僧史僧传互勘。而尤为重要的是，筠州洞山普利禅院具有悠久的历史，在其传法进程中，出现过中山和尚、青林虔等这样南宗禅正脉出身的著名僧人，对扩大该寺院的影响、提升其丛林的地位、促进其更好地发展，都有积极意义。例三所及之黄檗道全禅师，于僧录有载，见于《五灯会元》卷一七、《续传灯录》卷二二，但记载极为简略，而此文却较为详细地叙述其游方问道、遍参硕德的历程，并通过其所撰佛偈，表达了他对成佛境界的理解，具有鲜明的临济宗特征。南宋前期何泾，对延庆院圆照法师梵光

---

① 《全宋文》第一五四册，第321页。
② （南唐）静、筠二禅师编：《祖堂集》，孙昌武、[日]伊川贤次、西口芳男点校，中华书局2007年版，第376页。
③ 同上书，第396页。

第六章 宋代寺院碑文的价值观构建及意义

的成长历程，做了详尽的叙述，梵光生而异常，幼而颖脱不群，少而出家，遍参知识，勇猛精进，从不稍息，终成大器。作者突出表现梵光的精诚不息，务求真谛而获终极解脱之义。与此同时，其笔锋所及，是我们对天台教教旨及其在南宋前期的盛行状况，形成明晰的认识，这些都具有史学价值。而如此杰出的天台僧人，其所到之寺院如寿圣、延庆、天竺、白牛慧海等，都会因此僧之求法踪迹，而扬名后世。例五，作者借助大洪山慧照禅师庆预之口，使我们认识到南宋初期曹洞宗大师芙蓉道楷非凡的影响力，在其身后出现焦山成、大隋琏、鹿门灯、石门易、宝峰照等举扬曹洞宗风，从而使曹洞宗成一时之盛。

其次，是对寺院建筑群兴衰嬗递过程的梳理。这样的内容，一般在对某寺院的"记"文中出现。作者撰写此文之前，对该寺院的前世今生、来龙去脉，通过各种渠道，获得相关文献，对之进行详细的考察，然后行文。虽然此类文章的诞生，源于该寺院当前某僧的请托，其用意在于通过出于名笔之文，使其人名垂后世，但记文一旦写就，其意义则远远超过了请托者的初衷和预期。那就是，从此之后，无论经过多么漫长的岁月，无论遭受怎样的兴衰更替，只要此文存在，那么，后人就能循此以进，抵达该寺之门前！即使已成废墟，湮没在丛生荆棘之中，曾经存在过、兴盛过的寺院，也会有死灰复燃、重现佛光之日！兹举四例。

1. 睠彼大招提，栖于善知识……验以前文，明唐兴之旧额；稽诸近敕，□保宁之新思……偶周世宗皇帝颁宣诏命，澄汰释门，时当院然和存留，亦动烦恼……建隆庚申秋，修法堂毕功……干德二祀甲子，营石塔于院之西北原……开宝癸酉岁，构彼丽谯，悬于法鼓……又于兴国己卯岁修经藏……我后嗣位之七年，三原帅博陵崔公奏今院主加命服……聊书建刹之因，兼记出尘之德，刻于贞石，以示后昆。时淳化元年，岁次庚寅，七月甲戌朔，十五日戊子建。修造主僧智蔼，典座僧普谆，石

243

匠人贾福进……院主沙门赐紫缘正。(杨缄《大宋解州闻喜东镇保宁禅院记》)①

2. 即岸，步自松间，出数里，至峰下。有佛庙号水月者，阁殿甚古，像设严焕，旁有澄泉，洁清甘凉，极旱不枯，不类他水。梁大同四年始建佛寺，至隋大业六年遂废不存。唐光化中，有浮屠志勤者，历游四方，至此，爱而不能去，复于旧址结庐诵经，后因而屋之，至数十百楹。天佑四年，刺史曹珪以"明月"名其院。勤老且死，其徒嗣之，迄今七世不绝。国朝大中祥符初，有诏又易今名。(苏舜卿《苏州洞庭山水月禅院记》)②

3. 四明东海之上有象山，象山境之西南有佛刹焉。五代之梁创之以"蓬莱"之额，是为龙德二年。我朝之宋锡之以图书之文，是为太平兴国四年。准敕听以甲乙住持者，天圣三年也。蒙恩易以寿圣之名者，熙宁二年也。是院隐然介众山之中也，虽无崇岩巨壑盘亘千里，高插云天，雄压地轴，而嘉巘苍岫，周遭映带，卑相俯，远相揖，亭然起，崒然止，而朝阳暮霭，露花霜竹，出没于空旷有无之间，恍然若图画中见也。太仆卿、直秘阁林公旦昔宰是邑，尤意爱之，且叹基址颓圮，榛棘出入，卑堂隘宇，上破而旁穿，殆不足以擅斯景而奄有也。因命释永净主院事焉……是院由五代以迄于今日，寥寥二百余年，乃始修坏而成，补罅而完，易隘而旷，溃质而文。(刘渭《蓬莱山寿圣寺记》)③

4. 平江府吴江县圣寿禅院，石晋天福七年所建也。初，朱梁开平三年，钱氏奏分吴县地为县，阅三十四年而有是院。始名兴宝，皇朝天圣二祀，赐以今名。开山以来，有志升、法序居此禅席，实相先后，二师俱宗

---

① 《全宋文》第八册，第237—238页。
② 《全宋文》第四一册，第85页。
③ 《全宋文》第一三三册，第59—60页。

第六章　宋代寺院碑文的价值观构建及意义

门梁栋，五家宗派可考也。景祐中，兵部员外郎、知制诰谢公施大藏经在焉。圆照禅师宗本尝主之，后自瑞光召对便殿，遂为慧林第一代师。其他领袖有道因佛缘者，常不乏人，以故号名刹。更建炎兵火，□□像毁，扫地无遗。会清本法师相继住锡，遍募檀那，增创庄田，而又畚筑故址，仅成殿庑。岁月积久，风淫雨虐，浸复颓圮。田为亩千，皆沃壤，年来守者屡更，往往侵渔，百用不给，而逋负重仍，残僧才三数辈，钟鱼几为绝响，闻者骇之。县大夫赵公下车之明年，政既成，儒宫神宇、驿舍桥梁，次第营缮……落成日，耆宿踵其门，曰："院之中兴，县大夫力也，请述其事，刊诸石，以诏后世。"仆犹得于目击，所不敢辞，故为道其兴废之端。（陈武子《吴江重修圣寿禅院之记》）[①]

诸如此类的叙述，在宋代寺院碑文中，俯拾即是。由所引诸例可知，中国古代的寺院，凡是借助碑文可考者，一般具有这样的三个特征：一是年代久远，屡经废兴；二是往往与一些得道高僧的修行和弘道活动相关联；三是在其兴衰起废的演变历史进程中，由于特定的时节因缘，在某僧者住持时段，在多种外力扶持之下，起死回生，实现中兴。即此言之，一方丛林的废兴，不仅关合局部僧团的利益，而且是佛教与现实社会、政治、文化之关系的晴雨表。

综上所论，寺院碑文之于寺院，无论是就碑文的写作目的而言，还是就其作者与内容而言，其佛教价值首先体现在其文献价值和历史价值方面。一方寺院，由于自然和社会多种原因，很难坚如磐石，长盛不衰。无数古代寺院的命运流程，雄辩地证明了这一点。对于曾经辉煌地存在过而今已然灰飞烟灭的寺院，我们如何才能了解它充满传奇的历史？除了对之予以如实记录的碑文，以及与之相关的其他历史文献，还能有什么呢？因此，可以说寺

[①] 《全宋文》第二一九册，第217—218页。

碑文在一定意义上，就是一方丛林的传记，也可说是其不朽的墓碑。无论作为佛教载体的寺院建筑群是否存在，只要与之相关的寺院碑文在，它就不会被历史遗忘，并且会在将来的某一天，可能再一次被唤醒、被树立，再一次走向兴盛与辉煌。

第二节　碑文之于文人的自省意识

文人阶层作为一个特殊的社会群体，自先秦以来即以其傲然挺立的身姿，活跃在政治、军事、文化的历史舞台，以其卓然不群的政治见解、军事谋略、思想智慧等，建构中华文化精神的基本框架和内涵。而仰观俯察、洞达古今、泛览群籍、广采博纳，往返于孤峰顶上与十字街头之间，以成一家之言，则是文人作为生命个体，存在于天地之间的基本修行方式。对生命本身的探究，则逐渐成为其核心内容。而这一旷日持久的自我发现，开启了中国文人山重水复的精神探险之旅。无疑，自省作为这一精神旅程的思想方法，亦即切入生命存在本身的有效维度，从孔孟、老庄、韩愈、李翱，一直到宋明理学思想家群体，引领思想者在曲折丛深的精神世界，不断趋近人本身。自省，是历史赋予文人阶层的文化使命；自省，最终成就了致广大而尽精微的宋学体系。宋代文人以各种不同的方式和姿态，参与了这一思想体系的孕育和生成过程。耐人寻味的是，佛教借助文人阶层的相关实践，对宋学予以渗透与融合。尽管宋学与佛教之关系，在不同的宋儒思想体系中，呈现出不同的态势，但佛教对宋学体系的建构具有深刻影响，是不争的事实。在宋学思想体系影响之下而形成的时代文化气候，对有宋文人的文化生存，发生了极为深刻的影响。其突出的表现，就是宋代文人会通儒释，将佛教消极灰暗的精神格调，

第六章 宋代寺院碑文的价值观构建及意义

镕冶为入世出世间的圆融无碍，极大地充实和完善了先秦以降"内圣外王"之道的精神内涵。诚如冯友兰先生所言："李翱及宋明道学家所说之圣人，皆非伦理的，而为宗教的或神秘的。盖其所说之圣人，非只如孟子所说'人伦之至'之人，而乃是以尽人伦、行礼乐，以达到其修养至高之境界。盖如何乃能成佛乃当时所认为有兴趣之问题。李翱及宋明道学家之学，皆欲与此问题以儒家的答案，欲使人以儒家的方法成儒家的佛也。"[1] 唐宋以来儒家学者这种融通儒释的思想进路，源于中国僧人在这个方面所做的努力，对此，钱穆先生曾说："中国僧人，乃不断以中国自己传统儒道两家精义融会入佛说，而迭创新义，迈向于中国佛教之建立。先之以天台宗之空假中一心三观说，又继之以华严宗之理事无碍事事无碍说，以及禅宗之明心见性、即身成佛、立地成佛说。如是乃使印度佛法出家逃俗之修己主义，与中国传统大群为政之学，解除其隔阂，而大义可潜通。"[2] 据冯友兰先生所言，以道学家为主体的宋代文人阶层，其亲炙佛教，并非都要出家，做遁世的隐者，而是要"以儒家的方法成儒家的佛"。这一论断，实得吾心，令人生灌顶醍醐之感，一语道破宋代文人与佛教关系的实质。而钱穆先生之论，则为冯友兰先生的观点，作了精当的脚注。

可见，在传统儒家思想和后来佛教思想的双重影响之下，宋代文人产生了广泛的自省意识。宋代文人的自省，也因此具有鲜明的时代性特征，那就是，其自省的过程既含有儒家的诚与敬，又包括佛教的悟与性；其自省的结果，不是偏枯的自持，也不是死寂的避世，而是自适与自持的融合，出世与入世的无碍。其外在的表现，即以超然的心态，积极有为于当世，置身于灰头土面的十字街头，并不妨碍放飞灵魂于孤峰顶上。宋代文人的自省意识，有多种表现方式，而通过丰富多彩的佛教书写，则是其自省的重要途径。在

---

[1] 冯友兰：《中国哲学史》下册，重庆出版社2009年版，第217页。
[2] 钱穆：《晚学盲言》，生活·读书·新知三联书店2010年版，第883页。

由文人撰写的宋代寺院碑文中，绝大部分作品都包含一个重要内容，即对佛教的精神和意义发表见解。这似乎出于此类碑文的写作程序，有应景的特征，有时候甚至可见出此种文字的游戏性质。但无论庄也好，谐也罢，有一点可以肯定，作者对佛教的理解是发自肺腑、充满真诚的。并且从中不难窥见作者的心灵脉动，即借助对佛教思想的阐释，进行自我的省视。下面将结合宋代寺院碑文，从两个方面探究宋代文人在佛教语境之中的自省。

第一，从普遍意义上，通过对佛教精神的解读，宋代文人找到了人之为人的精神起点。进而认识到当下的个体存在，与人的初心已经渐行渐远，以及造成这种疏离的原因所在。如以下四例。

1. 若夫有生之生，肇自无始之始。因缘妄想，汩没真如，往来于地水火风，合散于梦幻泡影。爱河浩浩，贯三界以周流；尘网恢恢，弥大千而洪覆。厥或渐修祇劫，顿悟刹那，杰出此途，径到彼岸。变三十二具足相，化千百亿妙色身。普为一切心，广陈一切法。荫慈云于火宅，尽遣炎凉，揭慧日于昏衢，咸令夜晓者，其为大雄氏而已乎。（石待问《皇宋明州新修保恩院记》）①

2. 是诸凡夫，烦恼不断；是诸世界，虚妄大行。地水火风，攻之于外；贪嗔爱欲，寇之于内。大则以金玉满堂，垂子孙之计；小则以锥刀竞利，务衣食之源。末俗于是难移，真如以之不竞。幻身有漏，宁知牛乳之方；火宅将焚，孰信鹿车之谕？则有悟电泡之非久，识生死之有缘，以慈悲喜舍为身谋，以因果报应为己任，谓财能贾祸，我则轻之若浮云，谓福可济身，我则指之为彼岸。（王禹偁《龙兴寺三门记碑》）②

3. 其道无怪诵，无刓饰，不离寻常，自有正觉。思而未尝思，故心

---

① 《全宋文》第一三册，第327页。
② 《全宋文》第八册，第82页。

不滞于事；动而未尝动，故形不碍于物。物有万类，何物而非己？性有万品，何性而非佛？佛非度我，而我自度；经非明我，而我自明。（李觏《太平兴国禅院十方住持记》）①

4. 佛之为教，凡所为庙塔器饰，饮食起居，一莫不寓其法于其间。不独其道有以动人，而学其法者多能自处于得丧势利之外。以其无待于势，乃能使不役于事者为之用。以其不瞷于利，乃能使瞷于利者为之忘其所乐以徇之。（沈括《筠州兴国寺禅悦堂记》）②

真宗、仁宗之际的石待问，追溯生命本源，揭露存在真相。从佛教本体论、迷失论、修行论和境界论诸层面，依次写来，言简意赅，高屋建瓴，极为精要地阐明了佛教的基本意义。作为诗人，王禹偁根据佛典，表达了自己对人本身的理解。贪嗔爱欲，使人成凡夫；地水火风，构筑世界的虚妄。内外交攻，使得世间庸人永无宁日。人的肉身存在是暂时的，如梦幻，似电泡，是火宅，故不应执迷。但遗憾的是，世人不能觉悟，他们舍本逐末，念念不忘金玉满堂，甚至锥刀微利，视诸多欲念甘之如饴，飞蛾扑火般，至死不休，实在可悲可叹！作为学者，李觏以富于思辨的表达，准确精致地揭橥佛教之道的实质：物有万类，类皆有性，性即是佛；佛非度我，而我自度，经非明我，而我自明。这里就含有因诚而明、自明而诚的儒家修养功夫。作为政治家、科学家的沈括，则从佛教修行者的角度，认识到佛教能使人超然乎势利之外，进而以平等公正博爱之心，参与到现实实践中来，以为他人和大群做出有意义的事情。总之，来自人身和世间的欲念与诱惑，使人陷入无尽的烦恼与痛苦而不能自拔，佛教以般若慧力，拂去世人心灵的尘埃，它引导世人通过自省而得以回到自我。诚如二程所言："夫内之得有浅深，外之来有轻

---

① 《全宋文》第四二册，第315页。
② 《全宋文》第七七册，第336页。

重。内重则可以胜外之轻，得深则可以见诱之小。"① 纯净无欲之心，能够照见世界之本相，其笃定与诚明，可以遣除一切欲念与诱惑。

第二，从个人生命体验角度，对佛教启人心智的意义予以抉发，同时彰显宋代文人自省的当下契机与意义。如以下三例。

1. 惟简，余之邑人，远来求记其事，间尝谓余曰："青城诸峰，惟大岷最为高厚，然丈人上清之望者，乃世俗之所能见尔。如吾所居，正向其面。脉络表里，披敛出没，洞壑钩蔓，峦岭屈折。高林巨樾，巍冈险顶，晨霞夕霭，染渍辉耀，湍瀑淙激，禽虫啼响。一日万状，无有穷极，瞪眼倾耳，不知厌倦。此方外清绝之境，世间奇伟之观，而惟简辄擅有之。山林之人，所获多矣！安得君之车马一至其地，以幸吾言之不诬？"余听其说衮衮，令人喜闻，回视此身，若处泥阱。何时濯洗，以从师傲兀其间哉？（文同《茂州汶川县胜因院记》）②

2. 元丰二年十二月，余自吴兴守得罪，上不忍诛，以为黄州团练副使，使思过而自新焉。其明年二月，至黄。舍馆粗定，衣食稍给，闭门却扫，收召魂魄，退伏思念，求所以自新之方，反观从来，举意动作，皆不中道，非独今之所以得罪者也。欲新其一，恐失其二。触类而求之，有不可胜悔者。于是，喟然叹曰："道不足以御气，性不足以胜习。不锄其本，而耘其末，今虽改之，后必复作。盍归诚佛僧，求一洗之？"得城南精舍曰安国寺，有茂林修竹，陂池亭榭。间一二日辄往焚香默坐，深自省察，则物我相忘，身心皆空，求罪垢所从生而不可得。一念清净，染污自落，表里翛然，无所附丽。私窃乐之，旦往而暮还者，五年于此矣。（苏轼《黄州安国寺记》）③

---

① （宋）程颢、程颐：《二程遗书·二先生语卷六》，上海古籍出版社 2000 年版，第 144 页。
② 《全宋文》第五一册，第 143 页。
③ 《全宋文》第九〇册，第 432 页。

3. 我愿释子，毋意于水，将意于理。尔身以澡，尔心以洗。洗心谓何？匪尘匪沙，匪刮匪摩。去尔羡欲，任尔平和。无可不可，所遇皆我，万物一焉。（李觏《太平院浴室记》）①

北宋中后期画家、诗人文同，与茂州汶川县胜因院僧人惟简是同乡，惟简励精图治，兴废继绝，使胜因院重获生机。因而远来求记其事。此方寺院，也许作者从未涉足，而惟简对此"方外清绝之境，世间奇伟之观"的描绘，宛若一面明镜，使作者心向往之，并深感"回视此身，若处泥阱"，看到置身俗世的自己，与彼方净土，有着遥不可及的距离，而心怀愧怍，顿生澡雪精神、濯洗灵魂之愿望。众所周知，"乌台诗案"之后，苏轼被编管黄州，是其仕途人生的严重转折，宿有佛缘的他，此时与佛教更亲切。虽然当下处境是由政敌媒蘖陷害所致，自己本来无辜，但迫于严酷的现实政治处境，作为诗人的苏轼，在惊魂未定之际，能够思考和践行的只有"闭门却扫，收召魂魄"，进行痛定思痛、刺骨锥心式的反省。其具体的自省方式，就是每隔一二日前往城南安国寺，于茂林修竹之间"焚香默坐"，如此反省长达五年，结果是，"物我相忘，身心皆空""一念清净，染污自落，表里翛然，无所附丽"。苏轼的自省，在宋代文人阶层，具有极鲜明的典型性。它告诉我们，文人的自省，往往是在宦途蹭蹬、人生坎坷之际，我们的主人公被命运抛离，置身蛮荒，一无所有，从而造成得与失、荣与辱、贵与贱、富与贫的巨大落差，此时佛教意义可能会不招自来，何况宋代许多文人如苏轼本来就亲近佛教。如果此前在优游从容的岁月，于风月诗酒之间，高僧与佛理只是文士风流的点缀，那么现在，佛教才真正成为其精神救赎的唯一寄托了。所谓"百尺竿头，更进一步"，正是此意。也只有此时，文人的自省才会深刻、彻底，最终浮云散尽，一轮朗月成为自己的心空。至于如何自省，自省是一个怎样的精

---

① 《全宋文》第四二册，第317页。

神历程，儒家学者李觏这样说，以佛理之水，洗涤身心。何谓洗心？并非说心染尘沙污垢，故无须对之刮擦摩挲；而是说心存诸多欲念，故应悉数遣除之。欲念本非心之固有，故清洗而还其洁净之本然，心自回归平和。只要不失我心，则可与万物俯仰，无可无不可。万物即我，我即万物，我与万物等量齐观。

从宋代文人以佛教书写为契机所进行的自省，我们能够感受到，人存在于天地之间，无论何时何地，最重要的不是对功名利禄的追求，而是向精神高地的进发。精神的生存才是人之为人的本质性所在。要获得人生的高境，别无他途，只有不断地面向自我，勇敢地解剖自己，不惮正视心灵的暗昧、龌龊、怯懦、猥琐、贪婪、狞厉，并以佛教之智慧或儒家之仁义彻底清除。有责任意识、忧患意识和担当精神的文化人，才堪称知识分子。知识分子阶层无论古今中外，都是一个民族、一个国家、一个时代的中流砥柱。历史发展到今天，我们的文化已然趋向多元，中国传统的价值系统在今天虽然仍能发挥作用，但对于不断涌现的年轻一代，准确说来，自20世纪80年代生人开始，传统文化精神在年轻人的心灵里，其分量越来越轻，直至无足轻重。其导致的后果，正在以各种现象纷纷涌现在广袤的民间。作为知识分子阶层，理应成为弘扬传统文化的启蒙者和引路人。率先垂范，加强自我修养，涵养深厚的人文情怀，实质领会传统文化之精髓，精心营造纯净澄澈的精神世界，然后以无私无我的面貌，转身进入现实世界，使得我们的城市更加美丽，让我们的乡村更有活力。在物质文明极大丰富的基础上，建设我们的精神文明。在实现中华民族的伟大复兴征途上，知识分子的精神状态是关键。诚如马克斯·韦伯所言："知识分子之渴望救赎永远是源自'内心的困顿'，因此，较之于非特权阶层所特有的、由于外在之困穷而期盼的救赎而言，就显得离生活更遥远，更为理论化和体系化。知识分子以各种方式探索，其决疑论推衍至无穷尽，赋予其生活态度首尾一贯的'意义'，由此而发现与其自身、同胞及宇宙的'统一'。"① 要是我们活跃在不同领域、不同行业、不同岗位的知识分子，都能做到为我们的国家和民族而宁静致远，心怀天下，廉洁自律，鞠躬尽瘁，那么我们的民族就会更高贵，我们的国家就会更强大，我们的人民就会更幸福。

第三节 碑文之于民间道德信念的引领与塑造

我们所谓民间，是指民众这个维度，是与官方相对而言的。可翻译为among the people 或者 non‐governmental。从寺院碑文的内容看，无论作者是文人士夫，平民布衣，还是丛林僧者，只要他站在民间立场发声，为平民社会立意，那么它就属于本节涉及的范畴。宋代寺院碑文，以丰富的内容，从不同的角度，反映了佛教之于民间社会的重要意义，表达了民间社会对佛教具体而现实的精神诉求，也阐明了不同阶层关于民间佛教的文化期待，从而对民间道德信念具有引领和塑造之作用。下面分三个部分予以论述。

第一，文人阶层对佛教的民间期待。如以下五例。

1. 凡报父母慈育之恩，答怙恃劬劳之力，非仗如来真谛，以资胜利，则安能成人子之道，伸罔极之情哉！大宋开宝七载冬闰十月二十八日，京兆前摄华州别驾杜永训，奉为先考府君讳澄字德润、亡妣妇人周氏，建兹幢焉。自唐封杜，因国命周，书旗契已还，罕敌大姓。府君以恪恭之美，佑彼侯藩；夫人以臻懿之行，宜其家室。有慈有义，可法可象。

---

① ［德］马克斯·韦伯：《宗教社会学》，康乐、简惠美译，广西师范大学出版社 2011 年版，第 157—158 页。

志铭斯在，行谍备详。府君寄骨于晋阳，夫人启殡于兹地，庶合商人之礼，□□楚相之魂。敬镌龙藏之文，少写兰陔之恨。汝弼早悟苦空，深信因果。闻是请命，欢喜踊跃，恭敬合掌，谨述偈言。(张汝弼《尊胜幢记》)①

2. 越人右鬼，而刘氏尤佞于佛，故曲江名山秀水，膏田沃野，率归于浮屠氏。郡之属邑曰乐昌，去县郭四十里，有院曰宝林，地灵境胜，一邑之冠，远郊近落，率来瞻仰，故常登延开士，主其熏修。于戏！栖山林以遂其高，遁江海以安其闲，幽人奇士，所以击节而争往也。又况有栋宇以资其偃息，有畜畚以奉其饘粥，果能择得闻人以付之，俾其发扬佛事，开导氓俗，奉行诸善，共避众恶，此乃因高闲之适，成兼济之利者也。(余靖《韶州乐昌县宝林禅院记》)②

3. 浮屠人尽心于塔庙，固其职耳。能不以祸福诱胁、殚吾民之力者，盖未之见。今栖以医售，其得财，乃自奉其法而不掠于人，且厚其弟，以安乎母，不离吾孝友之道，言乎其党，抑可尚已。故书以授之，使揭诸石云。(李觏《抚州菜园院记》)③

4. 吾士与农，幼学而壮行，寒耕而暑耘，其勤亦已至矣，然而蓬户瓮牖、袒褐糟糠，常不免于其身，浮屠宫室乃独侈于天下，又能不取于吾民而自成，何哉？今冲之为屋与食，其器械衣裳皆出于其力，而不求于人，则冲之视其党亦无愧矣；非独无愧于其党也，吾民游惰而不食于器与货，是皆可愧矣。冲之绩可书而传也，予故为之书，且使熙宁开拓之岁月有考焉。(黄叔豹《同天寺记》)④

5. 其下者，匹夫匹妇之愚，目不识书，平居钳于财利，锢于罪恶，

---

① 《全宋文》第三册，第323页。
② 《全宋文》第二七册，第71页。
③ 《全宋文》第四二册，第324页。
④ 《全宋文》第一二五册，第218页。

第六章 宋代寺院碑文的价值观构建及意义

奸欺顽戾，靡所不至，虽刑赏不能劝惩，一旦信吾佛之说与善恶之报，遽捐所吝，输之浮屠，对像设则屈伏瞻礼，能于俄顷间使善信之心恍然皆然，是孰使之然哉？（吴元美《重光寺记》）[①]

宋初进士出身的张汝弼，"早悟苦空，深信因果"，因此欣然受托于京兆前摄华州别驾杜永训，为其考妣墓地所立尊胜幢传写记文。此文宗旨在于表达杜氏"报父母慈育之恩，答怙恃劬劳之力"，以申孝谨之义。仁宗朝政治家余靖，对佛教的态度一向是保守、谨慎而务实的。他认为，一方寺院，只要由得道高僧住持，就能对一方百姓起到发蒙解惑之作用，进而引导其避恶从善。寺院不仅可以通过一系列弘法活动，对民间社会予以"开导氓俗"，僧人自身高尚涓洁的精神风貌，也能在教化百姓方面，起到潜移默化的示范和引领作用，因此，李觏对可栖禅师的肯定，不在于其道行之高深，而在于其勤苦踏实，以一己之力经营寺院，与此同时，竭力周济兄弟、孝养母亲，体现了敦厚的人伦孝亲之道，并认为，这一点值得倡导于丛林之间。所例四其内容与前所述颇为近似。黄叔豹认为，许多读书人和种田人，虽然从小到大，寒来暑往，勤奋不辍，却往往难免冻馁之患；而僧者如同天寺住持道冲禅师，殚精竭虑，数度寒暑，带领僧众自力更生，却能独立解决寺院的经济生活所需全部之物资。比较之下，我们作为一般的社会民众，真的应该向寺院的僧人学习！毋庸讳言，宋代的民间社会，许多平民百姓文化水平很低，未脱愚昧野蛮之禀性，外在诱惑与内在欲念的交攻之下，往往就会出现意想不到的灾难。因此，吴元美认为，这些目不识丁的匹夫匹妇，"钳于财利，锢于罪恶"，就难免"奸欺顽戾，靡所不至"。他们对所谓朝廷典刑和社会道德，是无所畏惧的。而唯独敬畏佛教！佛教中善恶报应之说，虽然是很粗糙的宗教教义，但对一些愚顽下劣之民，却具有无可替代的震慑之效。由此可见，在

[①]《全宋文》第一八六册，第85—86页。

宋代文人看来，寺院碑文的书写及其相关内容，对民间社会的道德风尚和思想信念，具有塑造和引领作用。

第二，是僧侣阶层对民间的佛教期待。自佛教入中土，民间社会一直是佛教赖以生存和发展的土壤。一方寺院的香火是否旺盛，直接关系着它的影响力；因此地方寺院非常在意平民百姓的佛教诉求。事实上，"宋代民间的佛教信仰活动，比较突出地表现在人们的庙神膜拜上。人们纷纷以烧香拜佛、供奉果品、布施斋僧、修建佛寺、塑像造塔、刻印佛经、许愿还愿、放生吃素、念经拜佛、广作法事、传经朝岳、结社集会等方式来表达对佛教或菩萨的景仰和崇拜"①。从宋代寺院碑文的记载来看，僧侣阶层对当时民间社会的佛教思想，也是丰富深刻而富于当下性。兹举四例说明。

  1. 生民之欲者，富与贵而已。富贵知道德，称为君子。君子所居，乡党归之。是故博施济众，君子之所职也；率人为善，君子之常分也。在西方之教，谓之居士长者，乃利益及物，因以为氏。故释迦如来号刹利氏，谓利益所及，一刹上耳。中国有大圣人作，自太祖皇帝至今天皇，推原开辟以来，未有太平如此之盛也。治化隆侈，天下富乐，比屋可封。余力闲暇，人人得以讲性命之宗，究死生之本，览罪福之要，互相劝饬，思所以因教而进于道。夫三教之用，虽趣尚各异，要之为善，其揆一也。（仲殊《陆河圣像院记》）②

  2. 大宋国亳州蒙城县石山乡曹村保居住清信奉三宝男弟子任和，并妻楚氏，有一男任诚，遂启愿心，管修兴化寺宝塔第十一级。功缘了毕，集斯胜利，上祝皇帝圣寿万岁，文武百官禄位高迁，雨顺风调，万民乐业。伏愿家门清吉，保庆平安者。具眷爱姓名如后：任和并妻楚氏；男

---

① 参见吕凤棠《宋代民间的佛教信仰活动》，《浙江学刊》2012年第2期。
② 《全宋文》第一一九册，第259—260页。

任皋,妻范氏;次男任昱,妻朱氏;任诚,妻胡氏、刘氏;男马僧儿、五十哥;女二姑、五姑、七姑、八姑、十一姑;任初,妻张氏;孙男任䣭、任政、任元,张氏、蒋氏;楚贵,妻杨氏;马贵,妻任氏;陈靖,妻魏氏;陈渊,妻任氏;曹诚,妻刘氏;曹坦,妻刘氏、张氏,男王用。崇宁五年二月日,功德主僧法伦记。修塔功德主孙温、副功德主张文立。住持赐紫沙门智先。(法伦《兴化寺任和修塔记》)①

3. 于戏!生灵之苦,莫苦于杀戮也。爰自数年以来,寇盗四起,兵火交作,其遭非理陨亡,横尸堕首,填于沟壑者,盖不可胜数也。加复疫气流作,民亦苦之。有信士郑子隆者,夙怀善种,悲念特发,观斯罹乱之苦,知怨业之有对也,以怨报怨,安能已矣哉,断惟佛力可以拯济也。乃运精诚,结同志者万人,共念西方极乐世界阿弥陀佛尊号八万四千藏。愿既圆满,复化檀越,同出净财,俶工砻石,建窣堵波一所凡七级,高三丈有二,立于南岳罗汉洞妙高台之右,藏念佛人名于其中。萃兹胜利,愿国泰民安,品物咸亨。凡阵亡疫死者,并脱幽沦之苦,趣生净方。(法忠《南岳山弥陀塔记》)②

4. 郡邑家家,芗灯整整,遥瞻伏拜,心肃貌恭。余垢洗于冰雪,新芽长于春阳。水旱消,怪雨寝,痴风调;禾麦登,菽粟稔,妖气退舍,庆事集境。士庶门户,男女子孙,英敏贤孝,仁惠谦睦,静笃守性,清白世家。天赞神护。魔逃疠弭,寺窣堵波高广殊胜,净妙建立之益也。(正觉《天封寺记》)③

北宋后期僧人仲殊,初为文士,颇有乡誉,后出家为僧。他认为,佛教与儒教虽然教义多有不同,但在导人向善的基本宗旨上,都是一致的。因此,

---

① 《全宋文》第一三七册,第191页。
② 《全宋文》第一七四册,第98页。
③ 《全宋文》第一八三册,第2页。

处于太平之世，富贵而知修身养德之君子，应该担负教化民间之责。如果说，仲殊只是从理论道理层面表达了对民间社会的引导教化之意义，那么，上引例二则进一步反映了僧人直接参与民间佛教实践的事实。亳州蒙城县石山乡曹村保村民任和，带领全家几代老幼37口，共同捐资修建兴化寺宝塔第11级，修大功德，发大誓愿。这一过程，颇费时日，而都是在寺院僧人的主持之下完成的，且由功德主僧法伦负责撰文，详细而具体地记录这个普通的民间家庭，其颇具规模的佛教实践活动。毫无疑问，这一活动的过程，不仅是这家人向佛表达虔诚的过程，也是对佛寄予深切期待的过程。与此同时，这毋宁说是一个仪式，在此仪式中，每一个家庭成员，不仅受到了佛教的洗礼，而且敦睦了伦理亲情。其意义既茫远又切近。作为僧者，法伦以及住持智先，见证并引导了这一民间佛教实践活动，他们现场感受到佛教对民间的意义、影响及发挥作用的途径。南宋高宗时期天台宗僧法忠，亲历战乱，目睹铁蹄之下生灵涂炭、万姓死亡的图景，作为"夙怀善种"的僧者，法忠"悲念特发"，而思拯济，乃结同志万人，共念佛号，以超度死难者。其规模之盛大，悲愿之弘深，想来在当时一定很有影响。① 同为南宋前期僧人，正觉则以天封寺修建佛塔为契机，表达了民间社会普遍的现实诉求：风调雨顺，五谷丰登，妖邪遁形，万事吉祥，士庶门户，男女子孙，英敏贤孝，仁惠谦睦，静笃守性，清白世家。可以说，凡是普通百姓有求于佛的所有愿望，在这里都悉数说出，希望一一达成。由此可见，从僧侣阶层的视角，寺院碑文所表达的民间佛教期待，都是与民间百姓日常生活密切相关的，具有鲜明的当下性、实践性、权宜性和功利性，而不具有彼岸性的信仰价值。它内含两个基本指向：一则指向丛林，佛教通过教义和实践，对民间诉求予以积极响应，以获得民间社会广泛持久的支持；二则指向民间，佛教通过现实途径，直接切入民间

---

① 此文见于《乐邦文类》卷三，可见，在当时的丛林是颇有影响的。法忠于《佛祖历代通载》卷二〇、《释氏稽古略》卷四、《续传灯录》卷二九等有传。

第六章 宋代寺院碑文的价值观构建及意义

期待,向民间输送便捷有用的精神力量。

第三,民间佛教期待的碑文书写。关于这个方面,笔者已在第五章做了较为具体而深入的探讨,此处拟从理论层面予以总结,并结合以下四例相关文献,作进一步申论。

1. 盖闻名塔之设,金身所凭,第倾清净之心,实睹崇高之像。又见良材未备,巧匠难模,特推今日之功,用助千年之困。于是舍己财于有足之诚,护福庆于无瑕之果,伏愿皇帝万岁,重臣千秋,文武百僚常居禄位,工商乐业,民士安康。余冀风雨以时,星辰合度,戈鋋寝息,稼穑丰登;四恩三友,七祖先亡,皆乘胜因,同成妙觉。时熙宁四年岁次辛亥九月二十五日郯城县东望仙村施主吴从吉并妻赵氏谨记。(吴从吉《独修第五级大悲塔记》)[1]

2. 予读佛书,年体修行,持斋有日。生佛末法,不亲佛会,不与劝请;去佛时远,思作佛事,而莫之能也。于是称力复斯,以钱五十万购所居之乡胜地曰石篆山,镌崖刻像凡十有四,曰毗卢释迦弥勒佛龛、曰炽盛光佛十一活曜龛、曰观音菩萨龛、曰长寿王龛、曰文殊普贤菩萨龛,曰地藏王菩萨龛,曰太上老君龛、曰文宣王龛、曰志公和尚龛,曰药王孙真人龛、曰圣母龛、曰土地神龛、曰山王常住佛会塔……春时节日,往往为乡人瞻礼游从之所。(严逊《石篆山佛惠寺记》)[2]

3. 张处士于元丰八年自滑州并装当村内石弥勒佛一堂。张进一尊菩萨,出钱二二贯。韩庄小姑官盛出了钱二贯,三伯出了余贯,崔博士出了钱。六伯处士等张□父张九縠、张进、七大姑、二九姑、□□弟,行者有生天,存者无灾难,合村清吉。元祐元年七月二十八日。(张处士

---

[1] 《全宋文》第七八册,第278页。
[2] 《全宋文》第六九册,第349页。

《庄丘寺石香炉记》)①

4. 阿弥陀佛窣堵波者，比邱福林为父母所造也。福林俗姓郑，父讳朝宗，素学儒经，称为长者。元丰五年六月二十四日卒于俗舍……母毕氏，持斋事佛，布施勤约，元祐六年前八月初四日卒于俗舍……福林姊福灯头陀苦行大戒，卯斋荼毗，其骨负之推置于福林守业齐州历城县神通三坛寺。俾近四门石塔东北隅三十余步，就山凿石，成瘗坎以藏之，运盘石以覆之，起七级窣堵波以表之，龛阿弥陀佛以事之，求舍利以镇之……皆悉资荐考妣，以求冥助也……乃为作铭铭于塔曰：号无量寿，四十八愿，普度群有。罪灭三途，业资污垢。福林建塔，上为父母。一善从心，十佛授手。劫火虽焚，此塔不朽。（潘卞《齐州历城县三坛寺阿弥陀佛窣堵波铭》)②

从上所引，我们能够感受到，从当时平民作者笔下之寺院碑文的维度，佛教之于宋代民间，具有非常丰富的意义。或者说，民间社会通过碑文书写，实现了人间佛教的意义建构。大致具有如下四个层面的内涵：一是国家、村社和家庭佛教诉求的一体化。也就是说，在民间社会的观念里，这三个层面的利益是一致的，故彼此关系密切，息息相关。而且不难看出，他们明确认识到，由明君贤臣架构的国，能够带来太平之世，这是所有村社和家庭获致平安幸福的前提。二是借助佛的力量实现孝亲之义，成为民间普遍而坚定的佛教诉求。三是对佛之力量笃信不疑，只要足够虔诚，通过具体的礼佛途径，就可以将自己的心愿上达于佛，而佛会有求必应。四是对佛的期待不具彼岸性，而带有明确的权宜性、目的性和功利性。因此在民间信仰的框架内，佛不具有排他性和唯一性。在他们供奉和膜拜的群像中，不仅有名目繁多的佛，

---

① 《全宋文》第一〇四册，第62页。
② 《全宋文》第一二九册，第247—248页。

而且能看到道教的太上老君、儒教的文宣王，甚至得道高僧如志公和尚者、道士医者如孙真人者，都是民间百姓尊奉的对象。可以说，只要能为他们解除病苦，带来安康与寄托者，都会成为其顶礼膜拜的尊神。

综上所述，在指向民间时，寺院碑文的不同作者，在不同的角度表达了佛教对于平民社会的教化意义。文人阶层是一个特殊的文化群体，当他们从国家层面立意时，其笔下的寺院碑文会强调政教合一；当其站在民间立场发声时，其碑文书写则倾向于佛教的人间情怀。僧侣阶层的出发点无疑是佛教的，而丛林与民间千丝万缕错综复杂的关系，决定了其笔下的寺院碑文意涵的双重性考虑，一方面努力扩大佛教的民间影响，另一方面设身处地为俗世民众着想，真诚地为祛除其精神暗昧和现实苦境而奔走。而民间社会对佛教采取实用主义态度，来者不拒，并与传统儒家伦理融会在一起，有效地实现了村社人际的和谐与安宁，促进了家庭伦理的敦睦与健康。

第四节　碑文之于构建和谐社会的意义与启示

本书通过前面五章，对宋代寺院碑文系统进行了深入研究，认为宋代多维度的佛教观念，在丰富多彩的寺院碑文书写中，得以确立和呈现。对于佛教的现实价值，虽然官方、民间和寺院的立场、认识不同，但彼此之间并不存在对立和冲突，而是互相补充与呼应，最终通过文人、僧侣和平民的碑文书写，建构了宋代佛学文化的基本思想面向：人生福祉、心灵自由与社会和谐。这一结论，无疑对当下整合各方力量、促进社会和谐，具有深刻的启示意义。

逝者如斯，不舍昼夜。从宋代到今天，时光至少已然变换了1100多年的脸谱。那么，今日中国佛教的现状如何？中国佛教协会会长学诚法师，在2017年多伦多佛教论坛，发表了题为《中国佛教现状》的著名演讲。他说："我们现在所看到的中国佛教现状，实际上是中国佛教漫长历史进程中的一个阶段，它来自于过去，预示着未来，并非一个孤立的片段。"[1] 中国佛教现状究竟是什么情形呢？这要从三个角度予以陈说。从寺院僧团方面说，目前中国广大城乡地区的寺院，在传统社会世俗化的基础上，可谓变本加厉，每况愈下。具体表现为：因缘恶劣，正法扭曲，戒律废弃，修行虚伪，道场污秽，邪法渗透，善根低下，福薄障重，魔乘其便，成就稀有。如今丛林，乱象丛生，弘法者身披袈裟，而追名逐利、贪食贪色、违法乱纪、损人利己；修行者贪恋红尘、欺诳众生、招摇过市而了无愧色；寺院道场本为修行之净域，如今却成了僧侣散播迷信、大肆敛财、拉帮结派、蝇营狗苟之地。凡此，都暴露了当下僧团俗欲膨胀、道德堕落的真相。[2] 传统社会的文人士大夫阶层，如今已不复存在，而演变成各个行业各个领域的知识者。这里特别指向各级行政官员，其实他们正是从古代文人士大夫阶层演变而来。然而，稍作比较，即可看到古今之别，何啻以道里计！从近几年政府惩治腐败的战况，就能感到，这个阶层出了严重的信仰危机问题。第三个层面就是民间社会的佛教信仰状况。自古以来，中国民间社会对佛教一直采取功利主义态度，佛教以及其他宗教从来也不曾成为其精神的归宿。如今社会更其如此。

众所周知，中国佛教在从传统转向现代的过程中，著名的佛学大师太虚法师起到了推陈开新的作用。其关于人间佛教的理论和实践，在佛教史上架起了一道桥梁，使佛教真正从寺院走向民间，突破了弘法的壁垒和局限，与广大平民社会热情拥抱，高举救世渡人的慈悲之幡，深情呼唤高洁的灵魂与

---

[1] 见于 http://www.360doc.com/content/17/0625/00/15549792_666303121.shtml。
[2] 参见释一尘《谈佛教现状》，http://www.360doc.com/content/16/0816/12/27033308_583590383.shtml。

第六章 宋代寺院碑文的价值观构建及意义

美好的人间,为世人指明一条通往自由与超越的道路。他说:"遍观一切事物无不从众缘时时变化的,而推原事物之变化,其出发点都在人等各有情之心的力量。既人人皆有此心力,则人人皆已有创造净土本能,人人能发造成此土为净土之胜愿,努力去作,即由此人间可造成为净土,固无须离开此龌龊之社会而另求一清净之社会也。质言之,今此人间虽非良好庄严,然可凭各人一片清净心,去修集许多净善的因缘,逐步进行,久之久之,此浊恶之人间便可一变而为庄严之净土,不必于人间之外另求净土"(太虚大师《建设人间净土论》)。其实,太虚大师的佛教理论,是对中国传统佛教精神的吸纳与镕冶,而变得更加圆融,更加亲切,也更富救世情怀。因此,在 20 世纪 80 年代以来,"人间佛教"即已被确认为中国佛教发展的基本指导思想。

在太虚大师的引领之下,经过印顺大师、赵朴初大居士等人的努力,人间佛教深入人心。当然,诚如学诚法师所言:"现在是商品经济与全球化的时代,物欲泛滥,道德沦丧,价值观混乱,各种利益团体纷纷想从佛教资源中分一杯羹。在这种情况下,佛教如何既能秉承改善人生、利济群生的人间性,又保持其超越性、神圣性、纯洁性,就成为一个非常重要的课题"(学诚《人生佛教与人间佛教》,学佛网)。作为目前中国佛教协会会长,学诚法师不仅视野开阔,目光敏锐,而且极富宗教责任感和宗教济世情怀,对中国佛教现状具有惊人的洞察与描述。他认为目前对中国佛教现状的认识,存在两种偏颇,要么抽离于历史,要么抽离于现实,都是不切实际的。即此言之,佛教如何发挥其积极意义于当下,并非易事。鉴于此,我们仍然能够从宋代寺院碑文获得以下三个有意义的启示。

第一,从佛教领域而言,佛教从业者应该恪遵教规,涤荡尘俗之念,涵养慈悲情怀,牢固树立救世渡人的佛教理想,使佛法僧三宝焕发出时代光芒。要真正改善佛教现状,需从如下三个方面着手:其一,正本清源,划出佛教从业界限。僧是僧,俗是俗,不容混淆。僧人的首要之义在于修行,实现自度。修行的途径是多样的，读经、坐禅、日常劳作，无不关乎道。当然在修行的同时，可通过佛教范围内的实践，服务社会，在民风导向、扶贫济困等方面，做出应有贡献。其实这些活动也是修行。其二，厘清寺院经营的领域和方式。目前不少地方寺院，为了增加常住收入，受到时下市场经济世风的侵袭，纷纷展开各种商业活动，以寺院为依托，要么以各种说辞向游人、香客索取或骗取财物，要么与商人连手，采取寺院承包的方式，定契约、成规模而持久性牟取暴利，使得本为净土的寺院，成了红尘滚滚之地，其圣洁、清净与庄严的品质被置换、被消解。要彻底改变这种现状，就必须在政府和宗教行政管理部门的指导下，与寺院内部管理层进行衔接，通过深入的调查研究，在充分尊重佛教事务特殊性的前提下，清理寺院经营细目，对越过佛教事务范围的经营活动，坚决予以取缔，还寺院以本有的宁静和纯洁，使之真正成为僧人静修之域、俗人向善之区。其三，加强寺院与当地民间的正当交流与合作，充分发挥寺院的当下作用。中国民间社会广袤深邃，地方文化斑驳陆离，民间信仰缤纷五彩，寺院与其所在空间的民间文化，有着丰富多样的对话与融合可能，从而酝酿生成地方性文化气候，在净化平民社会的精神空间、敦睦民间人伦关系、实现社会的和谐与稳定，起到春风化雨、润物无声之效。

第二，加强执政党各级公务员理想信念引导与教育。无论是个人，还是团体、党派，都须具有明确而坚定的信念，这样才能自律、自强，才能有方向感；否则就会陷入无原则、无底线、无敬畏、无可无不可，直至堕入万劫不复之深渊。毫无疑问，目前国家机关及其每一个成员，应该抱持的坚定信念，就是致力于中华民族伟大复兴事业的完成。这是功在当代利在千秋的伟业，它不是一蹴而就的事情，它热切呼唤所有中华儿女聚拢在一个坚强正确领导核心周围，披荆斩棘，义无反顾，旷日持久，毫不懈怠。这是很难的，难就难在是否能够凝聚明确而坚定的信念！难就难在领导核心能否正视惊涛骇浪,顶住狂风暴雨,坚如磐石,毅然前行,永不退缩!其实,在这种信念里,关键时刻少不了佛教的慈悲情怀!这种情怀就如铸剑时加入的碳,有了适量的碳的加入,才能锻造出无坚不摧、所向披靡的倚天长剑!与此同时,我们的执政党及其成员,要具有宗教情怀,要了解和研究宗教的思想及其积极意义,在宗教事务管理方面,能够发出强有力的声音,使宗教信仰与主流意识形态不仅并行不悖,而且互相借重,彼此呼应,形成政教合力,在实现社会稳定、人民幸福、国家富强的伟业中,奏出美妙和谐的时代旋律。

第三,加强对民间社会宗教信仰的引导。中国社会自古以来就是以大陆性农耕文明为基础的社会,在中华民族的文化基因中,先天缺乏对彼岸世界的玄想与寄托,实践理性、功利主义就成了民间社会的基本价值观。因此,中国民间社会的宗教信仰,均非终极精神价值,毋宁说是祈求现世利益的权益方便。因此,研究者注意到,"中国人往往更关注现世生活而非彼岸世界,人们往往不要求宗教具有严格的教义、组织或者浩繁的经典,只希望能够通过随时可行却又不失某种庄严神圣意味的意识来满足自己或者家人的要求。在乡村民居的神龛中所供奉的偶像杂乱纷呈,既有道教神祇,又有佛教神祇,还有社会神、领袖神和财神。这种多多益善、无限包容的现象,其意义明显是想借助众多功能不同的神明的存在,以便更多地满足个人精神心理上需求的渴望。不少乡村的神佛信仰中,功利性原本很强的神仍保留着固有特色,原本不带功利性色彩或者说功利性并不那么明显的神被赋予了明显的功利色彩"①。质言之,在中国民间社会,什么力量能够为老百姓获得平安、健康、幸福,它就会成为民间宗教信仰的对象。这样的特征,其实告诉我们,中国老百姓的诉求很现实,也很朴素。他也许对什么深奥的道理不感兴趣,他只看你给他带来了什么。就此意义而言,当下执政党要满足民意获得民心并不

---

① 蒙科宇:《中国民间宗教信仰的特点及社会功能探析》,《黑龙江史志》2012年第1期。

难，只要真心实意为老百姓谋幸福，用实际行动把关爱和实物送达千家万户，使他们衣食无忧，心神康泰，幼有所养育，壮有所谋求，老有所依靠，那么执政党就会成为人民的信仰！有了广大人民的倾心拥护和坚定信赖，还有什么困难不能克服，还愁什么伟业不能实现！

综上所述，宋代寺院碑文蕴含的佛教精神，通过来自不同文化背景的作者，得到了全方位、多维度的精彩诠释，它就像一面明镜，鉴往知来，给我们今天提供了丰富而深刻的思想启迪。宗教不仅是出世之思，也含入世之情。我们要全面正确理解宗教与现实的关系，慎重研究宗教与政治、宗教与民生、宗教与人心之深度关联，并用之于现实社会实践，就能够形成一种强大的合力，不仅能给个人心灵的自由，给社会带来安定，为人民创造福祉，而且一个民主文明的中国就会呈现在国人的面前！

附录 基于《全宋文》的宋代寺院碑文统计表

作者	篇目	册次	页次	文类	时代	备注
陈抟	《京兆府广慈禅院新修瑞像记》	1	226	记	太祖	隐士
陈洪进	《修塔愿文》	2	71	记	太宗	武将
徐铉	《楞严院新作经堂记》	2	224	记	南唐	文臣
	《摄山栖霞寺新路之记》	2	226	记	南唐	
	《金陵寂乐塔院故玄寂禅师影堂记》	2	239	记	太祖	
	《抚州永安禅院记》	2	240	记	太祖	
	《润州甘露寺新建舍利塔记》	2	241	记	太宗	
	《邠州定平县传灯禅院记》	2	243	记	太宗	
	《大宋重修峨眉山普贤寺碑铭》	2	338	碑铭	?	

续　表

作者	篇目	册次	页次	文类	时代	备注
徐铉	《洪州延庆寺碑铭》	2	353	碑铭	?	文臣
	《洪州西山翠岩广化院故澄源禅师碑铭》	2	355	碑铭	太宗	
	《大宋舒州龙门山千明禅院碑铭》	2	357	碑铭	?	
	《故唐慧悟大禅师墓志铭》	2	378	墓志铭	?	
赞宁	《紫微山重修志愿寺碑铭》	3	31	碑铭	仁宗	律僧
黄麟	《开元寺新修佛顶尊胜陀罗尼经幢记》	3	110	记	太祖	文人
智朗	《尊胜陀罗尼经幢记》	3	112	记	太祖	僧人
李莹	《栖岩寺新修舍利塔殿经藏记》	3	116	记	后周	文人
刘从乂	《大周广慈禅院记》	3	181	记	太祖	
	《重修开元寺行廊功德碑》	3	185	碑	太祖	
释善道	《兴教院石卯铭》	3	193	铭	太祖	僧人
张邴	《颍州开元寺地藏院新修罗汉功德堂记》	3	194	记	太祖	文人
令狐杲	《大宋晋州神山县重镌玉兔古寺实录》	3	196	记	太祖	文臣
王延福	《重修尊胜幢记》	3	247	记	太祖	布衣

续　表

作者	篇目	册次	页次	文类	时代	备注
释惠祥	《登州蓬莱仙仪凤乡清泉里合卢寺故持念大德舍利尊幢铭》	3	264	铭	太祖	僧人
释如皎	《传教院新建育王石塔记》	3	304	记	太祖	僧人
龚惟节	《大宋故万固寺主月公道者塔记》	3	306	记	太祖	小吏
张汝弼	《尊胜幢记》	3	323	记	太祖	文人
释源海	《佛顶尊胜陀罗尼经幢题记》	3	337	记	太祖	僧人
□岵	《重修龙兴寺灯塔记》	3	338	记	太祖	文人
孙承佑	《灵山寺砖塔记》	3	390	记	太宗	文人
宋白	《大宋杭州西湖昭庆寺结社碑铭》	3	410	碑铭	太宗	文臣
宋白	《修相国寺碑记》	3	412	记	真宗	文臣
钱俨	《建传教院碑铭》	3	420	碑铭	太宗	皇族
钱俨	《咸平观音禅院碑铭》	3	423	碑铭	真宗	皇族
惠坚	《大宋西河临泉山圣力禅院故先师和尚塔记》	4	16	记	太宗	僧人
田锡	《大宋重修铸镇州龙兴寺大悲像并阁碑铭》	5	323	碑铭	太宗	文臣
可镕	《大宋虔州开元寺重修古戒坛记》	5	349	记	太宗	僧人

续表

作者	篇目	册次	页次	文类	时代	备注
敬翔	《虔州开元寺戒坛舍释迦舍利记》	5	351	记	太宗	僧人
曹延晟	《写大般若经施显德寺题记》	5	403	记	太祖	武臣
王嗣宗	《佑国寺记》	5	407	记	真宗	文臣
康文兴	《写贤劫千佛名经题记》	6	47	记	太宗	衙役
张咏	《陕府回銮寺记》	6	127	记	太祖	文臣
柳开	《宋州龙兴寺浴室院新修消灾菩萨殿壁记》	6	382	记	太宗	文臣
	《桂州延龄寺西峰僧咸整新堂铭》	6	387	铭	?	
曾致尧	《齐云院碑》	7	15	碑	太宗	文人
澄彧	《净光大师塔铭》	7	53	塔铭	太宗	僧人
元恪	《泉州招庆禅院大殿前大佛顶陀罗尼幢记》	7	102	记	太宗	僧人
王乘	《晋江承天寺陀罗尼经幢记》	7	178	记	太宗	布衣
潘平	《大宋襄州凤山延庆禅院传法会广大师寿塔碑铭》	7	225	碑铭	太宗	布衣
王禹偁	《济州龙泉寺修三门记》	8	70	记	太宗	文臣
	《黄州齐安永兴禅院记》	8	71	记	真宗	

续　表

作者	篇目	册次	页次	文类	时代	备注
王禹偁	《龙兴寺三门记碑》	8	82	碑	太宗	文臣
	《济州众等寺新修大殿碑》	8	125	碑	太宗	
	《商州福寿寺天王殿碑》	8	127	碑	太宗	
	《扬州建隆寺碑》	8	128	碑	太宗	
	《滁州全椒县宝林寺重修大殿碑》	8	130	碑	太宗	
查道	《干明寺僧堂记》	8	203	记	真宗	文臣
梁鼎	《大宋凤翔府青峰山万寿禅院记》	8	213	记	真宗	文臣
辩端	《新昌县石城山大佛身量记》	8	234	记	真宗	僧人
杨缄	《大宋解州闻喜东镇保宁禅院记》	8	237	记	太宗	官吏
清远	《大汉莲花院主僧预修灵幢颂记》	8	242	记	真宗	僧人
李湛	《重修延福禅院记》	8	277	记	太宗	文士
李德用	《京兆府武功县宝意寺重修装画弥勒佛阁记》	8	281	记	太宗	文士
饶光辅	《郢州赵横山慧通禅院先师和尚碑铭》	8	282	碑铭	太宗	文士
罗处约	《景德灵隐寺记》	8	307	记	太宗	文士

续　表

作者	篇目	册次	页次	文类	时代	备注
李裕	《栖岩寺四至记》	8	386	记	太宗	文士
张涛	《圣宋崇玄大法师行状碑》	8	403	碑	真宗	布衣
张哲	《河南府密县敕赐法海院新修法华经舍利石塔记》	8	416	记	真宗	小吏
邓某	《重修佛龛记》	9	151	记	太宗	布衣
韩季迁	《广州法性寺钟款》	9	249	记	真宗	布衣
普亮	《广州法性寺钟款》	9	250	记	真宗	僧人
李畋	《重修昭觉寺记》	9	266	记	真宗	文士
法珍	《大宋国登州牟平县归化乡铁山里敕赐存留玉林院殁故院主大德碑幢记》	9	291	记	真宗	僧人
胡则	《重修法轮院记》	10	3	记	真宗	文士
王曙	《觉城禅院记》	10	26	记	真宗	大臣
王崇	《大佛山立幡竿记石幢》	10	96	记	仁宗	文士
愿鸿	《台州永安县遇明禅院碑铭》	10	184	碑铭	真宗	僧人
郭重显	《建尊胜大悲经幢记》	10	186	记	真宗	布衣
某弘	《北新安村永安禅院碑记》	10	193	记	真宗	布衣

附录　基于《全宋文》的宋代寺院碑文统计表

续　表

作者	篇目	册次	页次	文类	时代	备注
李道	《佛顶尊胜陀罗尼经幢记》	10	244	记	真宗	文士
钱易	《鹅湖仁寿院碑》	10	309	碑	真宗	文人
钱易	《净光大师行业碑》	10	311	碑	太宗	文人
卢慎微	《青山碑寺记》	10	335	记	真宗	文士
惠颙	《慈林山法性寺重修僧堂记》	13	253	记	真宗	僧人
宗美	《佛顶尊胜陀罗尼经幢记》	13	262	记	真宗	僧人
阎仲卿	《汧阳县龙泉山普济禅院碑铭》	13	268	碑铭	真宗	官吏
王怀信	《造心经幢记》	13	293	记	真宗	维那
石待问	《皇宋明州新修保恩院记》	13	327	记	真宗	文臣
澄净	《佛顶尊胜陀罗尼经幢记》	13	341	记	真宗	僧人
曾会	《梅山崇明院碑》	13	376	碑	真宗	文臣
刘筠	《敕延庆院放生池碑铭》	14	19	碑铭	仁宗	文臣
昙义	《应天禅院记略》	14	69	记	真宗	僧人
行来	《本师和尚灰骨龛葬座记》	14	72	记	真宗	僧人

续 表

作者	篇目	册次	页次	文类	时代	备注
单和	《海清寺塔记》	14	73	记	仁宗	布衣
王随	《虎丘云岩寺记》	14	136	记	仁宗	文臣
杨亿	《处州龙泉县金沙塔院记》	14	399	记	真宗	文臣
	《连州开元寺重修三门行廊记》	14	407	记	真宗	
	《故河中府开元寺坛长赐紫僧重宣塔记》	14	408	记	真宗	
	《婺州开元寺新建大藏经楼记》	14	409	记	真宗	
	《潞州新敕赐承天禅院记》	14	411	记	真宗	
童蒙亨	《敕赐封崇寺为额记》	15	139	记	真宗	官吏
谢用	《重修资州法华院记》	15	141	记	真宗	小吏
智圆	《法济院结界记》	15	275	记	真宗	僧人
	《大宋高僧慈光阇梨塔记》	15	280	记	真宗	
	《故梵天寺昭阇梨行业记》	15	282	记	真宗	
	《湖州德清觉华寺净土忏院记》	15	288	记	真宗	
	《钱塘孤山智果院结大界序》	15	291	序	真宗	

附录　基于《全宋文》的宋代寺院碑文统计表

续　表

作者	篇目	册次	页次	文类	时代	备注
智圆	《天台国清寺重结大界序》	15	292	序	真宗	僧人
	《杭州法慧院结大界记》	15	293	记	真宗	
	《故钱塘白莲社主碑文》	15	311	碑	真宗	
法胜	《为先师建塔记》	15	359	记	真宗	僧人
郑向文	《雁荡山灵岩禅寺碑》	16	16	碑	真宗	文人
穆修	《蔡州开元寺佛塔记》	16	36	记	仁宗	文臣
	《亳州法相禅院钟记》	16	40	记	仁宗	
	《明因院罗汉像新殿记》	16	43	记	？	
冉曾	《京兆府兴平县保宁寺浴室院新建钟楼碑文》	16	72	碑	真宗	文士
张仪凤	《上党县潜龙山宝云寺碑》	16	79	碑	真宗	文士
重显	《真州资福禅院新铸钟铭》	16	97	铭	仁宗	僧人
法惠	《资圣寺牒碑》	16	110	碑	真宗	僧人
张氏	《造陀罗尼幢记》	16	118	记	真宗	布衣
本如	《临海县资瑞院记》	16	145	记	仁宗	僧人

续　表

作者	篇目	册次	页次	文类	时代	备注
朱戒宝	《宋阿育王石像宝塔题记》	16	154	记	真宗	布衣
柳峦	《海清寺塔记碣》	16	196	记	仁宗	布衣
	《海清寺塔纠会记碣》	16	197	记	仁宗	
吕谔	《福善院铸钟记》	16	217	记	仁宗	文士
清穆	《普安禅院记》	16	221	记	仁宗	僧人
彭乘	《重修大中永安禅院记》	16	247	记	仁宗	文士
夏竦	《赐杭州灵隐山景德灵隐寺常住田记》	17	172	记	仁宗	文臣
	《御书慈孝寺碑额记》	17	173	记	仁宗	
	《青州龙兴寺重修中佛殿记》	17	176	记	仁宗	
	《传法院碑铭》	17	205	碑铭	仁宗	
	《慈孝寺铭》	17	209	铭	仁宗	
	《大安塔碑铭》	17	212	碑铭	仁宗	
孙规	《宝华寺新记》	17	288	记	仁宗	布衣
廖偁	《白佛院宝殿记》	17	328	记	仁宗	文人

续 表

作者	篇目	册次	页次	文类	时代	备注
盛延德	《海清寺塔记》	17	333	记	仁宗	布衣
冯遂	《慈云寺石香幢记》	17	337	记	仁宗	布衣
李遵勖	《先慈照禅师塔铭》	17	354	铭	仁宗	居士
汤维	《重修泗州大圣殿记》	17	356	记	仁宗	布衣
苏可久	《海清寺塔东海知县碑记》	17	390	记	仁宗	官吏
范仲淹	《天竺山日观大师塔记》	18	423	记	仁宗	文臣
范仲淹	《远祖师塔铭》	19	1	铭	仁宗	文臣
闻人建	《新铸钟铭》	19	107	铭	真宗	文人
志陆	《大宋京兆府鄠县逍遥栖禅寺新修水磨记》	19	109	记	仁宗	僧人
晏殊	《因果禅院佛殿记》	19	231	记	仁宗	文臣
王逵	《齐州灵岩寺千佛殿记》	19	282	记	仁宗	文人
叶交	《台州临海县敕延丰院记》	20	92	记	仁宗	文士
李咸宜	《南吉祥寺碑记》	20	122	记	仁宗	文士
李嵩叟	《修证院法堂记》	20	136	记	仁宗	小吏

续　表

作者	篇目	册次	页次	文类	时代	备注
宋庠	《台州嘉祐院记》	20	429	记	仁宗	文臣
胡宿	《题湖州西余山宁化寺弄云亭记》	22	199	记	仁宗	文臣
	《常州太平兴国寺弥陀阁记》	22	203	记	仁宗	
	《下天竺灵山教寺记》	22	205	记	仁宗	
	《故右街副僧录普印大师赐紫昕公塔铭》	22	256	铭	仁宗	
许钦	《大宋广州新会县仙涌山重修地藏院记》	22	430	记	仁宗	县吏
虞僚	《重建庐山寺碑记》	23	19	记	仁宗	布衣
曾孝基	《广严院记》	23	55	记	仁宗	布衣
惟白	《明州桃源保安院大界相碑》	23	58	碑	仁宗	僧人
宋祁	《安州景福寺重修钟楼记》	24	378	记	仁宗	文臣
	《衡山福严禅院二泉记》	24	382	记	仁宗	
	《复州乾明禅院记》	24	383	记	仁宗	
	《复州广教禅院御书阁碑》	25	90	碑	仁宗	
余靖	《韶州翁源县净源山复州矴石院记》	27	66	记	仁宗	文臣

续表

作者	篇目	册次	页次	文类	时代	备注
余靖	《庐山承天归宗禅寺重修寺记》	27	67	记	仁宗	文臣
	《广州南海县罗汉院记》	27	69	记	仁宗	
	《韶州乐昌县宝林禅院记》	27	70	记	仁宗	
	《韶州开元寺新建浴室记》	27	72	记	仁宗	
	《韶州重建东平山正觉寺记》	27	73	记	仁宗	
	《广州乌龙山觉性禅院草堂记》	27	74	记	仁宗	
	《江州庐山重修崇胜禅院记》	27	76	记	仁宗	
	《潮州开元寺重修大殿记》	27	78	记	仁宗	
	《韶州白云山延寿禅院传法记》	27	79	记	仁宗	
	《南岳云峰山景德寺记》	27	80	记	仁宗	
	《南岳山云峰景德禅寺重修佛殿记》	27	82	记	仁宗	
	《庐山栖贤宝觉禅院石浴室记》	27	83	记	仁宗	
	《韶州曹溪宝林山南华禅寺重修法堂记》	27	84	记	仁宗	
	《潭州兴化禅寺新铸钟记》	27	86	记	仁宗	

续　表

作者	篇目	册次	页次	文类	时代	备注
余靖	《东京左街永兴华严禅院记》	27	87	记	仁宗	文臣
	《韶州善化院记》	27	89	记	仁宗	
	《惠州开元寺记》	27	91	记	仁宗	
	《韶州月华山花界寺传法住持记》	27	93	记	仁宗	
	《筠州洞山普利禅院传法记》	27	94	记	仁宗	
	《惠州罗浮山延祥寺记》	27	97	记	仁宗	
	《循州新修白云山普安寺记》	27	99	记	仁宗	
	《潭州太平兴国寺新建戒坛记》	27	100	记	仁宗	
	《韶州净源山定慧禅院思长老自造寿塔铭》	27	160	铭	仁宗	
	《庐山归宗禅院妙圆大师塔铭》	27	162	铭	仁宗	
	《韶州月华禅师寿塔铭》	27	163	铭	仁宗	
	《韶州光运寺重修证真照寂大师塔铭》	27	164	铭	仁宗	
	《韶州南华寺慈济大师寿塔铭》	27	166	铭	仁宗	
	《袁州仰山齐长老寿塔铭》	27	167	铭	仁宗	

附录　基于《全宋文》的宋代寺院碑文统计表

续　表

作者	篇目	册次	页次	文类	时代	备注
李尧俞	《广福寺三岩记》	27	226	记	仁宗	文士
杨适	《重建云溪寺记》	28	139	记	仁宗	隐士
杜某	《佛顶尊胜陀罗尼石幢记》	28	180	记	仁宗	布衣
张奭	《法门寺重修九子母记》	30	64	记	仁宗	小吏
孙硕	《重修镇国寺记》	30	71	记	仁宗	文士
文彦博	《永福寺藏经记》	31	60	记	仁宗	文臣
王素	《彭州堋口镇新修塔记》	31	96	记	仁宗	文臣
灵鉴	《隆平寺宝塔铭》	31	100	铭	仁宗	僧人
灵鉴	《重迁聪道人墓志铭》	31	101	铭	仁宗	僧人
灵鉴	《大宋秀州华亭县顾亭林法云寺重修大殿记》	31	102	记	仁宗	僧人
雷简夫	《耀州妙德禅院新修明觉殿记》	31	113	记	仁宗	官吏
陆绛	《宝严院新修佛殿记》	31	126	记	仁宗	文士
欧阳修	《河南府重修净垢院记》	35	128	记	仁宗	文臣
欧阳修	《因明大师塔记》	35	131	记	仁宗	文臣

续　表

作者	篇目	册次	页次	文类	时代	备注
欧阳修	《淅川县兴化寺廊记》	35	141	记	仁宗	文臣
	《湘潭县修药师院佛殿记》	35	142	记	仁宗	
契嵩	《无为军崇寿禅院转轮大藏记》	36	364	记	仁宗	僧人
	《漳州崇福禅院千佛阁记》	36	365	记	仁宗	
	《秀州精严寺行道舍利述》	36	367	述	仁宗	
	《杭州武林天竺寺故大法师慈云式公行业曲记》	36	376	记	仁宗	
	《秀州资圣禅院故和尚懃公塔铭》	36	382	铭	仁宗	
	《秀州资圣禅院故遈禅师影堂记》	36	384	记	仁宗	
	《故灵隐普慈大师塔铭》	36	385	铭	仁宗	
张方平	《蜀州修建天目寺记》	38	155	记	仁宗	大臣
范镇	《重修悟真塔记》	40	279	记	仁宗	大臣
苏舜钦	《东京宝相禅院新建大悲殿记》	41	80	记	仁宗	文臣
	《苏州洞庭山水月禅院记》	41	85	记	仁宗	
赵抃	《龙游县新修舍利塔院记》	41	274	记	仁宗	大臣

附录　基于《全宋文》的宋代寺院碑文统计表

续　表

作者	篇目	册次	页次	文类	时代	备注
赵抃	《宋故明州延庆寺法智大师行业碑》	41	286	碑	神宗	大臣
李觏	《太平兴国禅院十方住持记》	42	315	记	仁宗	学者
	《太平院浴室记》	42	317	记	仁宗	
	《建昌军景德寺重修大殿并造弥勒阁记》	42	318	记	仁宗	
	《景德寺新院记》	42	319	记	仁宗	
	《回向院记》	42	319	记	仁宗	
	《承天院记》	42	320	记	仁宗	
	《承天院罗汉阁记》	42	322	记	仁宗	
	《新城院记》	42	323	记	仁宗	
	《抚州菜园院记》	42	324	记	仁宗	
	《修梓山寺殿记》	42	325	记	仁宗	
	《白石暹师塔铭》	42	355	铭	仁宗	
苏洵	《彭州圆觉禅院记》	43	168	记	仁宗	文士
	《极乐院造六菩萨记》	43	169	记	仁宗	

283

续表

作者	篇目	册次	页次	文类	时代	备注
元绛	《鹿苑寺记》	43	208	记	仁宗	文士
普庄	《圣宋江宁府江宁县牛首山崇教寺辟支佛塔记》	43	239	记	仁宗	僧人
唐介	《敕赐寿圣禅院额碑》	43	272	碑	神宗	文臣
李大临	《圣兴寺护净门屋记》	43	359	记	?	文士
员安舆	《灵泉县石门院石像记》	43	370	记	仁宗	文士
卢觊	《普通塔记》	43	377	记	仁宗	文士
希白	《开元寺塔记》	43	383	记	?	僧人
朱处约	《北岩定林禅院藏经殿记》	46	100	记	仁宗	官吏
毛维瞻	《明果禅寺记》	46	153	记	神宗	文士
蔡襄	《临安海会寺殿记》	47	188	记	仁宗	文臣
韩绛	《崇圣寺碑铭》	47	336	碑铭	神宗	文臣
王国臣	《舍东台山凤凰寺大钟记》	47	367	记	仁宗	布衣
庆儒	《宋祥符寺造内浴室记》	48	58	记	仁宗	僧人
徐振	《莱阳县趣果寺新修大圣殿记》	48	183	记	仁宗	文士

附录 基于《全宋文》的宋代寺院碑文统计表

续 表

作者	篇目	册次	页次	文类	时代	备注
普祥	《处州丽水县敕赐普照寺记》	48	249	记	仁宗	僧人
钱明逸	《左山兴化寺宝乘塔碑》	48	255	碑	仁宗	官吏
义缘	《镌智者大相等相记》	48	258	记	仁宗	僧人
任伋	《泸州开福寺记》	48	389	记	仁宗	文士
韩维	《善觉寺住持赐紫宝师塔铭》	49	224	塔铭	神宗	文臣
郑识	《邢州巨鹿县三明寺大悲院□修阁编砌石阶基镌邑人名》	49	308	记	仁宗	县吏
洞真	《新修总持院记》	49	309	记	仁宗	僧人
张某某	《文才寺记》	49	313	记	仁宗	小吏
薄洙	《汾州大中寺太子禅院坟塔园葬定光佛舍利塔记》	49	321	记	仁宗	小吏
志来	《云门山僧守忠碑》	50	334	碑	仁宗	僧人
余公弼	《宝山院记》	50	348	记	仁宗	小吏
文同	《成都府楞严院画六祖记》	51	124	记	仁宗	文臣
文同	《静难军灵峰寺新阁记》	51	140	记	仁宗	文臣
文同	《邛州凤凰山新禅院记》	51	141	记	仁宗	文臣

285

续　表

作者	篇目	册次	页次	文类	时代	备注
文同	《茂州汶川县胜因院记》	51	142	记	神宗	文臣
	《邛州永福院重修桂华阁记》	51	149	记	仁宗	
黄庶	《复唯识院记》	51	249	记	仁宗	文士
余志聪	《大圣舍利宝塔碑》	51	312	碑	仁宗	布衣
司马光	《秀州真如院法堂记》	56	228	记	仁宗	文臣
曾巩	《分宁县云峰院记》	58	132	记	仁宗	文臣
	《菜园院佛殿记》	58	140	记	仁宗	
	《金山寺水陆堂记》	58	146	记	仁宗	
	《鹅湖院佛殿记》	58	147	记	仁宗	
	《兜率院记》	58	150	记	?	
	《江州景德寺新戒坛记》	58	175	记	神宗	
吕夏卿	《明州雪窦山资圣寺第六祖明觉大师塔铭》	60	156	塔铭	英宗	文臣
苏颂	《沂州丞县崇胜寺重修上生院记》	61	378	记	?	文士
	《灵香阁记》	61	379	记	?	

续 表

作者	篇目	册次	页次	文类	时代	备注
苏颂	《温州开元寺重修大殿记》	61	380	记	神宗	文士
维肃	《觉王结大界碑记》	62	266	碑记	神宗	僧人
徐发	《常乐教院寺记》	62	275	记	神宗	官吏
王鸿	《妙净寺重修三门记》	62	286	记	?	布衣
吴师孟	《大中祥符禅院记》	62	324	记	神宗	文臣
冯京	《嘉祐禅院记》	62	361	记	神宗	文臣
王安石	《真州长芦寺经藏记》	65	58	记	?	文臣
王安石	《涟水军淳化院经藏记》	65	59	记	?	文臣
王安石	《蒋山钟铭》	65	66	铭	?	文臣
郝矩	《新修普净下院记》	65	324	记	仁宗	文士
惟几	《张师皋大悲尊胜幢铭》	65	361	铭	仁宗	僧人
刘攽	《太原府资圣禅院记》	69	193	记	神宗	文臣
严逊	《石篆山佛惠寺记》	69	348	记	哲宗	布衣
宗正	《巨宋明州宝云通公法师石塔记》	70	150	记	英宗	僧人

续　表

作者	篇目	册次	页次	文类	时代	备注
方预	《释迦殿记》	70	168	记	英宗	布衣
章衡	《大宋杭州惠因院贤首教藏记》	70	182	记	哲宗	文臣
	《重修长水疏主楞严大法师塔亭记》	70	184	记	哲宗	
	《敕赐杭州慧因教院记》	70	185	记	哲宗	
守端	《新浔阳能仁寺堂厨记》	70	193	记	仁宗	僧人
智原	《敕赐中和大明寺住持记》	70	213	记	神宗	僧人
陈舜俞	《海惠院经藏记》	71	85	记	?	居士
	《秀州资圣禅院转轮经藏记》	71	86	记	仁宗	
	《明州鄞县镇国禅院记》	71	87	记	仁宗	
	《秀州华亭县布金院新建转轮经藏记》	71	89	记	仁宗	
	《湖州安吉县灵峰殿记》	71	90	记	英宗	
	《秀州华亭县天台教院记》	71	91	记	神宗	
	《明教大师行业记》	71	97	记	神宗	
	《福严禅院记》	71	99	记	仁宗	

附录　基于《全宋文》的宋代寺院碑文统计表

续　表

作者	篇目	册次	页次	文类	时代	备注
范纯仁	《安州白兆山寺经藏记》	71	298	记	神宗	文臣
王钦臣	《广仁禅院碑》	72	316	碑	神宗	文臣
王安国	《治平禅寺记》	73	54	记	神宗	文士
王安国	《摄山白云庵记》	73	58	记	神宗	文士
黄揆	《杭州双林院记》	73	80	记	神宗	布衣
吕陶	《圣兴寺僧文爽寿塔记》	74	56	记	神宗	文士
吕陶	《眉州醴泉寺善庆堂记》	74	57	记	神宗	文士
凌民瞻	《因明禅院重建方丈记》	75	67	记	神宗	小吏
慈梵	《湖州飞英寺浴院记》	75	72	记	神宗	僧人
神照	《宋寿圣院碑》	75	117	碑	神宗	僧人
杨杰	《延恩衍庆院记》	75	238	记	神宗	居士
杨杰	《建弥陀宝阁记》	75	241	记	神宗	居士
杨杰	《净慈七宝弥陀像记》	75	242	记	?	居士
杨杰	《褒禅山慧空禅院轮藏记》	75	244	记	?	居士

289

续表

作者	篇目	册次	页次	文类	时代	备注
杨杰	《圆寂庵铭》	75	246	铭	?	居士
罗适	《定海重修妙胜禅院记》	75	320	记	哲宗	文士
	《永乐教院记》	75	322	记	哲宗	
萧佐	《重修资教寺记》	75	359	记	仁宗	文士
刘琦	《大宁院塔记》	76	141	记	仁宗	文士
陶辅	《九龙岩相佛殿基题记》	76	191	记	神宗	布衣
沈括	《筠州兴国寺禅悦堂记》	77	335	记	神宗	文臣
	《泗州龟山水陆禅院佛顶舍利塔记》	77	337	记	仁宗	
	《宣州石盎寺传灯阁记》	77	339	记	?	
	《东京永安禅院敕赐崇圣智元殿记》	77	344	记	仁宗	
袁毂	《多福院记》	78	184	记	哲宗	文士
蒋之奇	《大宁院大义堂记》	78	234	记	神宗	文臣
	《潭州道林寺四绝堂记》	78	240	记	?	
吴从吉	《独修第五级大悲塔记》	78	278	记	神宗	布衣

续 表

作者	篇目	册次	页次	文类	时代	备注
缪潜	《崇明寺智深上人经幢铭》	79	153	铭	徽宗	小吏
	《崇明寺赐紫大师道凝经幢铭》	79	154	铭	徽宗	
造干	《闽县龙瑞院庄严千佛宝塔题记》	79	171	记	神宗	僧人
郑富	《龙瑞院贤劫千佛宝塔题记》	79	172	记	神宗	布衣
沈辽	《龙游寺宴堂记》	79	194	记	神宗	文士
	《大悲阁记》	79	197	记	神宗	
	《复放生池碑记》	79	198	记	神宗	
	《四明山延胜院碑》	79	235	碑	仁宗	
	《花药山法堂碑》	79	238	碑	神宗	
	《邵州立禅师塔铭》	79	239	铭	神宗	
	《广照大师塔铭》	79	244	铭	神宗	
侯溥	《寿宁院记》	79	391	记	神宗	文士
	《寿圣寺重装灵感观音记》	79	393	记	神宗	
	《灵泉县瑞应院祈雨记》	79	396	记	神宗	

续 表

作者	篇目	册次	页次	文类	时代	备注
侯溥	《寿量禅院十方住持记》	79	398	记	神宗	文士
郭祥正	《净众寺法堂记》	80	30	记	?	文士
	《端和尚塔铭》	80	30	铭	?	
周衮	《流源永兴院记》	80	192	记	哲宗	文士
葛繁	《庆善寺天台教院记》	81	40	记	神宗	居士
	《净业院结界记》	81	41	记	哲宗	
	《真定府龙兴寺大悲阁记》	81	42	记	哲宗	
	《天宁寺偈碑》	81	44	碑	徽宗	
李骙	《开元寺重塑佛像记》	82	107	记	神宗	布衣
石汝砺	《南山圣寿寺水车记》	82	291	记	神宗	布衣
王殊	《寿圣寺碑》	82	294	碑	?	文士
张舜民	《定平凝寿寺塑佛记》	83	346	记	?	文士
李禧	《陇西郡李氏尊胜陀罗尼经幢记》	84	132	记	神宗	布衣
龚原	《遂昌妙靖院记》	84	152	记	哲宗	文士

续 表

作者	篇目	册次	页次	文类	时代	备注
盛次仲	《常寂大师行状碑跋》	84	218	碑	神宗	文士
常景	《造像记》	84	341	记	神宗	布衣
王巩	《湘山无量寿佛碑》	84	348	碑	哲宗	文士
苏轼	《题广州清远峡山寺》	90	80	题	哲宗	居士
	《题寿圣寺》	90	80	题	哲宗	
	《题嘉佑寺壁》	90	85	题	哲宗	
	《记游松风亭》	90	85	记	哲宗	
	《题栖禅院》	90	86	题	哲宗	
	《中和胜相院记》	90	423	记	神宗	
	《四菩萨阁记》	90	425	记	神宗	
	《盐官大悲阁记》	90	426	记	神宗	
	《胜相院经藏记》	90	428	记	神宗	
	《虔州崇庆禅院新经藏记》	90	429	记	哲宗	
	《黄州安国寺记》	90	432	记	神宗	

续　表

作者	篇目	册次	页次	文类	时代	备注
苏轼	《荐诚禅院五百罗汉记》	90	433	记	神宗	居士
	《南华长老题名记》	90	434	记	徽宗	
	《应梦罗汉记》	90	435	记	神宗	
	《广州东莞县资福禅院罗汉阁记》	90	436	记	哲宗	
	《方丈记》	90	438	记	？	
	《法云寺礼拜石记》	90	443	记	哲宗	
	《赵先生舍利记》	90	444	记	神宗	
	《真相院释迦舍利塔铭》	91	295	铭	哲宗	
	《大别方丈铭》	91	296	铭	？	
	《法云寺钟铭并序》	91	273	铭	哲宗	
	《邵伯埭钟铭并叙》	91	273	铭	？	
	《石塔戒衣铭》	91	297	铭	？	
	《南安军常乐院新作经藏铭》	91	297	铭	？	
	《广州东莞县资福寺舍利塔铭》	91	298	铭	哲宗	

续　表

作者	篇目	册次	页次	文类	时代	备注
苏轼	《宝月大师塔铭》	92	77	塔铭	?	居士
张耒	《敕赐相州林虑县净居禅院额记》	92	287	记	英宗	文士
王巽	《建告大钟及回廊充国寿寺供养记》	93	36	记	神宗	匠人
郭集	《敬福三院主赐紫僧清秀幢塔记》	93	200	记	神宗	行者
苏辙	《光州开元寺重修大殿记》	96	176	记	神宗	文臣
苏辙	《筠州圣寿院法堂记》	96	177	记	神宗	文臣
苏辙	《泸州栖贤寺新修僧堂记》	96	178	记	神宗	文臣
苏辙	《杭州龙井院讷斋记》	96	179	记	神宗	文臣
苏辙	《汝州龙兴寺修吴画殿记》	96	191	记	哲宗	文臣
苏辙	《坟院记》	96	197	记	徽宗	文臣
苏辙	《成都大悲阁记》	96	198	记	?	文臣
苏辙	《全禅师塔铭》	96	248	铭	神宗	文臣
苏辙	《闲禅师碑》	96	249	碑	神宗	文臣
苏辙	《龙井辩才法师塔碑》	96	273	碑	?	文臣

续表

作者	篇目	册次	页次	文类	时代	备注
苏轼	《逍遥聪禅师塔碑》	96	276	碑	哲宗	文臣
	《天竺海月法师塔碑》	96	277	碑	神宗	
袁诩	《开化寺碑》	97	22	碑	神宗	布衣
林露	《慈溪永明寺藏殿记》	97	27	记	神宗	文士
郑佃	《妙胜禅寺记》	97	34	记	神宗	布衣
鉴韶	《明州奉化县云盖山重移寿圣院记》	97	52	记	神宗	僧人
元昭	《安国寺法界相记》	97	68	记	神宗	僧人
守一	《杭州龙井山方圆庵记》	97	146	记	神宗	僧人
	《澄江净土道场记》	97	148	记	神宗	
范祖禹	《龙门山胜善寺药寮记》	98	283	记	神宗	文臣
郑侠	《新修南山圣寿禅寺记》	100	29	记	?	居士
舒亶	《翟岩山宝积院轮藏记》	100	76	记	?文臣	文臣
	《香山智度寺新钟铭》	100	83	铭	哲宗	
孔武仲	《信州祥符院新钟铭》	100	330	铭	神宗	文臣

续 表

作者	篇目	册次	页次	文类	时代	备注
陆佃	《越州宝林院重修塔记》	101	220	记	神宗	文士
	《台州黄岩县妙智寺记》	101	221	记	神宗	
孙渐	《温江县观音院芝堂记》	101	282	记	哲宗	文士
张商英	《普通寺记》	102	179	记	神宗	居士
	《太原府寿阳方山李长者造论所昭化院记》	102	182	记	哲宗	
	《定襄县新修打地和尚塔院记》	102	184	记	哲宗	
	《东林善法堂记》	102	186	记	哲宗	
	《仰山庙记》	102	188	记	哲宗	
	《抚州永安禅院僧堂记》	102	190	记	哲宗	
	《抚州永安禅寺法堂记》	102	192	记	哲宗	
	《随州大洪山灵峰禅寺记》	102	194	记	徽宗	
	《昭化寺李长者龛记》	102	196	记	徽宗	
	《洪州宝峰禅院选佛堂记》	102	203	记	徽宗	
	《黄龙崇恩禅院记》	102	204	记	哲宗	

续　表

作者	篇目	册次	页次	文类	时代	备注
张商英	《潞州紫岩禅院千手千眼大悲殿记》	102	206	记	？	居士
	《云居山真如禅院三塔铭》	102	233	铭	哲宗	
	《荆门玉泉皓长老塔铭》	102	236	铭	哲宗	
曾旼	《显亲庆远院记》	102	276	记	神宗	文士
	《惠严禅院法堂记》	102	278	记	神宗	
	《天峰院记》	102	279	记	神宗	
	《宋杭州南山慧因教院晋水法师碑》	102	282	碑	哲宗	
徐禧	《洪州安龙山兜率禅院记》	102	293	记	神宗	官吏
吴栻	《天宁寺转轮藏记》	102	311	记	徽宗	居士
姚宗道	《大宋陕州芮城县塔寺创修法堂记》	102	322	记	神宗	布衣
邹极	《圣容寺记》	102	338	记	哲宗	文士
	《重建石（上巩下石）义泉禅院记》	102	339	记	徽宗	
黄裳	《崇宁万寿寺记》	103	328	记	徽宗	文士
	《含清院佛殿记》	103	335	记	神宗	

续　表

作者	篇目	册次	页次	文类	时代	备注
黄裳	《东林太平兴龙禅寺记》	103	348	记	?	文士
王雱	《慧力寺轮藏记》	104	43	记	神宗	文士
张处士	《庄丘寺石香炉记》	104	62	记	哲宗	处士
智净	《青州报恩寺大圣院清座主灵骨记》	104	73	记	神宗	僧尼
王胜	《南涧寺架炉题识》	104	215	题识	神宗	布衣
项传	《澄心院记》	104	217	记	神宗	文士
衡规	《福严院题名记》	104	219	记	神宗	小吏
黄庭坚	《江州东林寺藏经记》	107	184	记	神宗	居士
	《南康军开先禅院修造记》	107	186	记	?	
	《洪州分宁县云岩禅院经藏记》	107	188	记	哲宗	
	《洪州分宁县青龙山兴化禅院记》	107	189	记	哲宗	
	《太平州芜湖县吉祥禅院记》	107	190	记	哲宗	
	《南康军都昌县清隐禅院记》	107	192	记	神宗	
	《吉州隆庆禅院转轮藏记》	107	193	记	神宗	

续　表

作者	篇目	册次	页次	文类	时代	备注
黄庭坚	《怀安军金堂县庆善院大悲阁记》	107	195	记	哲宗	居士
	《泸州大云寺滴乳泉记》	107	196	记	哲宗	
	《吉州西峰院三秀亭记》	107	196	记	神宗	
	《吉州慈恩寺仁寿塔记》	107	197	记	?	
	《天钵禅院准禅师舍利塔记》	107	198	记	?	
	《江陵府承天禅院塔记》	107	201	记	哲宗	
	《成都府慈因忠报禅院经藏阁记》	107	202	记	哲宗	
	《萍乡县宝积禅寺记》	107	204	记	徽宗	
	《普觉禅寺转轮藏记》	107	205	记	哲宗	
	《石门寺题名记一》	107	211	记	?	
	《石门寺题名记二》	107	212	记	?	
	《戎州舍利塔铭》	107	279	铭	哲宗	
	《无等院生台铭》	107	279	铭	哲宗	
	《法云寺金刚像铭》	107	280	铭	哲宗	

附录　基于《全宋文》的宋代寺院碑文统计表

续　表

作者	篇目	册次	页次	文类	时代	备注
黄庭坚	《法云寺水头镬铭》	107	280	铭	?	居士
	《泸州开福寺弥勒殿铭》	107	288	铭	徽宗	
	《黄龙心禅师塔铭》	108	90	铭	哲宗	
	《福昌信禅师塔铭》	108	93	铭	哲宗	
	《闍明大师塔铭》	108	95	铭	哲宗	
	《法安大师塔铭》	108	96	铭	神宗	
	《智悟大师塔铭》	108	98	铭	神宗	
姚孳	《永明寺大殿记》	109	11	记	徽宗	居士
王诜	《大宋故昭孝禅院主辩证大师塔铭》	109	36	铭	哲宗	驸马
绍慈	《青龙山净惠罗汉院先师塔铭》	109	51	铭	神宗	僧人
吕南公	《大仁院重建佛殿记》	109	293	记	神宗	处士
	《华藏寺佛殿记》	109	294	记	神宗	
	《普安院佛殿记》	109	305	记	神宗	
	《真如禅院十方住持新记》	109	307	记	神宗	

续　表

作者	篇目	册次	页次	文类	时代	备注
吕南公	《滁州龙蟠山寿圣寺佛殿记》	110	88	记	哲宗	处士
景德	《慧日院经幢记》	110	200	记	英宗	僧人
毕仲游	《代范忠宣撰通慧禅院移经藏记》	111	95	记	神宗	文士
李之仪	《重修云岩寿宁禅院记》	112	185	记	徽宗	居士
	《颍昌府崇宁万寿寺元赐天宁万寿敕赐改作十方住持黄牒刻石记》	112	187	记	徽宗	
	《代人作褒禅舍田记》	112	189	记	徽宗	
	《天禧寺新建法堂记》	112	190	记	徽宗	
	《宁先凝福院钟铭》	112	196	铭	?	
	《庐山承天罗汉院第九代南禅师塔铭》	112	268	铭	?	
元照	《台州顺感院轮藏记》	112	341	记	哲宗	律僧
	《秀州普照院多宝塔记》	112	343	记	神宗	
	《无量院弥陀像记》	112	344	记	哲宗	
	《台州慈德院重修大殿记》	112	346	记	哲宗	
	《越州龙泉弥陀阁记》	112	347	记	徽宗	

续 表

作者	篇目	册次	页次	文类	时代	备注
元照	《明州经院三圣立像记》	112	348	记	?	律僧
	《宁国院记》	112	350	记	哲宗	
	《吴江县寿圣寺结界记》	112	352	记	哲宗	
	《福圣院结界记》	112	353	记	徽宗	
	《建明州开元寺戒坛誓文》	112	354	誓文	哲宗	
	《温州都僧正持正大师行业记》	112	366	记	徽宗	
	《杭州南屏山神悟法师塔铭》	112	371	铭	神宗	
	《祥符寺通义大师塔铭》	112	372	铭	哲宗	
	《华亭超果照法师塔铭》	112	374	铭	神宗	
	《杭州祥符寺瑛法师骨塔铭》	112	376	铭	哲宗	
	《越州余姚异阇梨塔铭》	112	377	铭	徽宗	
	《越州渔浦净慧大师塔铭》	112	378	铭	哲宗	
强浚明	《圣寿院记》	117	189	记	哲宗	文士
章玮	《重修童儿塔记》	117	193	记	哲宗	布衣

303

续　表

作者	篇目	册次	页次	文类	时代	备注
王基	《解州解县静林山兴化寺新修卢舍那佛大殿记》	117	195	记	哲宗	小吏
周锷	《四明山宝积院记》	117	234	记	?	文士
俞伸	《明州慈溪县普济寺罗汉殿记》	117	238	记	哲宗	文士
王箴	《宋故青峰山宝月大师岫禅师龛铭》	117	253	铭	哲宗	处士
杨天惠	《北溪院化僧龛记》	117	317	记	徽宗	居士
刘弇	《观禅师碑》	119	89	碑	哲宗	文士
福受	《中峰寺殿宇记》	119	116	记	哲宗	僧人
赵嗣业	《大唐克幽禅师塔记》	119	242	记	哲宗	小吏
仲殊	《破山光明庵记》	119	258	记	哲宗	僧人
仲殊	《陆河圣像院记》	119	259	记	哲宗	僧人
文宗义	《宝胜禅院造塔记》	119	266	记	徽宗	布衣
黄公颉	《光福寺铜观音像记》	119	275	记	哲宗	处士
秦观	《庆禅师塔铭》	120	174	铭	哲宗	文士
米芾	《焦山普济院碑》	121	59	碑	徽宗	文士

续 表

作者	篇目	册次	页次	文类	时代	备注
米芾	《天衣怀禅师碑》	121	63	碑	?	文士
李昭玘	《任城修佛殿记》	121	218	记	?	文臣
江公望	《九峰庵记》	121	341	记	徽宗	文士
	《兴福院记》	121	342	记	徽宗	
	《龙泉院记》	121	343	记	徽宗	
	《惟庵记》	121	344	记	徽宗	
冯世雄	《遂州广利禅寺善济塔记》	122	119	记	徽宗	文士
	《真相寺石观音记》	122	121	记	徽宗	
善仁	《阳城寿圣禅院记》	122	127	记	哲宗	僧人
刘跂	《慈应大师政公之碑》	123	240	碑	徽宗	文士
陈师道	《观音院修满净佛殿记》	123	379	记	哲宗	文士
	《面壁庵记》	123	380	记	徽宗	
	《法轮院主塔铭》	124	27	铭	哲宗	
	《比丘理公塔铭》	124	28	铭	哲宗	

续　表

作者	篇目	册次	页次	文类	时代	备注
昭诠	《后唐雅上人舍利塔记》	124	54	记	哲宗	僧人
王师说	《回山寺碑记》	124	56	记	神宗	处士
吴佑	《宋南山寺钟款文》	124	57	文	哲宗	布衣
杨时	《乾明寺修造记》	125	13	记	徽宗	学者
杨时	《含云寺真祠遗像记》	125	15	记	徽宗	学者
杨时	《资圣院记》	125	16	记	徽宗	学者
怀素	《宋禅师清则塔记》	125	200	记	哲宗	处士
周刊	《释迦寺碑》	125	206	碑	哲宗	小吏
黄叔豹	《同天寺记》	125	217	记	哲宗	小吏
邹起	《杭州临安县净土院新建释迦殿记》	125	252	记	哲宗	小吏
舒元礼	《胜相塔题记》	125	265	记	哲宗	布衣
杜徽之	《胜相塔记》	125	266	记	哲宗	布衣
鲁伯能	《东禅寺碑记》	125	269	记	哲宗	文士
张耒	《智轸禅师塔记》	128	93	记	哲宗	文士

附录　基于《全宋文》的宋代寺院碑文统计表

续　表

作者	篇目	册次	页次	文类	时代	备注
张耒	《景德寺西禅院慈氏殿记》	128	101	记	哲宗	文士
	《太宁寺僧堂记》	128	108	记	？	
张秉仁	《陀罗尼经幢记》	128	289	记	哲宗	布衣
郭受	《妙智讲寺记》	128	380	记	哲宗	小吏
赵叔盎	《重修广州净慧寺塔记》	128	418	记	哲宗	皇族
宋端符	《重修黄垒院殿记》	128	211	记	哲宗	布衣
李洵	《怀州修武县十方胜果寺记》	129	154	记	哲宗	处士
	《西京巩县大力山十方净土寺住持宝月大师碑铭》	129	156	铭	哲宗	
文才	《合阳县重兴戒香寺碑》	129	167	碑	哲宗	僧人
李芬	《汝州岘山干明禅院住持明师预建塔铭》	129	168	铭	哲宗	布衣
如觉	《蜜多院记》	129	208	记	哲宗	僧人
潘卞	《齐州历城县三坛寺阿弥陀佛窣堵波铭》	129	247	铭	哲宗	小吏
周焘	《多宝佛塔记》	129	278	记	哲宗	文士
吕益柔	《胜果寺妙悟大师碑》	129	289	碑	哲宗	文士

307

续 表

作者	篇目	册次	页次	文类	时代	备注
智超	《迪公和尚塔幢记》	129	300	记	哲宗	僧人
宗泽	《义乌满心寺钟记》	129	372	记	徽宗	大臣
	《义乌景德禅院新建藏殿记》	129	375	记	哲宗	
晁说之	《宋成州净因院新殿记》	130	280	记	徽宗	文士
	《成州新修大梵寺记》	130	281	记	徽宗	
	《宋故明州延庆明智法师碑铭》	130	344	铭	徽宗	
	《高邮月和尚塔铭》	130	350	铭	钦宗	
范致明	《大乘山普严禅院记》	131	2	记	徽宗	文士
朱日初	《宝胜院造塔记》	131	7	记	徽宗	处士
祖演	《华严寺造释迦罗汉石座记》	131	24	记	哲宗	僧人
赵宗辅	《宋故京兆府鄠县白云山主利师塔记》	131	32	记	哲宗	布衣
祖迺	《宋慈云寺普会宝塔记》	131	35	记	哲宗	僧人
邹浩	《承天寺大藏记》	131	344	记	哲宗	文士
	《永州法华寺经藏记》	131	346	记	哲宗	

续 表

作者	篇目	册次	页次	文类	时代	备注
邹浩	《华严阁记》	131	349	记	?	文士
	《衡岳寺大殿记》	131	356	记	?	
张某	《潞州长子县慈林山寺先贤堂记》	132	360	记	钦宗	居士
李潜	《崇明寺大佛殿庄功德记》	133	12	记	哲宗	隐士
刘渭	《蓬莱山寿圣寺记》	133	59	记	徽宗	文士
鲍慎由	《灵感观音碑记》	133	75	记	哲宗	文士
郑鏊	《兴化寺修塔记》	133	127	记	徽宗	布衣
张靖	《白佛村大悲咒石塔铭》	133	158	铭	徽宗	布衣
徐敏求	《智门禅寺记》	133	174	记	徽宗	小吏
谢逸	《上高净众禅院记》	133	243	记	徽宗	文士
李新	《长江三圣禅寺记》	134	149	记	?文士	文士
	《九华禅寺记》	134	150	记	哲宗	
孙沂	《江阴县寿圣禅院庄田记》	135	171	记	徽宗	居士
萧宗贵	《宋宝胜禅院造塔记》	135	220	记	徽宗	布衣

续表

作者	篇目	册次	页次	文类	时代	备注
慕容彦逢	《香山天宁观音禅院新塑大阿罗汉记》	136	250	记	徽宗	文臣
焦积	《西山治平寺庄帐记》	136	309	记	徽宗	小吏
尹修	《岷州长道县寿圣院六级宝塔记》	136	322	记	哲宗	文士
李桓	《重建三明寺记》	136	347	记	徽宗	小吏
韩韶	《随州大洪山十方崇宁保寿禅院第四代住持淳禅师塔铭》	137	24	铭	徽宗	小吏
周行己	《闲心普安禅寺修造记》	137	149	记	哲宗	文臣
周行己	《净居寺盖造文》	137	188	文	?	文臣
周行己	《闲心寺建藏院过廊文》	137	188	文	?	文臣
周行己	《闲心寺置经藏文》	137	188	文	?	文臣
法伦	《兴化寺任和修塔记》	137	191	记	徽宗	僧人
汪革	《水梁罗汉院钟楼记》	137	198	记	哲宗	文士
李俊	《泾县宝胜禅院造塔记》	137	202	记	徽宗	布衣
程迈	《重修涌泉寺碑》	137	282	碑	哲宗	文臣
王询	《宝胜禅院造塔记碑》	137	308	碑	徽宗	布衣

续　表

作者	篇目	册次	页次	文类	时代	备注
文稹	《绵州开元寺石像记》	138	90	记	徽宗	文士
何安中	《虎丘第十代觉印英禅师塔铭》	140	66	铭	徽宗	小吏
惠洪	《潭州大沩山中兴记》	140	214	记	徽宗	僧人
	《重修龙王寺记》	140	218	记	徽宗	
	《隋朝感应佛舍利塔记》	140	220	记	徽宗	
	《潭州白鹿山灵应禅寺大佛殿记》	140	222	记	徽宗	
	《重修僧堂记》	140	223	记	徽宗	
	《五慈观阁记》	140	224	记	高宗	
	《资福法堂记》	140	226	记	高宗	
	《双峰正觉禅院涅盘堂记》	140	227	记	高宗	
	《信州天宁寺记》	140	230	记	徽宗	
	《普同塔记》	140	241	记	徽宗	
	《沩源记》	140	242	记	徽宗	
	《栽松庵记》	140	244	记	高宗	

续　表

作者	篇目	册次	页次	文类	时代	备注
惠洪	《华严院记》	140	246	记	徽宗	僧人
	《吉州禾山寺记》	140	249	记	徽宗	
	《宝峰院记》	140	251	记	徽宗	
	《永明智觉禅师行业记》	140	253	记	?	
	《宗镜堂记略》	140	257	记	?	
	《题清修院壁》	140	277	题	徽宗	
	《题白鹿寺壁》	140	278	题	?	
	《题观音院壁》	140	278	题	高宗	
	《明白庵铭》	140	279	铭	徽宗	
	《圆同庵铭》	140	280	铭	?	
	《觉庵铭》	140	280	铭	?	
	《如庵铭》	140	281	铭	?	
	《朴庵铭》	140	281	铭	?	
	《梦庵铭》	140	282	铭	?	

续　表

作者	篇目	册次	页次	文类	时代	备注
惠洪	《痴庵铭》	140	282	铭	?	僧人
	《懒庵铭》	140	283	铭	?	
	《堕庵铭》	140	284	铭	?	
	《喧寂庵铭》	140	284	铭	?	
	《破尘庵铭》》	140	285	铭	?	
	《报慈庵铭》	140	286	铭	?	
	《甘露灭斋铭》	140	286	铭	徽宗	
	《明极堂铭》	140	288	铭	?	
	《昭昭堂铭》	140	289	铭	?	
	《要默堂铭》	140	289	铭	?	
	《一麟室铭》	140	290	铭	?	
	《宜独室铭》	140	291	铭	?	
	《藏六轩铭》	140	291	铭	?	
	《俱清轩铭》	140	292	铭	?	

续　表

作者	篇目	册次	页次	文类	时代	备注
惠洪	《解空阁铭》	140	292	铭	?	僧人
	《延福寺钟铭》	140	294	铭	徽宗	
	《夹山第十五代本禅师塔铭》	141	1	铭	徽宗	
	《鹿门灯禅师塔铭》	141	2	铭	钦宗	
	《蕲州资福院逢禅师塔铭》	141	5	铭	徽宗	
	《三角劼禅师寿塔铭》	141	7	铭	徽宗	
	《岳麓海禅师塔铭》	141	8	铭	徽宗	
郭瑗	《政禅师行迹碑文》	141	108	碑	徽宗	小吏
江粲	《龙泉寺记》	141	116	记	徽宗	布衣
郑雄飞	《嵊县圆超禅院记》	141	147	记	徽宗	小吏
永庆	《重建治平院记》	141	148	记	徽宗	僧人
殷智皋	《宝胜禅院造塔记》	141	211	记	徽宗	布衣
吴镶	《永福寺新钟记》	141	216	记	徽宗	布衣
周铢	《天寿院记》	141	218	记	徽宗	布衣

附录 基于《全宋文》的宋代寺院碑文统计表

续 表

作者	篇目	册次	页次	文类	时代	备注
赵公杰	《因明院宝塔施砖记》	141	227	记	徽宗	小吏
张徽	《宝胜禅院造塔记》	141	229	记	徽宗	布衣
范域	《随州大洪山十方崇宁保寿禅院第一代住持恩禅师塔铭》	142	132	铭	徽宗	处士
闵文叔	《洋州念佛岩大悟禅师碑》	142	135	碑	徽宗	文士
曹景俭	《西河新修普济寺记》	142	153	记	徽宗	布衣
葛胜仲	《湖州乌程县乌墩镇普静寺观音阁铭》	143	40	铭	徽宗	文士
葛胜仲	《歙州祁门县青萝山辟支佛舍利铭》	143	42	铭	徽宗	文士
葛胜仲	《景德寺新钟铭》	143	43	铭	徽宗	文士
尹称孝	《芮城县寿圣寺戒师和尚润公塔铭》	143	194	铭	徽宗	小吏
有威	《圣宋台州灵龟山敕正直院记》	143	203	记	徽宗	僧人
苏过	《天宁寺钟铭》	144	182	铭	徽宗	文士
苏过	《安邑县寿圣寺第一代住持海印塔铭》	144	183	铭	徽宗	文士
李壆	《大荐福寺重修塔记》	145	178	记	徽宗	布衣
王庭秀	《普明律寺记》	145	298	记	高宗	文士

续　表

作者	篇目	册次	页次	文类	时代	备注
郭印	《超悟院记》	145	329	记	高宗	居士
吴氏小四娘	《宝胜禅院吴氏包镇造塔记》	145	360	记	徽宗	民女
晏敦复	《梵慧院释迦文殿记》	145	393	记	高宗	文士
许难	《灵石俱胝院记》	146	30	记	徽宗	文士
赵复圭	《大宋赵州高邑县干明院建塔记》	146	65	记	徽宗	小吏
宋复	《大周西明寺故大德圆测法师佛舍利塔铭》	146	93	铭	徽宗	文士
翟汝文	《少师坟山鹤林院钟铭》	149	227	铭	徽宗	文士
怀深	《观音院圆通殿记》	151	299	记	高宗	僧人
刘一止	《湖州德清县城山妙香禅院记》	152	224	记	高宗	文士
刘一止	《湖州报恩光孝禅寺新建观音殿记》	152	227	记	?	文士
刘一止	《湖州石冢村青莲院记》	152	230	记	高宗	文士
刘一止	《湖州德清县慈相院新钟铭》	152	237	铭	高宗	文士
李光	《姜山静凝院钟铭》	154	238	铭	?	文士
李光	《等慈寺钟铭》	154	239	铭	高宗	文士

续 表

作者	篇目	册次	页次	文类	时代	备注
	《律师通公塔铭》	154	259	铭	高宗	
王彬	《随州大洪山崇宁保寿院十方第二代楷禅师塔铭》	154	320	铭	钦宗	小吏
程俱	《衢州常山县重建保安院记》	155	319	记	徽宗	文士
	《衢州开化县云门院法华阁记》	155	320	记	徽宗	
	《衢州开化县灵山寺大藏记》	155	322	记	徽宗	
	《杭州于潜县治平寺重建佛殿记》	155	323	记	高宗	
	《镇江府鹤林天宁寺大藏记》	155	325	记	钦宗	
	《照堂记》	155	326	记	徽宗	
	《赡养庵记》	155	327	记	徽宗	
	《衢州大中祥符寺大悲观世音菩萨阁记》	155	338	记	高宗	
	《普光明阁铭》	155	346	铭	?	
	《宋故焦山长老普证大师塔铭》	155	412	铭	高宗	
汪藻	《永州太平寺钟铭》	157	267	铭	高宗	文士
秦湛	《于潜县明智寺记》	157	443	记	高宗	文士

续　表

作者	篇目	册次	页次	文类	时代	备注
王庭珪	《龙须山转轮经藏记》	158	252	记	高宗	
	《隆庆禅寺五百罗汉堂记》	158	255	记	高宗	
继重	《大宋真定府行唐县封崇寺创铸钟记》	158	345	记	徽宗	僧人
孙觌	《抚州曹山宝积院僧堂记》	160	354	记	高宗	文人
	《灵岩智积菩萨殿记》	160	373	记	高宗	
	《平江府枫桥普明禅院兴造记》	160	378	记	高宗	
	《兴化军节度仙游县香山记》	160	380	记	高宗	
	《常州永庆禅院兴造记》	160	382	记	高宗	
	《抚州疏山白云禅院大藏记》	160	385	记	高宗	
	《常州资圣禅院兴造记》	160	389	记	高宗	
	《常州无锡县开利寺藏院记》	160	390	记	高宗	
	《显忠资福禅院兴造记》	160	409	记	高宗	
	《径山妙空佛海大师塔铭》	160	450	铭	高宗	
	《长芦长老一公塔铭》	160	452	铭	高宗	

续表

作者	篇目	册次	页次	文类	时代	备注
孙觌	《径山照堂一公塔铭》	160	455	铭	高宗	文人
周紫芝	《资寿寺铸钟铭》	162	299	铭	?	文人
李正民	《法喜寺改十方记》	163	138	记	高宗	文臣
	《资圣寺佛殿记》	163	139	记	高宗	
文惠	《尊胜陀罗尼经幢记》	167	107	记	徽宗	僧尼
李世美	《净安禅院祖师清公和尚塔记》	167	111	记	徽宗	布衣
李纲	《蕲州黄梅山真慧禅院法堂记》	172	210	记	高宗	大臣
	《澧州夹山普慈禅院转轮藏记》	172	212	记	?	
	《邵武军泰宁县瑞光岩丹霞禅院记》	172	216	记	高宗	
	《汀州南安岩均庆禅院转轮藏记》	172	217	记	高宗	
	《岩头寺题名》	172	222	题	高宗	
	《雷州天宁寺题名》	172	222	题	高宗	
李景渊	《寿圣禅院修造记》	173	2	记	徽宗	官吏
李孝端	《遂宁府蓬溪县新修净戒院记》	173	148	记	徽宗	官吏

续表

作者	篇目	册次	页次	文类	时代	备注
黄龟年	《天童山交禅师塔铭》	173	162	铭	徽宗	文士
祖英	《海会塔记》	173	171	记	徽宗	僧人
吕本中	《仙居县净梵院记》	174	84	记	?	文士
法忠	《南岳山弥陀塔记》	174	98	记	高宗	僧人
王孝竭	《江阴县寿圣院泛海灵感观音记》	174	110	记	徽宗	官吏
俞观能	《太平禅寺佛殿记》	174	189	记	徽宗	居士
丁彦师	《鸡山生佛阁碑》	174	408	碑	高宗	文士
李邴	《千僧阁记》	175	63	记	高宗	文士
王以宁	《广平夫人往生记》	176	161	记	高宗	居士
王以宁	《佛窟山转轮藏记》	176	163	记	高宗	居士
王以宁	《宋台州宝藏岩普安禅院第九代德禅师塔铭》	176	165	铭	高宗	居士
王洋	《书郑氏舍田记》	177	193	记	?	
王洋	《泗州院记》	177	194	记	高宗	
智清	《满公大师幢记》	177	220	记	钦宗	僧人

附录　基于《全宋文》的宋代寺院碑文统计表

续　表

作者	篇目	册次	页次	文类	时代	备注
何麒	《北岩转轮藏记》	177	338	记	高宗	文士
范浩	《景德寺诸天阁记》	179	153	记	钦宗	文士
李弥逊	《福州乾元寺度僧记》	180	342	记	?	文士
	《支提山天冠应现记》	180	343	记	?	
	《太平道院新造三乘小像记》	180	345	记	高宗	
	《宣州泾县铜峰瑞应塔记》	180	346	记	高宗	
	《和州褒山佛眼禅师塔铭》	180	362	铭	徽宗	
	《宣州昭亭山广教寺讷公禅师塔铭》	180	365	铭	徽宗	
	《大智禅师塔铭》	180	367	铭	徽宗	
冯檝	《大中祥符院大悲像并阁记》	181	147	记	高宗	居士
	《南禅寺记》	181	149	记	高宗	
	《密印寺钟楼记》	181	150	记	?	
	《净严和尚塔铭》	181	152	铭	高宗	
	《修昌州多宝塔发愿文》	181	157	文	高宗	

321

续　表

作者	篇目	册次	页次	文类	时代	备注
夏之文	《净慧禅院看经寮记》	181	178	记	高宗	文士
罗汝楫	《重建兜率寺记》	181	225	记	高宗	文臣
黄彦平	《罗山妙心院华严经室记》	181	311	记	?	文士
徐林	《临济正传虎丘隆禅师碑》	181	380	碑	高宗	文士
道昌	《宝云通法师移塔记》	182	33	记	高宗	僧人
王铚	《包山禅院记》	182	179	记	高宗	文士
朱琳	《延庆寺塔记》	182	214	记	高宗	布衣
吕求中	《藏玺书于璩源寺记》	182	276	记	高宗	小吏
冯温舒	《翠山禅寺兴建记》	182	284	记	高宗	文士
正觉	《天封寺记》	183	1	记	高宗	僧人
正觉	《僧堂记》	183	3	记	高宗	僧人
正觉	《大用庵铭》	183	5	铭	高宗	僧人
静芳	《开山头陀静照禅师记》	183	24	记	高宗	僧人
何汝贤	《禹迹山院记》	183	27	记	高宗	布衣

附录　基于《全宋文》的宋代寺院碑文统计表

续　表

作者	篇目	册次	页次	文类	时代	备注
颜为	《天庆观钟铭》	183	91	铭	高宗	文士
邓肃	《沙县福圣院重建塔记》	183	177	记	钦宗	文士
	《兴化重建院记》	183	179	记	钦宗	
	《沙邑栖云寺法雨记》	183	184	记	?	
	《一枝庵记》	183	185	记	高宗	
	《题凤池寺》	183	187	题	高宗	
	《题贤沙寺》	183	187	题	高宗	
	《题开平院》	183	188	题	徽宗	
鲍彪	《集福教寺钟铭》	183	376	铭	?	文士
希颜	《重建圣寿教寺记》	183	376	记	高宗	僧人
张九成	《惟尚禅师塔记》	184	176	记	高宗	文臣
祖岑	《方广寺界相记》	184	266	记	高宗	僧人
邵博	《嘉州兴化禅院记》	184	408	记	?	文士
王之道	《绍兴府法华山维卫像记》	185	125	记	?	居士

续　表

作者	篇目	册次	页次	文类	时代	备注
丁昌朝	《浔溪祇园寺庄田记》	185	235	记	高宗	文士
潘良贵	《宝林禅寺记》	185	421	记	高宗	文士
杨椿	《象耳山重修太平兴国禅寺记》	186	9	记	？	文士
	《永福禅寺记》	186	10	记	孝宗	文士
刘昉	《祥云寺行记》	186	36	记	高宗	文士
吴元美	《重光寺记》	186	85	记	高宗	文士
张守约	《积庆院记》	186	177	记	？	布衣
蒋伟	《开元教寺钟铭》	186	208	铭	？	文士
张嵲	《处州龙泉西山集福教院佛经藏记》	187	213	记	高宗	文臣
张浚	《天宁万寿禅寺置田记》	188	128	记	高宗	大臣
	《自信庵记》	188	129	记	高宗	
	《云岩禅寺藏记》	188	130	记	高宗	
	《重建保安寺记》	188	131	记	？	
	《祖印禅院记》	188	132	记	？	

续　表

作者	篇目	册次	页次	文类	时代	备注
张浚	《寂照庵铭》	188	142	铭	?	大臣
	《重修鼓山白云涌泉禅寺碑》	188	144	碑	高宗	
	《大慧普觉禅师塔铭》	188	145	铭	孝宗	
胡寅	《丰城县新修智度院记》	190	48	记	高宗	文臣
	《湘潭县龙王山慈云寺新建佛殿记》	190	49	记	高宗	
	《桂阳监永宁寺轮藏记》	190	56	记	?	
	《衡岳寺新开石渠记》	190	58	记	?	
	《罗汉阁记》	190	102	记	高宗	
	《元公塔铭》	190	198	铭	高宗	
谢伋	《大宋台州临海县佛窟山昌国禅院新开涂田记》	190	338	记	高宗	居士
曹勋	《净慈创塑五百罗汉记》	191	73	记	高宗	文臣
	《天竺荐福寺忏主遵式敕赐师号塔名记》	191	75	记	高宗	
	《六和塔记》	191	76	记	高宗	
	《径山罗汉记》	191	78	记	高宗	

续　表

作者	篇目	册次	页次	文类	时代	备注
曹勋	《径山续画罗汉记》	191	80	记	孝宗	文臣
	《崇先显孝禅院记》	191	82	记	孝宗	
	《显恩寺记》	191	84	记	孝宗	
	《仙林寺记》	191	85	记	高宗	
	《清隐庵记》	191	87	记	孝宗	
	《战场立经幢记》	191	90	记	?	
	《净严僧田记》	191	90	记	?	
	《净严度僧记》	191	92	记	?	
	《净慈道昌禅寺塔铭》	191	121	铭	孝宗	
	《天竺证悟智公塔铭》	191	123	铭	高宗	
	《华严塔铭》	191	127	铭	高宗	
范宗尹	《宝积禅院记》	193	67	记	?	文臣
游国佐	《金华寺龙骨塔铭》	193	72	铭	高宗	布衣
赵彭年	《镌造文殊广贤菩萨题记》	193	109	记	高宗	小吏

附录　基于《全宋文》的宋代寺院碑文统计表

续　表

作者	篇目	册次	页次	文类	时代	备注
朱辂	《卧云庵记》	193	224	记	?	文士
吴宪	《小天童山施财米碑》	193	228	碑	高宗	布衣
冯时行	《龙多山鹫台院记》	193	345	记	高宗	文士
程敦厚	《眉州多悦镇宝华寺藏经殿记》	194	298	记	高宗	文士
贾廷佐	《禅智院记》	194	340	记	高宗	文臣
贾廷佐	《宋婺州东阳县昭福院殿记》	194	341	记	高宗	文臣
□房	《总持院钟铭文》	195	13	铭	高宗	僧人
法恭	《自得慧晖禅师塔铭》	195	30	铭	高宗	僧人
胡铨	《新州龙山少林阁记》	195	365	记	高宗	文臣
胡铨	《衡阳观音寺殿记》	195	389	记	高宗	文臣
胡铨	《衡阳寿光寺轮藏记》	195	391	记	高宗	文臣
岳飞	《广德军金沙寺壁题记》	196	350	记	孝宗	武将
岳飞	《东松寺题记》	196	351	记	高宗	武将
许端友	《为僧肇知山作法相澄心堂记》	197	7	记	高宗	布衣

续　表

作者	篇目	册次	页次	文类	时代	备注
了心	《重建南高峰塔记》	197	43	记	?	僧人
王之望	《台州重修普安禅寺记》	197	418	记	高宗	文臣
董仲永	《六和塔观世音经像碑记》	198	78	记	高宗	居士
义真	《重建佛殿记》	198	87	记	高宗	僧人
龚槐	《移建法云寺记》	198	135	记	高宗	小吏
王升	《镌妆转轮经藏窟数珠手观音题记》	199	11	记	高宗	布衣
唐文若	《报恩寺行记》	199	51	记	高宗	文士
闻人符	《惠力寺舍利众善记》	199	78	记	?	文士
史浩	《题灵芝照律师碑阴》	200	42	题	?	居士
史浩	《广寿慧云禅寺之记》	200	59	记	光宗	居士
史浩	《尊胜庵钟铭》	200	65	铭	?	居士
孙朝隐	《永庆院记》	200	366	记	高宗	文士
李石	《安乐院飞轮藏记》	206	22	记	?	文士
李石	《隆州重修超觉禅寺记》	206	28	记	孝宗	文士

附录 基于《全宋文》的宋代寺院碑文统计表

续 表

作者	篇目	册次	页次	文类	时代	备注
李石	《灵泉寺慈氏阁铭》	206	58	铭	高宗	文士
	《量庵铭（为慧海师作）》	206	62	铭	?	
	《观音殿偈》	206	71	偈	?	
	《广安军罗汉洞碑》	206	75	碑	?	
何朝隐	《普成县玉虚观僧伽堂记》	206	209	记	高宗	布衣
王咸久	《灵峰院钟楼记》	206	367	记	高宗	小吏
喻樗	《书福圣院记碑阴》	206	379	碑	高宗	文士
仲旻	《摹刻宝云禅院赐额敕黄后记》	206	384	记	高宗	僧人
李杼	《永福院记》	207	211	记	高宗	小吏
赵耆	《增修大悲阁记》	207	214	记	高宗	布衣
王十朋	《妙果院藏记》	209	120	记	高宗	文臣
	《雁荡山寿圣白岩院记》	209	122	记	?	
	《雁荡山本觉院殿记》	209	123	记	高宗	
	《潜涧岩阇梨塔铭》	209	165	铭	徽宗	

续　表

作者	篇目	册次	页次	文类	时代	备注
何泾	《延庆院圆照法师塔铭》	211	7	铭	高宗	小吏
李浩	《天童应庵昙华禅师塔铭》	211	42	铭	孝宗	
晁公遡	《定慧院记》	212	50	记	?	居士
洪适	《息庵记》	213	357	记	?	文士
	《龙兴寺钟铭》	213	388	铭	高宗	
黄觉先	《弘法沙门海禅师塔铭》	214	203	铭	高宗	布衣
智宣	《东谷无尽灯碑》	214	208	碑	高宗	僧人
从廓	《阿育王舍利宝塔记》	214	262	记	孝宗	僧人
汪应辰	《法海院记略》	215	241	记	?	文臣
韩元吉	《建安白云山崇梵禅寺罗汉堂记》	216	179	记	高宗	文臣
	《隐静山新建御书毗卢二阁记》	216	180	记	光宗	
	《崇福庵记》	216	184	记	孝宗	
	《崇胜戒坛记》	216	189	记	孝宗	
	《建宁府开元禅寺戒坛记》	216	203	记	孝宗	

续 表

作者	篇目	册次	页次	文类	时代	备注
韩元吉	《景德寺五轮藏记》	216	218	记	孝宗	文臣
	《广教院重修转轮藏记》	216	219	记	?	
	《崇福庵安静泉铭》	216	236	铭	?	
史尧弼	《王老僧塔铭》	218	72	铭	高宗	文士
员兴宗	《池州改建南泉承恩禅寺记》	218	309	记	孝宗	文士
	《金绳院观音塑像记》	218	311	记	?	
	《嘉州德山和尚塔铭》	218	339	铭	孝宗	
曾协	《超宗道人妙用庵记》	219	55	记	孝宗	小吏
陈武子	《吴江重修圣寿禅院之记》	219	217	记	孝宗	布衣
孙观国	《重修桥院寺碑记》	219	261	记	孝宗	文士
徐畴	《重游禹山会大智院新修记》	219	330	记	孝宗	处士
谢谔	《普庵塔铭》	220	41	铭	?	文士
梅权	《造塔记》	220	86	记	高宗	布衣
魏杞	《育王山妙智禅师塔铭》	220	93	铭	?	文士

续　表

作者	篇目	册次	页次	文类	时代	备注
奉宁	《重新祖塔记》	221	71	记	高宗	僧人
青阳仲广	《天王寺塔记》	221	72	记	孝宗	文士
曹冠	《东阳中兴寺环翠阁记》	221	75	记	孝宗	文士
王存之	《隆教院重修佛殿记》	221	125	记	孝宗	文士
王存之	《普慈禅院新丰庄开请涂田记》	221	126	记	孝宗	文士
李流谦	《重修法明寺记》	221	251	记	？	文士
李流谦	《龙角山福志寺修造记》	221	253	记	？	文士
李流谦	《重修安国寺记》	221	263	记	？	文士
李流谦	《祥符寺千佛记》	221	266	记	？	文士
李流谦	《性空寺画阿罗汉记》	221	267	记	？	文士
李流谦	《无为长老月公塔铭》	221	271	铭	孝宗	文士
李流谦	《雅安报恩寺井铭》	221	273	铭	？	文士
洪迈	《上天竺讲寺碑》	222	115	碑	光宗	文人
陆游	《云门寿圣院记》	223	81	记	高宗	文人

续 表

作者	篇目	册次	页次	文类	时代	备注
陆游	《青州罗汉堂记》	223	86	记	孝宗	文人
	《黄龙山崇恩禅院三门记》	223	88	记	孝宗	
	《抚州广寿禅院经藏记》	223	98	记	孝宗	
	《圆觉阁记》	223	102	记	孝宗	
	《能仁寺舍田记》	223	103	记	孝宗	
	《明州阿育王山买田记》	223	105	记	孝宗	
	《建宁府尊胜禅院佛殿记》	223	106	记	光宗	
	《重修天封寺记》	223	109	记	光宗	
	《严州重修南山报恩光孝寺记》	223	110	记	光宗	
	《法云寺观音殿记》	223	115	记	宁宗	
	《会稽县新建华严院记》	223	117	记	宁宗	
	《智者寺兴造记》	223	124	记	宁宗	
	《上天竺复庵记》	223	128	记	宁宗	
	《湖州常照院记》	223	132	记	宁宗	

333

续　表

作者	篇目	册次	页次	文类	时代	备注
陆游	《法慈忏殿记》	223	133	记	光宗	文人
	《灵秘院营造记》	223	139	记	宁宗	
	《嘉定府中峰寺记》	223	156	记	?	
	《泰州报恩光孝禅寺最吉祥殿碑》	223	178	碑	宁宗	
	《祖山主塔铭》	223	266	铭	孝宗	
	《定法师塔铭》	223	267	铭	孝宗	
	《良禅师塔铭》	223	268	铭	孝宗	
	《高僧猷公塔铭》	223	269	铭	孝宗	
	《别峰禅师塔铭》	223	270	铭	光宗	
	《海净大师塔铭》	223	273	铭	光宗	
	《松源禅师塔铭》	223	275	铭	?	
	《退谷云禅师塔铭》	223	277	铭	?	
窦思永	《庆善寺铜僧伽瑞像记》	223	335	记	孝宗	文士
曾逮	《诏复能仁寺记》	223	346	记	孝宗	官吏

续 表

作者	篇目	册次	页次	文类	时代	备注
黄希	《白土寺普惠大师碑记》	223	348	记	孝宗	文士
周必正	《高丽寺札付碑阴记》	224	9	记	孝宗	官吏
史渐	《涌泉寺碑》	224	164	碑	宁宗	文士
荣嶷	《随州大洪山第六代住持慧照禅师塔铭》	225	50	铭	高宗	官吏
祝禹圭	《湘山法堂记》	225	113	记	孝宗	文士
尤袤	《报恩光孝寺僧堂记》	225	236	记	孝宗	文士
	《定业院新铸铜钟记》	225	245	记	?	
	《轮藏记》	225	243	记	孝宗	
彭椿年	《黄岩兴善寺记》	225	421	记	孝宗	文士
周必大	《新复报恩善生院记》	231	232	记	孝宗	文臣
	《庐山圆通寺佛殿记》	231	272	记	光宗	
	《汀州定光庵记》	231	273	记	宁宗	
	《恩褒觉报禅寺钟铭》	232	164	铭	宁宗	
	《赣州宁都县庆云尒禅师塔铭》	233	168	铭	孝宗	

续　表

作者	篇目	册次	页次	文类	时代	备注
周必大	《讷庵塔铭》	233	170	铭	孝宗	文臣
	《寒岩升禅师塔铭》	233	171	铭	孝宗	
	《灵隐佛海禅师远公塔铭》	233	172	铭	孝宗	
	《圜鉴塔铭》	233	175	铭	宁宗	
杨万里	《石泉寺经藏记》	239	284	记	?	文臣
	《长庆寺十八罗汉记》	239	285	记	?	
	《兴崇院经藏记》	239	289	记	孝宗	
	《永新重建宝峰寺记》	239	349	记	宁宗	
李大正	《宝界寺景贤堂记》	241	63	记	?	小吏
李洪	《盐官县南福岩禅院记》	241	121	记	孝宗	官吏
	《隆恩庵记》	241	123	记	孝宗	
宝昙	《四明章圣如来像记》	241	161	记	孝宗	僧人
	《台州白塔寺三目观音记》	241	162	记	?	
	《云龙院记》	241	164	记	?	

附录 基于《全宋文》的宋代寺院碑文统计表

续　表

作者	篇目	册次	页次	文类	时代	备注
宝昙	《洞山置田记》	241	167	记	?	
	《雪窦普门庄记》	241	168	记	光宗	
	《惠安院复十方禅院记》	241	170	记	光宗	
	《宝云院利益长生库记》	241	171	记	光宗	
	《大悲阁记》	241	172	记	?	
	《净土院记》	241	176	记	?	
	《流止庵记》	241	179	记	?	僧人
	《自庵记》	241	179	记	?	
	《涪城祇陀院种松记》	241	180	记	?	
	《仗锡山佛记》	241	182	记	?	
	《仗锡山无尽灯记》	241	183	记	?	
	《龛铭》	241	189	铭	宁宗	
	《雪林彦和尚塔铭》	241	191	铭	高宗	
清哲	《延庆重修净土院记》	241	288	记	孝宗	僧人

续　表

作者	篇目	册次	页次	文类	时代	备注
道玺	《免湘山报恩光孝禅寺二税碑记》	241	463	记	孝宗	僧人
	《妙明塔记》	241	464	记	孝宗	
苏谔	《净土禅寺新塑罗汉记》	242	147	记	孝宗	官吏
昌永	《石龙庵记》	242	369	记	孝宗	官吏
居静	《毗卢禅院刻舍田施主忌晨记》	242	426	记	孝宗	僧人
张孝祥	《永宁寺钟铭》	254	122	铭	？	文臣
娄机	《东塔置田度僧记》	254	275	记	宁宗	文士
	《兴圣禅院记》	254	277	记	宁宗	
蒲舜举	《广化寺记》	254	297	记	宁宗	布衣
祖华	《福缘寺修寺记》	254	327	记	孝宗	僧人
罗颂	《古岩经藏记》	254	350	记	孝宗	小吏
	《江祈院记》	254	353	记	孝宗	
张渊	《大洪山崇宁保寿禅院第十一代住持传法觉照慧空佛智明悟大师塔铭》	254	369	铭	孝宗	文士
葛邲	《密庵和尚塔铭》	258	105	铭	孝宗	文士

续　表

作者	篇目	册次	页次	文类	时代	备注
姜如晦	《金绳禅院增广常住田记》	258	170	记	孝宗	小吏
	《金绳院五百罗汉记》	258	171	记	孝宗	
李长庚	《新建龙回寺碑》	258	176	碑	孝宗	文士
王质	《达磨大师行龛记》	258	340	记	?	文士
周孚	《焦山普济禅院僧堂记》	259	56	记	孝宗	文士
	《金山重建南水陆堂记》	259	60	记	孝宗	
	《建康府句容县圆寂寺记》	259	61	记	孝宗	
	《蒙庵记》	259	63	记	孝宗	
罗愿	《徽州城阳院五轮藏记》	259	312	记	孝宗	文士
林亦之	《游罗汉院记》	259	364	记	孝宗	处士
鲍义叔	《真如宝塔记》	260	44	记	宁宗	文士
	《东塔广福教院记》	260	45	记	宁宗	
楼钥	《天童山千佛阁记》	265	25	记	光宗	文臣
	《安岩华严院记》	265	28	记	宁宗	

续　表

作者	篇目	册次	页次	文类	时代	备注
楼钥	《径山兴圣万寿禅寺记》	265	30	记	宁宗	文臣
	《江州普照院记》	265	33	记	?	
	《魏塘大圣塔记》	265	34	记	?	
	《仰山太平兴国禅寺记》	265	35	记	宁宗	
	《上天竺讲寺十六观堂记》	265	65	记	宁宗	
	《昌国州超果寺记》	265	67	记	光宗	
	《径山涂毒禅师塔铭》	266	177	铭	光宗	
	《天童大休禅师塔铭》	266	179	铭	光宗	
	《瑞岩石窗禅师塔铭》	266	181	铭	孝宗	
	《雪窦足庵禅师塔铭》	266	184	铭	光宗	
	《瑞岩谷庵禅师塔铭》	266	187	铭	孝宗	
	《延庆月堂讲师塔铭》	266	190	铭	孝宗	
	《育王山妙智禅师塔铭》	266	194	铭	高宗	
	《延庆觉云讲师塔铭》	266	196	铭	?	

340

续　表

作者	篇目	册次	页次	文类	时代	备注
王信	《华严阁记》	268	434	记	孝宗	文士
崔敦礼	《建康府溧阳县报恩寺度僧田记》	269	124	记	孝宗	文士
	《海虞山宝严寺田记》	269	125	记	?	
沈焕	《净慈寺记》	272	294	记	光宗	文士
毛士龙	《东塔院记》	272	331	记	孝宗	小吏
	《西塔院记》	272	332	记	孝宗	
王正德	《昭觉寺无量寿佛殿记》	272	358	记	孝宗	处士
许尚	《广化漏泽院记》	272	303	记	孝宗	处士
王希吕	《普向院记》	273	353	记	孝宗	文士
	《精严禅寺记》	273	355	记	孝宗	
袁说友	《陈氏舍田道场山记》	274	371	记	孝宗	居士
	《僧如尚法蕴可用塔铭》	274	387	铭	?	
陈祖仁	《宝梵寺碑》	274	427	碑	孝宗	文士
郑舜卿	《修永福寺记》	276	427	记	孝宗	文士

续 表

作者	篇目	册次	页次	文类	时代	备注
修信	《乾明寺记》	277	30	记	孝宗	僧人
张布	《台州净安禅院兴建记》	277	101	记	孝宗	文士
曾丰	《重建华严寺记》	278	1	记	孝宗	文士
	《福庆寺始末记》	278	3	记	光宗	
	《重兴院记》	278	5	记	宁宗	
	《南曹山集善禅院轮藏记》	278	17	记	孝宗	
	《圆觉庵记》	278	22	记	宁宗	
	《丰乐寺藏记》	278	36	记	宁宗	
游九言	《能仁寺佛殿记》	278	374	记	宁宗	小吏
刘光祖	《大雄寺记》	279	75	记	光宗	文士
陈亮	《普明寺置田记》	280	62	记	?	文士
	《普明寺长生谷记》	280	63	记	?	
	《北山普济院记》	280	66	记	?	
孙时敏	《韶州光运寺寂通证誓大师碑》	280	298	碑	孝宗	文士

续　表

作者	篇目	册次	页次	文类	时代	备注
赵蕃	《澄心院铭》	280	194	铭	?	文士
赵恺	《供舍利金塔记》	282	137	记	孝宗	皇子
何澹	《崇因荐福禅院金光明阁记》	282	192	记	孝宗	文士
	《灵芝崇福寺记》	282	193	记	光宗	
倪思	《重建净相院佛殿记》	282	316	记	光宗	文士
魏鲸	《福津县广严院记》	282	362	记	孝宗	小吏
杨楫	《重建灵峰寺记》	282	393	记	?	文士
志南	《天台山国清禅寺三隐集记》	283	311	记	孝宗	僧人
杜斿	《昭化寺记》	284	4	记	理宗	处士
刘褒	《兴教寺记》	284	28	记	光宗	文士
李元信	《惠寂院记》	284	371	记	?	文士
杨亢	《显严院修创记》	284	386	记	宁宗	文士
杨汝明	《双溪化城接待寺记》	284	392	记	?	文士
黄由	《普光教院记略》	284	406	记	光宗	居士

343

续 表

作者	篇目	册次	页次	文类	时代	备注
叶适	《白石净慧院经藏记》	286	64	记	孝宗	学者
	《温州开元寺千佛阁记》	286	83	记	宁宗	
蔡开	《崇福寺经藏记》	287	180	记	宁宗	文士
苟申	《法济寺僧悟杲碑》	287	185	碑	光宗	布衣
姚伯水	《冲相寺礼佛碑》	287	203	碑	光宗	布衣
商逸卿	《真如教院华严阁记》	287	218	记	宁宗	文士
薛子法	《浯溪寺题名记》	287	288	记	光宗	布衣
周甫	《吴塘接待院庄田记》	289	6	记	宁宗	处士
	《胜法寺佛像记》	289	7	记	宁宗	
赵汝谈	《保寿院记》	289	107	记	理宗	皇族
孙应时	《慈溪定香复教院记》	290	90	记	光宗	文士
	《福昌院藏殿记》	290	92	记	宁宗	
	《法性寺记》	290	93	记	?	
	《泰州石庄明僖禅院记》	290	94	记	孝宗	

附录 基于《全宋文》的宋代寺院碑文统计表

续 表

作者	篇目	册次	页次	文类	时代	备注
舒琬	《重兴岩头碑》	290	212	碑	光宗	文士
邹非熊	《大和院塔记》	290	216	记	光宗	文士
	《龙泉院新塑佛像记》	290	216	记	宁宗	
吴柔胜	《正觉寺记》	290	229	记	?	文士
章光大	《无垢院记》	293	343	记	宁宗	文士
戴燧	《迁释迦像记》	293	348	记	宁宗	文士
郑佥	《乾明寺古殿记》	294	205	记	宁宗	小吏
朱着	《大和院续建塔记》	296	110	记	宁宗	文士
白玉蟾	《福海院记》	296	252	记	?	道士
王补之	《惠寂院观音记》	296	371	记	宁宗	官吏
彭泽	《上方教院募到檀越置办点心碑》	297	17	碑	?	布衣
程珌	《富昨寺记》	298	123	记	理宗	文臣
	《齐祈寺释迦大殿记》	298	124	记	?	
	《重建方兴寺记》	298	126	记	宁宗	

续　表

作者	篇目	册次	页次	文类	时代	备注
程珌	《饶州明教禅寺重建应真阁记》	298	127	记	?	文臣
	《净慈山重建报恩光孝禅寺记》	298	129	记	宁宗	
	《临安府五丈观音胜相寺记》	298	131	记	理宗	
	《重建福全禅院记》	298	134	记	宁宗	
居简	《杭州盐官县开福寺圆满阁记》	298	306	记	孝宗	僧人
	《承天寺僧堂记》	298	307	记	宁宗	
	《承天水陆堂记》	298	308	记	宁宗	
	《释簽岩记》	298	309	记	宁宗	
	《戒珠寺重修卧佛殿记》	298	310	记	宁宗	
	《普照寺重修西方前殿记》	298	311	记	宁宗	
	《九功寺记》	298	314	记	?	
	《宝林寺普贤堂记》	298	316	记	?	
	《华亭西寺无尽灯记》	298	318	记	?	
	《瑞岩开田然无尽灯记》	298	319	记	?	

附录 基于《全宋文》的宋代寺院碑文统计表

续　表

作者	篇目	册次	页次	文类	时代	备注
居简	《平江南翔忏院记》	298	320	记	?	僧人
	《南翔僧堂记》	298	321	记	宁宗	
	《南翔寺九品观堂记》	298	322	记	宁宗	
	《南翔寺大殿碑阴》	298	323	碑	宁宗	
	《华亭白莲寺记》	298	324	记	?	
	《大雄寺记》	298	326	记	?	
	《常熟县大慈寺钟楼记》	298	328	记	宁宗	
	《彰教法堂记》	298	329	记	理宗	
	《泉州金粟洞天三教藏记》	298	329	记	?	
	《书东禅浴室壁》	298	330	记	?	
	《千佛院记》	298	332	记	宁宗	
	《福昌院记》	298	333	记	?	
	《资寿寺卢舍那阁记》	298	334	记	理宗	
	《资寿寺永丰庄记》	298	335	记	?	

347

续　表

作者	篇目	册次	页次	文类	时代	备注
居简	《九龙山重修普泽寺记》	298	336	记	宁宗	僧人
	《妙湛延寿堂记》	298	337	记	理宗	
	《庆宁僧堂记》	298	338	记	理宗	
	《崇圣院记》	298	339	记	理宗	
	《兴圣寺大悲阁记》	298	340	记	宁宗	
	《超果寺忏院记》	298	341	记	理宗	
	《九里法喜院佛殿记》	298	342	记	理宗	
	《澄心院藏记》	298	344	记	宁宗	
	《澄心寺华严阁记》	298	347	记	?	
	《善拳圆通阁记》	298	349	记	?	
	《碧云藏殿记》	298	352	记	?	
	《密印寺记》	298	352	记	?	
	《江东延庆院经藏记》	298	355	记	宁宗	
	《通泉广福院记》	298	357	记	?	

附录　基于《全宋文》的宋代寺院碑文统计表

续　表

作者	篇目	册次	页次	文类	时代	备注
居简	《禅龛院毗卢殿记》	298	358	记	?	僧人
	《寂照院记》	298	360	记	理宗	
	《西亭兰若记》	298	362	记	?	
	《云安德英藏记》	298	363	记	?	
	《钦山禅院记》	298	364	记	宁宗	
	《盐亭藏经记》	298	365	记	宁宗	
	《褒能寺记》	298	366	记	宁宗	
	《证觉忏院记》	298	367	记	?	
	《普照寺千僧堂记》	298	368	记	?	
	《华亭南桥明行院记》	298	368	记	理宗	
	《明行院结界记》	298	370	记	理宗	
	《彰教石云板铭》	298	372	铭	?	
	《慈感寺蚌珠罗汉铭》	298	373	铭	?	
	《福圣昙禅师通庵铭》	298	375	铭	?	

续 表

作者	篇目	册次	页次	文类	时代	备注
居简	《佛手岩善住禅院钟铭》	298	377	铭	?	僧人
	《浊港东禅寺钟铭》	298	378	铭	?	
	《梵蓬居塔铭》	298	406	铭	?	
	《金山蓬山聪禅师塔铭》	298	407	铭	?	
	《天童山息庵禅师塔铭》	298	408	铭	宁宗	
	《夷禅师碑阴》	298	409	碑	?	
	《禅鉴法师塔铭》	298	410	铭	宁宗	
	《护国元此庵碑阴》	298	411	碑	宁宗	
	《圆明寺慧通大师塔铭》	298	412	铭	宁宗	
	《雁荡飞泉寺豁庵讲师塔铭》	298	413	铭	宁宗	
	《湖隐方圆叟舍利铭》	298	414	铭	宁宗	
	《圆训二大师塔铭》	298	415	铭	宁宗	
	《慧日宗元谷目齿两种不坏之塔铭》	298	416	铭	?	
	《道场山北海禅师塔铭》	298	418	铭	?	

续　表

作者	篇目	册次	页次	文类	时代	备注
刘宰	《京口正平山平等寺记》	300	97	记	?	文士
	《重建龙泉布金寺记》	300	102	记	?	
	《慈云寺兴造记》	300	106	记	?	
	《医僧宗可塔铭》	300	310	铭	理宗	
苏林	《观音阁记》	301	10	记	宁宗	小吏
	《栖真教院记》	301	10	记	?	
林时发	《散陂寺碑记》	301	48	记	宁宗	文士
赵康年	《重建龙怀梵刹砌路记》	301	292	记	宁宗	小吏
钱德谦	《静明寺记》	301	294	记	宁宗	文士
王日益	《崇寿院敕额跋》	301	322	跋	宁宗	小吏
	《白云庵记》	301	323	记	?	
李心传	《崇福院记》	301	349	记	理宗	文臣
	《安吉州乌程县南林报国寺记》	301	350	记	理宗	
道虞	《妙严院碑记》	302	419	记	宁宗	僧人

续　表

作者	篇目	册次	页次	文类	时代	备注
张方	《梵业院重建佛殿记》	302	424	记	宁宗	文士
黄公振	《福缘寺田记》	303	16	记	宁宗	布衣
钱象祖	《天童无用净全禅师塔铭》	303	42	铭	宁宗	居士
幸元龙	《奉新县延恩寺记》	303	426	记	理宗	文士
	《奉新宝云寺上善堂记》	303	428	记	理宗	
	《高安灵山寺记》	303	428	记	宁宗	
	《白云山超果寺记》	303	431	记	宁宗	
	《超果寺水石记》	303	432	记	宁宗	
	《惠灯寺云版记》	303	434	记	?	
	《新昌县天宝相宝盖院轮藏记》	303	434	记	?	
林岊	《湘山寺钟楼记》	304	143	记	宁宗	官吏
张侃	《干元寺诗壁记》	304	168	记	宁宗	小使
	《唐隆宣大师开山记》	304	171	记	宁宗	
赵崇晖	《白鹤寺记》	304	230	记	孝宗	小吏

续表

作者	篇目	册次	页次	文类	时代	备注
薛叶	《育王上塔碑记》	304	237	记	宁宗	小吏
吕楚老	《香积寺题刻》	304	242	题	宁宗	小吏
了彻	《题普光寺铁钟》	304	291	题	宁宗	僧人
谯渊	《尊胜石幢记》	304	295	记	宁宗	文士
袁泉同	《清凉寺碑》	306	10	碑	宁宗	居士
涂禹	《重修澄心寺佛殿碑记》	306	51	记	宁宗	小吏
洪咨夔	《临安真相院修造记》	307	236	记	理宗	文士
洪咨夔	《佛心禅师塔铭》	307	270	铭	理宗	文士
李仲光	《禅居寺记》	307	306	记	理宗	文士
钱时	《神景寺记》	307	369	记	?	处士
郑清之	《宝庆显忠寺记》	308	262	记	?	文士
郑清之	《妙峰善公塔铭》	308	264	铭	?	文士
赵希錧	《龙泉寺重建法堂记》	308	306	记	宁宗	皇族
曹说	《资福寺铜钟铭》	308	379	铭	宁宗	布衣

353

续　表

作者	篇目	册次	页次	文类	时代	备注
张珽	《常熟县慧日寺修造记》	315	15	记	宁宗	小吏
吕午	《休宁县方兴寺西院新建藏记》	315	131	记	理宗	文士
	《灵山院记》	315	132	记	理宗	
	《清泉院记》	315	134	记	理宗	
	《慈竺院记》	315	136	记	理宗	
吴泳	《径山寺记》	316	372	记	理宗	文士
王公振	《福源寺田记》	317	2	记	宁宗	布衣
杜仲午	《庙山新开三伯佛记》	319	267	记	宁宗	小吏
朱舜庸	《方山上定林寺之记》	319	272	记	宁宗	文士
程公许	《兴圣寺记》	320	86	记	理宗	文士
	《重建开宝仁王寺记》	320	89	记	理宗	
岳珂	《镇江普照寺记》	320	373	记	理宗	文士
徐冲	《保宁寺钟楼记》	322	376	记	宁宗	布衣
姜元鼎	《新迁崇因院记》	322	411	记	宁宗	布衣

附录 基于《全宋文》的宋代寺院碑文统计表

续 表

作者	篇目	册次	页次	文类	时代	备注
高罗月	《开元禅寺记》	323	26	记	宁宗	布衣
宝华	《祈泽治平寺建藏殿记》	323	126	记	宁宗	僧人
傅自得	《大觉寺长明灯记》	323	181	记	?	处士
袁甫	《衢州光孝寺记》	324	35	记	?	文士
	《衢州石塘桥院记》	324	37	记	?	
刘克庄	《云峰院重修建法堂记》	330	296	记	理宗	文士
	《重建九座太平院记》	330	305	记	理宗	
史岩之	《积庆教寺碑》	333	9	碑	理宗	文士
徐鹿卿	《云封禅寺重修造记》	333	256	记	理宗	文士
陈振孙	《华胜寺记》	333	314	记	宁宗	文士
许棐	《海盐广福永为贤首教院记》	333	379	记	理宗	处士
悟澈	《礼贤乡后山寺钟文》	334	42	文	理宗	僧人
孙德之	《普济寺记》	334	181	记	度宗	文士
	《广教院重兴记》	334	183	记	理宗	

355

续　表

作者	篇目	册次	页次	文类	时代	备注
裘由庚	《云盖龙寿禅寺复田记》	334	438	记	理宗	文士
	《重建昆山县广孝寺记》	336	7	记	度宗	
	《重建敛石寺记》	336	8	记	度宗	
	《泉州重修兴福寺记》	336	11	记	度宗	
	《慧通大师真身阁记》	336	12	记	理宗	
	《重造应天寺记》	336	20	记	度宗	
	《潮州开元寺法堂记》	336	21	记	度宗	
林希逸	《重建永隆院记》	336	27	记	度宗	文士
	《寿圣禅寺记》	336	28	记	理宗	
	《西亭兰若记》	336	29	记	理宗	
	《径山偃溪佛禅师塔铭》	336	70	铭	度宗	
	《鼓山愚谷佛慧禅师塔铭》	336	72	铭	度宗	
	《前天竺住持同庵法师塔铭》	336	74	铭	度宗	
	《断桥妙伦禅师塔铭》	336	96	铭	?	

续　表

作者	篇目	册次	页次	文类	时代	备注
常棐	《福业院记》	338	21	记	理宗	布衣
李曾伯	《泗州普照寺重修大圣殿记》	340	337	记	理宗	官吏
	《重建仙佛神宇记》	340	342	记	？	
颜汝勋	《无明慧性禅师塔铭》	341	59	铭	理宗	小吏
周仲虎	《灵云寺记》	341	62	记	理宗	布衣
郑大惠	《庆善禅寺新钟铭》	341	159	铭	理宗	处士
桂正夫	《题新兴寺壁》	341	202	题	理宗	小吏
赵孟坚	《兴圣寺蔬地记》	341	256	记	理宗	宗室
	《重建慈恩塔院记》	341	262	记	理宗	
方岳	《狼山寺重建僧堂记》	342	352	记	理宗	文士
楼枎	《明真讲寺记》	343	319	记	？	小吏
	《重修灵鹫兴圣教寺记》	343	320	记	理宗	
	《白云山慈圣院圆通殿记》	343	321	记	理宗	
徐植	《招提教院置田记》	343	404	记	理宗	小吏

续　表

作者	篇目	册次	页次	文类	时代	备注
高斯得	《钱塘南山开化寺记》	344	238	记	理宗	文士
宋理宗	《仙林寺钟铭》	345	413	铭	理宗	皇帝
吴文震	《重修光孝寺佛殿记》	346	50	记	理宗	文士
冯梦得	《演福禅寺记》	346	124	记	度宗	文士
杜去轻	《兴教寺祭田记》	346	215	记	理宗	处士
	《建法堂记》	346	216	记	理宗	
周坦	《雁山普照院改惠云院碑记》	346	226	记	理宗	文士
何钦	《蠲免灵芝寺和役碑》	346	245	碑	度宗	处士
吕沆	《仁寿院记》	346	32	记	恭帝	文士
欧阳守道	《袁州慈化院刻漏记》	347	104	记	?	文士
	《螺山灵泉院记》	347	119	记	理宗	
	《圆通阁记》	347	120	记	?	
	《龙须山旃檀林记》	347	127	记	理宗	
	《富田南禅寺钟铭》	347	138	铭	?	

续 表

作者	篇目	册次	页次	文类	时代	备注
蔡廷玉	《崇圣寺钟铭记》	347	172	记	度宗	商人
知祖	《岳州洞庭君山崇圣禅寺新铸钟铭》	347	173	铭	度宗	商人
吴璞	《禅林寺记》	347	283	记	理宗	布衣
德恢	《北禅广福禅院复地记》	347	285	记	理宗	僧人
黄震	《普宁寺修造记》	348	265	记	度宗	文士
黄震	《大禹寺记》	348	268	记	度宗	文士
黄震	《龙山寿圣寺记》	348	270	记	度宗	文士
黄震	《绍兴府重修圆通寺记》	348	306	记	度宗	文士
黄震	《宝庆院新建观音殿记》	348	342	记	恭帝	文士
道璨	《景福寺轮藏记》	349	358	记	?	僧人
道璨	《重修宝华寺记》	349	359	记	理宗	僧人
道璨	《重修普济寺记》	349	360	记	?	僧人
道璨	《处州丽水县宝溪济庵记》	349	364	记	?	僧人
道璨	《归元庵记》	349	365	记	?	僧人

续 表

作者	篇目	册次	页次	文类	时代	备注
道璨	《慈观寺记》	349	365	记	度宗	僧人
	《崇寿寺记》	349	366	记	度宗	
	《饮绿阁铭》	349	368	铭	?	
	《荐福刻漏铭》	349	368	铭	?	
	《宝林土地堂钟铭》	349	369	铭	理宗	
	《石霜竹崖印禅师塔铭》	349	404	铭	理宗	
	《天池雪屋韶禅寺塔铭》	349	406	铭	理宗	
徐闻诗	《本觉禅院记》	349	466	记	理宗	文士
胡应发	《重修保圣寺记》	349	474	记	理宗	文士
陈宗礼	《六祖大鉴禅师殿记》	350	9	记	度宗	文士
安刘	《钱塘南禅资福院创建佛殿记》	350	17	记	理宗	文士
	《南禅资福院施田记》	350	18	记	?	
边明	《重建慧聚寺大佛宝殿碑记》	350	19	记	理宗	处士
钱益	《重修惠云寺记》	350	51	记	理宗	文士

续　表

作者	篇目	册次	页次	文类	时代	备注
钱益	《新建圆明寺记》	350	52	记	?	文士
陈著	《天宁报恩禅寺记》	351	86	记	恭帝	文士
	《雪窦山资圣禅寺记》	351	88	记	元世祖	
	《重修净慈寺记》	351	104	记	元世祖	
	《新创望云院记》	351	106	记	元世祖	
	《天井山报济庵记》	351	108	记	?	
	《婺州浦江县龙德寺记》	351	109	记	元成宗	
	《重建西寿昌院记》	351	115	记	元世祖	
	《天寿保国接待院记》	351	116	记	?	
张兹仪	《南华寺新建免丁库记》	351	241	记	?	官吏
姚勉	《豫章新建净社院记》	352	106	记	?	文士
卫宗武	《慧辩圆明悟悦大师塔铭》	352	268	铭	元世祖	文士
周方	《重修兴圣寺记》	352	276	记	度宗	文士
王乔	《鹤鸣里清源寺仙人洞记》	352	281	记	理宗	文士

续　表

作者	篇目	册次	页次	文类	时代	备注
鉴义	《海珠慈度寺记》	352	283	记	理宗	僧人
杜子源	《衡山澄心院舍山记》	352	289	记	理宗	文士
舒岳祥	《重建台州东掖山白莲寺记》	353	29	记	?	文士
董楷	《重兴延庆寺记》	355	157	记	度宗	文士
牟巘	《重修妙行院记》	355	361	记	理宗	文士
	《松江普照寺记》	355	362	记	元成宗	
	《普照千僧海会堂记》	355	371	记	元成宗	
	《报德院记》	355	381	记	元成宗	
	《松江普照寺释迦殿记》	355	386	记	元成宗	
	《普照寺千佛水陆院记》	355	388	记	元武宗	
	《松江宝云寺记》	355	394	记	元成宗	
	《颐浩禅寺记》	355	396	记	元武宗	
	《野翁禅师塔铭》	355	419	铭	元成宗	
	《龙源禅师塔铭》	355	422	铭	元成宗	

续 表

作者	篇目	册次	页次	文类	时代	备注
牟巘	《东皋友山恭和尚塔铭》	355	424	铭	元世祖	文士
缪君瑶	《重修报恩光孝禅寺记》	356	75	记	度宗	布衣
常梾	《宋敕赐半塘寿圣院记》	356	189	记	度宗	文士
孙嚞	《明因寺记》	356	236	记	度宗	布衣
家之巽	《径山兴圣万寿禅寺重建碑》	356	271	碑	元世祖	文臣
	《高峰大师塔铭》	356	273	铭	元成宗	
	《庆林寺陈氏舍田记》	356	288	记	?	
刘辰翁	《建昌军普润寺记》	357	101	记	?	文士
	《龙须禅寺记》	357	102	记	?	
	《空相院记》	357	104	记	?	
	《多宝院记》	357	105	记	?	
	《南冈寺藏记》	357	108	记	?	
	《善寂大城记》	357	111	记	?	
	《永庆寺记》	357	113	记	?	

续 表

作者	篇目	册次	页次	文类	时代	备注
刘辰翁	《南康军昭忠禅寺记》	357	173	记	?	文士
	《吉州重修大中祥符禅寺记》	357	187	记	?	
	《吉州能仁寺重修记》	357	189	记	?	
	《南冈禅寺记》	357	191	记	?	
	《武功寺记》	357	209	记	?	
	《戒冈重兴院记》	357	227	记	?	
赵孛夫	《郴州上仙寺记》	357	414	记	度宗	宗室
李居仁	《祇园寺记》	357	420	记	?	处士
李念祖	《智林寺道一火莲记》	358	11	记	?	布衣
李牵	《重修石建寺碑记》	358	24	记	度宗	文士
何梦桂	《南山天宁禅寺山门记》	358	123	记	元世祖	文士
	《白云山法华院记》	358	132	记	元世祖	
	《安禅寺记》	358	137	记	元世祖	
	《宝积院白云堂圆常阁记》	358	145	记	元成宗	

续　表

作者	篇目	册次	页次	文类	时代	备注
石余亨	《慈圣寺耆旧舍飞泉田记》	359	281	记	度宗	文士
郑思肖	《十方道院云堂记》	360	110	记	?	文士
	《十方禅刹僧堂记》	360	113	记	?	
叶谦	《因明教院记》	360	160	记	?	处士

参考文献

一　佛学文献

（宋）崇岳了悟等编：《密庵和尚语录》，《大正藏》卷四七。

（唐）道宣：《续高僧传》，《大正藏》卷五〇。

（唐）道宣：《广弘明集》，《大正藏》卷五二。

（宋）道原：《景德传灯录》，《大正藏》卷五一。

（唐）道世：《法苑珠林》卷三四，《大正藏》卷五三。

（后秦）佛陀耶舍、竺佛念译：《佛说长阿含经》，《大正藏》卷一。

［古龟兹］鸠摩罗什译长行、阇那崛多译重颂：《妙法莲华经·观世音菩萨普门品经》，《大正藏》卷七。

（宋）净觉编：《宏智禅师广录》，《大正藏》卷四八。

（明）居顶：《续传灯录》，《大正藏》卷五一。

（南唐）静、筠二禅师编：《祖堂集》，中华书局2007年版。

（梁）慧皎：《高僧传》，《大正藏》卷五〇。

（宋）惠洪：《禅林僧宝传》，《卍续藏经》第七九册。

（宋）慧严等依泥洹经加之：《大般涅盘经》，鸠摩罗什译，《大正藏》卷一二。

（唐）慧苑：《一切经音义》，《大正藏》卷五四。

（晋）慧远：《无量寿经义疏》，《大正藏》卷三七。

（宋）雷庵正受：《嘉泰普灯录》，《卍续藏经》第79册。

[古天竺]龙树造：《大智度论释初品大慈大悲义》，鸠摩罗什译，《大正藏》卷二五。

[古罽宾]沙门佛陀波利译：《佛顶尊胜陀罗尼经》，《大正藏》卷一九。

[古天竺]圣勇菩萨等造：《菩萨本生鬘论》，宋梵才大师绍德慧询等译，《大正藏》卷三。

[古于阗]三藏提云般若译：《佛说大乘造像功德经》，《大正藏》卷一六。

[古天竺]天息灾译：《分别善恶报应经》，《大正藏》卷一。

（宋）宗晓编：《四明尊者教行录》，《大正藏》卷四六。

（宋）志盘：《佛祖统纪》，《大正藏》卷四九。

《无量寿经义记》，《大正藏》卷八五。

王日休校辑：《佛说大阿弥陀经》，《大正藏》卷一二。

（宋）宗晓编次：《乐邦文类》，《大正藏》卷四七。

（明）袾宏编：《往生集》，《大正藏》卷五一。

吕澂：《中国佛学源流略讲》，中华书局1979年版。

杜继文、魏道儒：《中国禅宗通史》，江苏古籍出版社1993年版。

《中华大藏经》，中华书局1984年版。

蓝吉富主编：《禅宗全书》，北京图书馆出版社2004年版。

范荧：《宋代民间信仰中的佛教因素》，《上海师范大学学报》1995年第1期。

游彪：《佛性与人性：宋代民间佛教信仰的真实状态》，《北京师范大学学报》2011年第5期。

刘亚丁：《佛像灵验记及其文化意蕴》，《中国文化研究》2003 年夏之卷。

普慧《略论弥勒、弥陀净土信仰之兴起》，《中国文化研究》2006 年冬之卷。

英武、正信：《净土宗大意》，巴蜀书社 2004 年版。

［德］马克斯·韦伯：《宗教社会学》，康乐、简惠美译，广西师范大学出版社 2011 年版。

二　史学及其他文献

（宋）范晔撰，唐李贤等注：《后汉书》，中华书局 1965 年版。

（唐）李延寿：《南史》，中华书局 1975 年版。

（唐）令狐德棻等：《周书》，中华书局 1971 年版。

（宋）李焘：《续资治通鉴长编》，景印文渊阁《四库全书》，台湾商务印书馆 1986 年版。

（宋）欧阳修、宋祁：《新唐书》，中华书局 1975 年版。

（元）脱脱等：《宋史》，中华书局 1977 年版。

（北朝）杨衒之著，周祖谟校释：《洛阳伽蓝记》，中华书局 1963 年版。

（唐）姚思廉：《梁书》，中华书局 1973 年版。

（汉）许慎：《说文解字》，九州出版社 2001 年版。

张伯伟编：《域外汉籍研究集刊》第 1—7 辑，中华书局 2005—2011 年版。

张伯伟：《域外汉籍研究论集》，北京大学出版社 2011 年版。

陈扬炯：《中国净土宗通史》，江苏古籍出版社 2000 年版。

三　文学文献

（唐）白居易：《白居易集》，顾学颉校点，中华书局 1979 年版。

（清）董诰等编：《全唐文》，中华书局1983年影印本。

（梁）刘勰：《文心雕龙》，陆侃如、牟世金译注，齐鲁书社1995年版。

（唐）刘禹锡：《刘禹锡集》，卞孝萱校订，中华书局1990年版。

（宋）欧阳修：《欧阳修全集》，李逸安点校，中华书局2001年版。

（清）严可均辑：《全上古三代秦汉三国六朝文》，中华书局1958年版。

陈尚君辑校：《全唐文补编》，中华书局2005年版。

罗宗强：《魏晋南北朝文学思想史》，中华书局1996年版。

李熙：《僧史与僧传——〈禅林僧宝传〉的历史书写》，中国社会科学出版社2014年版。

曾枣庄、刘琳主编：《全宋文》，上海辞书出版社2006年版。

黄霖、蒋凡主编：《中国历代文论选新编》，上海教育出版社2007年版。

四　哲学文献

（宋）程颢、程颐：《二程遗书》，上海古籍出版社2000年版。

（清）黄宗羲著，全祖望补修：《宋元学案》，陈金生、梁运华点校，中华书局1986年版。

（唐）李翱：《复性书》，四部丛刊本。

（清）阮元校刻：《十三经注疏》之《礼记·大学》，中华书局1980年版。

冯友兰：《中国哲学史》，重庆出版社2009年版。

吕凤棠：《宋代民间的佛教信仰活动》，《浙江学刊》2012年第2期。

钱穆：《晚学盲言》，生活·读书·新知三联书店2010年版。

蒙科宇：《中国民间宗教信仰的特点及社会功能探析》，《黑龙江史志》2012年第1期。

后　　记

　　本经过三年时间的运行,终于要画上一个句号了。这也是本人博士学位论文的延伸性研究。对宋代寺院碑文感兴趣,始于九年前在四川大学攻读博士学位时期。通过对相关文献的深入考察和研读,我深深感到,本课题虽然基本达成预期研究任务,但尚未充分发掘宋代寺院碑文的价值,如文学、史学、美学、宗教哲学、政治学的价值,其中都有丰厚的蕴涵,我会对此做后续性研究。

　　以本课题的研究为契机,在此期间,我先后到成都、重庆、昆明、海口、儋州、广州、庐山、婺源、九江、南京、开封、洛阳、西安等地,通过对寺院进行田野考察,我获得了寺院文化的直观体验,逐渐认识到寺院碑文的基本体式、碑版规制、空间位置及其文化承载;认识到作为一种独特的文化遗产,寺院碑文,尤其是清代以前的,由于历史变迁,诸多因缘交错,现在都很难看到碑体实存,绝大多数只能通过纸质性文献,获致其内容信息。这是很遗憾的事情,但也无可如何。所幸的是,我们尚能从现存历代文献中,看到这些碑文中的一部分。

　　作为本人第一次主持完成的一项教育部课题,在即将结题付梓之际,我颇有感慨。非常感谢我的导师周裕锴先生,吾师之温润其性、博雅其学、峻

后　记

洁其操，为我终生的追求方向。拙撰印行在即，吾师欣然答应，于百忙之中，拨冗作序。并且对全文进行了细读，指出了一些问题，使我受益良多。先生之耳提面命、谆谆教诲之恩德，是我正直做人、踏实向学的精神动力。真诚感谢我的爱人陈传芝博士，作为课题组成员，在项目展开过程中，不仅多次提供建设性建议，而且每次的田野考察，在路线制定、行程计划、车票预购、客房选择诸多事务上，均充分显示其干练与敏慧，为课题的顺利展开，做了大量积极有效的工作。由衷感谢宜宾学院科研处田蜀华处长、雷红老师一直以来的热情支持与帮助。最后，我怀着非常愉快的心情，感谢中国社会科学出版社文学艺术与新闻传播出版中心主任郭晓鸿博士，是郭主任的热情回应，实现了我们的第二次合作，使书稿《宋代寺院碑文书写研究》得以顺利出版。

2018 年 3 月 12 日于戎州